Study on the Reform Toward University-Based
Pre-service Teacher Education
in Modern China

現代中国の「大学における教員養成」への改革に関する研究

張 揚
ZHANG Yang

学文社

目　次

図表一覧　　vi

序章　本研究の目的・問題意識・課題・方法 …………………………………… 1

第1節　研究目的及び問題意識　1
　1　本研究の目的　1
　2　問題意識　3

第2節　先行研究の検討　13
　1　高等師範系学校の改革要因に関する研究　14
　2　高等師範系学校の改革課題と経緯に関する研究　16
　3　教員養成教育内容の変化と課題に関する研究　17

第3節　本研究の課題・方法と構成　20
　1　研究課題　20
　2　研究方法　21
　3　研究構成　23

第1部　高等師範系学校の改革背景及び改革動向

第1章　1980年代における教員養成制度と高等師範系学校の実態 ………… 30

第1節　1980年代における教育及び教員をめぐる諸問題　30
　1　人材不足問題と9年制義務教育の実施　30
　2　教員制度と教員をめぐる諸問題　33
　3　教員問題に対応する改革政策　36
　4　まとめ——教員不足問題と教員の量的確保　39

第2節　1980年代における高等師範系学校の実態　40
　1　師範系学校に関わる基本制度　40
　2　師範系学校をめぐる改革の方針　44
　3　高等師範系学校の実態　45

第3節　小括——1980年代における教員養成教育と
　　　　高等師範系学校の実態　49
　　1　量的拡大を中心にした教員養成教育　49
　　2　高等師範系学校の展開状況　49

第2章　教育制度改革における高等師範系学校の位置と課題・・・・・・・・・・・・・・・・・52
　第1節　中国における社会改革と経済発展　52
　第2節　1990年代以降の高等教育制度の改革と高等教育の急展開　54
　　1　高等教育の市場化と国際化　54
　　2　中央政府による高等教育制度の改革策　56
　　3　1990年代後半以降における高等教育規模の拡大　60
　第3節　1990年代以降の基礎教育改革と教員をめぐる諸問題　62
　　1　主な基礎教育の改革策　62
　　2　教員に関する諸問題　65
　　3　基礎教育における改革と教員養成の関係　69
　第4節　1990年代以降における教員養成制度の改革　70
　　1　教員資格制度の法制化　70
　　2　教員養成制度の開放化　73
　　3　教員養成の学歴水準の高度化　74
　　4　まとめ——教員養成の開放化と「大学における教員養成」　76
　第5節　1990年代後半以降の高等師範系学校の改革動向と課題　76
　　1　1990年代以降の高等師範系学校の課題　76
　　2　高等師範系学校における組織構成と教育内容の変化　79
　　3　高等師範系学校改革における「昇格」と「移行」　80
　　4　まとめ——研究課題の再考　82

第2部　「大学における教員養成」への改革と教員養成教育の変化
　　　　——山東省の2大学を事例として——

第3章　山東省における高等師範系学校の現状と教員養成教育の課題・・・・・・・88
　第1節　山東省の概要——高等師範系学校が置かれる環境　88
　　1　自然・人文環境と経済・産業構造　88
　　2　人口変化と住民の教育状況　89

第2節　1980年代における基礎教育の課題と教員をめぐる諸問題　91
　1　基礎教育をめぐる諸問題とその対応策　91
　2　教員の量的不足と学歴充足率の低迷　93
第3節　1980年代における高等教育の発展と高等師範系学校の実態　95
　1　山東省における高等教育の展開と特徴　95
　2　山東省における高等師範系学校の実態　97
第4節　1990年代以降における基礎教育の変化と
　　　　教員問題及びその対策　99
　1　基礎教育における変化　99
　2　教員をめぐる諸問題とその対応策　102
第5節　1990年代以降における高等教育改革と
　　　　高等師範系学校の変化　110
　1　高等教育をめぐる改革策　110
　2　高等教育構造の調整と高等教育規模の拡大　112
　3　高等師範系学校における変化　116
第6節　小括——教員養成の実態と高等師範系学校の変化　117
　1　山東省における教員養成の課題　117
　2　高等師範系学校の「昇格」と「移行」　118

第4章　師範高等専科学校から一般大学への昇格における
　　　　教員養成教育の変化—A大学の事例分析—　……………………… 122

第1節　事例校の概要及びデータ収集の方法　122
　1　A大学の所在地X市　122
　2　A大学の歴史　123
　3　A大学の現状　124
　4　データ収集の方法　126
第2節　師範高等専科学校から一般大学への昇格の背景と経緯　128
　1　昇格の政策背景及び展開過程　128
　2　大学理念の変化　131
　3　昇格後における系・専攻の変化　134
第3節　一般大学昇格後における教員養成カリキュラムの変化　136
　1　教員養成系専攻における本科カリキュラムの特徴　136
　2　教員養成系専攻における専科カリキュラムの特徴　146

第4節　一般大学昇格後における大学教員の意識と対応の変化　151
　1　専攻設置と人材育成の目標の変化とそれに関する意識変化　151
　2　「授業・教育」から「科学研究」への関心の重点の移行　153
　3　教職技能の重視から学習能力・創造力の育成重視への転換　155
　4　教科専門教養科目の学習意欲と質の強化　157
　5　理論との結合が軽視されている実践への傾斜　159
　6　教員自身の負担感の増大　161

第5節　小括——A大学における教員養成教育の変化　164

第5章　師範学院から総合大学への移行における教員養成教育の変化　—B大学の事例分析— …… 171

第1節　事例校の概要及びデータ収集の方法　171
　1　B大学の所在地Y市　171
　2　B大学の歴史　172
　3　B大学の現状　174
　4　データ収集の方法　177

第2節　師範学院から総合大学への移行の背景と経緯　178
　1　移行の背景及び展開過程　178
　2　移行前後における学校組織の変化　182
　3　人材育成の目標と施策　187

第3節　総合大学移行後における教員養成カリキュラムの
　　　　実施と特徴　189
　1　教員養成の実施理念及び教育科学院の特設　189
　2　教員養成教育モデルの多様化　191
　3　教員養成教育における新課程システムの構成　194
　4　教職専門教養科目の増加　196
　5　教育実習方式の改革　199

第4節　総合大学移行後における特色ある教員養成教育の実施　202
　1　教育理念の変化　202
　2　授業内容の変化　204
　3　授業方式と学生に対する評価方法の変化　208
　4　実習前及び実習中の指導　211
　5　モチベーションの高揚　214

第 5 節　小括——B 大学における教員養成教育の変化　216

終章　総括、試論及び今後の課題 ……………………………………… 224
　　第 1 節　各章の主要な知見　225
　　第 2 節　総括——現代中国における教員養成の改革と実態　228
　　　1　教員養成における学力水準の確保と課題　228
　　　2　事例大学から見た「大学における教員養成」の変化の実態——質的分化　230
　　　3　「大学における教員養成」の質的分化の背景要因　232
　　　4　現代中国の教員養成改革の全体像　237
　　　5　現代中国の教員養成改革における課題　241
　　第 3 節　試論——将来の中国における教員養成改革の展望　245
　　　1　全国レベル——「教員の専門的力量」の内実の明示と保障　245
　　　2　地方レベル——各省における評価管理システム　246
　　　3　教員養成を実施する大学　247
　　第 4 節　本研究の成果と今後の研究課題　249
　　　1　本研究の成果　249
　　　2　今後の研究課題　252

あとがき　255
主要引用・参考文献一覧　261
事項索引　273
人名索引　277

図表一覧

図0-1　研究構成の全体図　25
図1-1　中国における中学校教員の学歴状況（1984～1990年）　35
図1-2　中国における高等学校教員の学歴状況（1984～1990年）　35
図1-3　1980年代における中国の学制システム　41
図1-4　1980年代における中国の教員養成システム　42
表1-1　中国における高等師範系学校の基本状況（1980～1990年）　46
表2-1　中国における教育経費の構成（1996～2004年）　58
図2-1　中国における大学進学率及び学生募集数（1991～2009年）　61
図2-2　中国における小・中・高等学校の専任教員数（1985～2003年）　65
図2-3　中国における小学校教員の学歴状況（1991～2000年）　67
図2-4　中国における中学校教員の学歴状況（1991～2000年）　67
図2-5　中国における高等学校教員の学歴状況（1991～2000年）　68
表2-2　地域別小・中学校教員学歴充足率（2002年）　68
表2-3　教師資格証明書の取得に関する規定　71
表3-1　4省の財政予算内教育経費状況（2005～2008年）　90
図3-1　山東省における高等教育機関数の推移（1978～1989年）　95
図3-2　山東省における大学生数の推移（1978～1989年）　96
図3-3　山東省における高等師範系学校数の推移（1979～1989年）　97
図3-4　山東省における初等・中等教育機関の在籍学生数（1990～2010年）　103
表3-2　山東省における17市高等学校教員数と生徒数の比率（2005～2007年）　104
図3-5　山東省における小学校教員の学歴状況（2000～2008年）　107
図3-6　山東省における中学校教員の学歴状況（2000～2008年）　107
図3-7　山東省における高等学校教員の学歴状況（2000～2008年）　108
表3-3　2市における小学校教員の学歴状況（2000～2007年）　109
図3-8　山東省における高等教育機関数の推移（1990～2010年）　114
図3-9　山東省における大学生数の推移（1995～2010年）　115
表4-1　A大学における管理運営部門及び教育組織部門（2010年）　125
表4-2　インタビュー調査の基本データ　127
表4-3　X校における卒業生状況（1997～1999年）　132
表4-4　昇格前後における教育組織部門の変遷（1977～2010年）　133
表4-5　昇格前後における学生数の変化（2001～2007年）　135
表4-6　中国言語文学教育専攻2002級課程計画　136

図4-1	教員養成系専攻における一般教養科目時間数の割合（2001〜2010年） 138
図4-2	教員養成系専攻における一般教養必修科目単位数の割合（2002〜2010年） 138
表4-7	A大学における本科カリキュラムの一般教養選択履修科目の設置状況（2005年） 139
表4-8	A大学における本科カリキュラムの一般教養選択履修科目の設置状況（2010年） 140
表4-9	中国言語文学系・外国語系教員養成系専攻における教科選択履修科目の設置状況 142
図4-3	教員養成系専攻における教科専門教養科目の授業時間数の割合（2000〜2008年） 143
表4-10	昇格前後における教職専門教養科目の設置状況 144
表4-11	中国言語文学教育専攻2004級本科課程構成 146
図4-4	教員養成系専攻における専科カリキュラムの総授業時間数（2000〜2010年） 147
表4-12	専科学生向けの一般教養選択履修科目の設置状況（2010年） 148
図4-5	教員養成系専攻における専科カリキュラムの教職専門教養科目履修時間数（2000〜2010年） 150
図4-6	教員養成系専攻における専科カリキュラムの教職専門教養の時間数の割合（2000〜2010年） 150
表5-1	Y校出身教員に対する学校からの評価（2004年） 174
表5-2	B大学における管理運営部門及び教育組織部門（2011年） 175
表5-3	インタビュー調査の基本データ 177
表5-4	移行前後における学生数の変化（2002〜2007年） 181
表5-5	Y校における専攻設置計画（2001〜2005年） 183
表5-6	B大学における本科レベル専攻設置状況（2006年） 184
図5-1	移行前後における教育組織部門の変遷（1958〜2007年） 185
表5-7	英語教育専攻の科目分類と単位配分（2006年度） 193
表5-8	B大学教員養成系専攻必修・選択必修教職科目設置基準（2009年度） 197
表5-9	Y校教員養成系専攻選択履修教職科目設置状況（2001年度） 198
図5-2	B大学・Y市の教師教育一体化の教員養成モデル（2009年） 200
図6-1	A大学における教員養成の形成 233
図6-2	B大学における教員養成の形成 234
図6-3	現代中国の教員養成改革の全体像 241

序章

本研究の目的・問題意識・課題・方法

第1節
研究目的及び問題意識

1　本研究の目的

　本研究は、1990年代以降の中国において、高等師範系学校がいかなる課題に直面し、どのような改革を実施し、そのことによって教員養成教育の内容がどのように変化したのかを解明することを目的とする。

　過去20年ほどの間に、中国では高等師範系学校の多くが大学あるいは総合大学へと改編されてきた。このような「大学における教員養成」への改革は教員養成の高度化の潮流を示しており、望ましい変化だと受けとめることができる。ただし、経済の市場化、基礎教育改革の要請、高等教育制度の改革や高等教育規模の拡大など、急激な社会変化のもとで進められたこの改革は、「教員の専門的力量」を高めるものだとは即断できない。本研究は、非常に複雑な教育改革環境のもとで行われた「大学における教員養成」への改革の具体的な動向を解明することを通して、現代中国における教員養成教育の課題を提示し、今後の改革の方向性についての示唆を得たいと考える。

　本研究で対象とする「高等師範系学校」の中国語原語は「地方高等師範院校」で、教員養成を主目的とする地方公立普通高等教育機関の「師範大学・学院」と「師範高等専科学校」を指している。師範大学・学院は主に修業年限4年の学部の本科レベルの課程を設置し、学士号を授与する。師範高等専科学校は修業年限2～3年の専科レベルの課程のみ設置し、日本の短期大学に相当する。

本文中の主要用語の意味は次のとおりである。

「教員養成教育」(Pre-service Teacher Education)の中国語原語は「師範教育」である。師範(Normal)は学習の模範を意味し、現代中国では、教員を育成する専門教育が師範教育であると理解されている。そもそも教員を育成する専門教育は教員養成段階の教育、新任教員の初任期教育と在職期間中の現職研修を含む。だが、従来中国の師範教育は養成段階の教育に限定され、師範学校と高等師範系学校により実施されてきた[1]。したがって本研究では、教員養成教育という概念を用いるうえで、高等師範系学校及び他の大学で行われた教員の育成を目的とする教育を指すこととする。現在、中国では師範教育の限定性を乗り越え、教員養成と現職研修の一体化を強調するために、教師教育[2](Teacher Education)という概念がよく使われている。本文中では、政策文献で使われた教師教育を原文通りで表記する。

「総合大学」の中国語原語は「総合性大学」である。現在、中国においては総合性大学について、明確な定義がなされていない。大学研究者の間では、通常以下のように総合性大学を解釈する。総合性大学とは、文理科を有し、基礎的な研究を行い、多様な学科が融合し、人材育成目標が多元的である大学を指す[3]。本研究では、総合性大学を文学、理学、工学、商学、農学など5つ以上の多様な学部で構成される本科大学(4年制大学を指す)であると定義し、日本語としては総合大学に当たると判断した。

「一般大学」は、高等師範系学校と区別するために使われる概念であり、特定の資格や職業に限定された人材を養成するのではなく、多様な人材を養成する普通全日制本科大学を指す。主に修業年限4〜5年の学部レベルの課程(中国語原語:「本科課程」)を設置し、個別の専攻においては修業年限2〜3年の課程(中国語原語:「専科課程」)も設置している。

「基礎教育」は、中国語原語の「基礎教育」をそのまま用いる。日本語のそれは、初等教育と前期中等教育を合わせた概念といえるが、中国では法令上、普通教育を施す小・中・高等学校の教育を含む12年間の教育を指す。本研究

では、「基礎教育」をその意味で用い、「中華人民共和国義務教育法」(2006年)において規定された小・中学校段階の9年制義務教育を「義務教育」として表記する。

2 問題意識
(1) 教員養成における量的確保をめぐって

　1949年に中華人民共和国が成立し、政治・経済と教育制度の根本的な改革が行われた。1950年代に形成された中国の学制は、都市と農村一律に初等教育を5年一貫制とし、教育の機会均等を目指すものであった。これに当たって、最も深刻な問題は教員不足であった。教員の需要が急拡大するなかで、大量の教員を養成するために、3段階の師範系学校における目的制教員養成制度[4]が創設された。その後、師範学校数の増設と教員養成系専攻の学生募集数の増員が計画的に進められた。しかし、基礎教育の拡大に伴う児童・生徒数の急増に対して教員の供給は十分に対応し切れなかった。そのため、師範学校卒業の条件を満たすことのできない者であっても学校教員となるケースが少なくなかった。

　1978年以降、農業、工業、国防、科学技術の「四つの現代化[5]」を実現するという新しい挙国一致の目標が政府によって提示された。「四つの現代化」の需要に対応して、より多くの人材を迅速に育成するために、中等教育の発展が一層重要視された。ところが、国民全体の教育水準の低さは依然として厳しかった。1982年の国勢調査によれば、10億3万人のうち、12歳以上の非識字者は全体の23.5%で、各学校段階の学歴をもつ者の比率は、小学校レベルが35.4%、中学校レベルが17.8%、高等学校レベル6.6%であった。こうした現実を踏まえて、より多くの優秀な人材を養成するために、1986年、全国人民代表大会は「中華人民共和国義務教育法」を採択した。国家は9年制義務教育の実施を推進し、管理責任は地方に委ね、階段的に義務教育を拡充していく方策が取られた。

9年制義務教育の実施に伴う中学校の増設に応じ、師範高等専科学校の数を増設し、定員を増しし、教員養成系専攻の学生に対する特別奨学金制度によって、教員養成の計画的な拡充が進められてきた。しかし、「文化大革命」の10年間、教員の社会的地位は低く、待遇は劣悪だったため、教職は優秀な若者にとって魅力ある職業とはなっていなかった。1987年から義務教育は実施されたものの、十分な資質を備え、適切な訓練を受けた教員の量的不足問題はより深刻なものとなった。また、師範学校の卒業生だけでは、実際の教員需要に対応しきれなかったため、学校は自らの裁量で一般社会人を民弁教員（非公務員教員）として採用し、その場をしのいだ。個別の教科間で教員供給の明らかなアンバランスが存在し、化学、生物、外国語などの一部の科目担当の教員は特に不足状態が続いた。

　1990年代になって政府は9年制義務教育のさらなる普及に力を入れ、「地域別計画、分類指導、一歩一歩の着実な実施」の原則のもとで、全国を3地域に分け、地域ごとに「9年制義務教育普及」の実現を目指すようにした。義務教育の普及に伴い、学校教員の需要はさらに増加した。そのようななかで、教員の社会的地位を高め、より多くの優秀な若者を教職に就かせるために、1993年、「教師法」が制定された。そこでは、「教師は教育・授業の職責を履行する専門職員」であり、「国家は教員資格制度（中国語原語：「教師資格制度」）を施行する」と記されている。こうして、計画的で目的的な教員養成に加えて一般大学を卒業して教職を希望する若者に教員資格を与える正式ルートを制度化し、教員の量的確保が進められた。

　約半世紀にわたって、教員養成における量的確保に悩み続けてきた中国政府は、1996年に第5回全国師範教育会議において、教員の量的確保問題はほぼ解決されたと宣言した。「教師教育は、数と規模の拡大から、資質の向上や構造の改革、効果の向上を目指す新たな段階に転換すべきである」と指摘した。前述の施策を通じて、確かに教員の量的確保の状況は以前よりも大きく改善されてきたといえよう。

しかしながら、社会経済の発展状況において地域による格差はむしろ拡大している現実がある。そう考えると、教員需給の状況も省によって大きく異なると考えられる。長年にわたって進められた教員養成の拡充施策の実施は、教員総数の深刻な不足を徐々に緩和させてきた。しかし、はたしてそれは本当に全国すべての地域において十分な教員の量的供給を実現できているのだろうか。

　また、仮に全国平均的には教員の量的確保ができたとしても、地域による格差は無視できない。省ごとに考えるなら、沿海部の省と内陸部の省には教員需給の格差が存在し、特に西部地域の教育資源が乏しい[6]。また、同じ省内においても都市部と農村部に分けて見ると、当然教員の需給状況は異なるであろう。さらに、北京や上海などの一部の大都市では教員志望者が集中しているとしても、内陸部の農村地域では逆に、教員不足が依然として厳しいであろう。近年、経済発展の進行に伴い地域による教員供給状況の格差はむしろ拡大している。基礎教育における機会均等を保障し、促進するうえで、教員養成における量的確保は現代中国において未だに重要な課題として残されていると考える。

(2)　教員養成における学歴充足率の確保と学歴水準の向上をめぐって

　1990年代までには、厳しい教員不足問題に対応するための目的制教員養成制度が確立されても、大量の教員を短期間に養成することは極めて困難であった。それゆえ、学歴水準を十分に満たしていない社会人を教員として採用するケースが数多く存在した。しかし、教員の量的不足が深刻であった当時、教員の学歴水準を向上させるという課題を明確に取り上げることは困難であった。1980年代後半以降、政府は基礎教育の質保障の担い手である学校教員の質の改善に力を入れるようになった。その第一歩として、小・中・高等学校教員の最低学歴要件をそれぞれ中等師範学校、師範高等専科学校、師範大学・学院の卒業と定めた。教員の学歴水準に関する統計では学歴充足率という指標が用いられる。それは規定の学歴水準を満たす教員数の教員全体に占める割合を指している。

1985年時点で、小・中・高等学校教員の学歴充足率はそれぞれ60.6％、27.5％、39.6％であった。教員の学歴水準の向上を狙いとして1986年に制定された「義務教育法」には「教育の専門性を重視し、学歴水準に達しない師範学校の卒業生は学校教員に就くことはできない」と明記された。しかし、実態としては9年制義務教育を拡充し実現するために、学歴水準を満たさない民弁教員を増員する地域も多かった。とりわけ、農村地域における小学校の民弁教員の急増が著しかった。1991年の時点で、小・中・高等学校教員の学歴充足率はそれぞれ56.5％、51.8％、47.2％であった。中・高等学校教員の学歴充足率がある程度改善された一方で、小学校教員の学歴充足率はむしろ下がっていた。

　学歴充足率の改善が思うように進展しない問題に対し、1995年の「教師資格条例」は「幼稚園から大学まで各レベルの学校の教師は、すべて教師資格証明書を必要とする」と規定し、教師資格証明書の取得が不可能な現職教員に対しては退職処分などにした。また、必要とされる学歴水準を満たすことが教師資格証明書の取得要件であると決めた。小学校の教員は、中等師範学校及びそれ以上の学歴を要件とされた。中学校教員は、師範高等専科学校その他の大学の専科及びそれ以上の学歴を、高等学校教員は師範大学・学院の本科、その他の大学の本科及びそれ以上の学歴をもつことを要件とされた。

　「教師資格条例」の実施は教員の学歴充足率の向上を促し、2000年の時点で、小・中・高等学校教員の学歴充足率はそれぞれ91.3％、87.1％、68.4％にまで改善された。とはいうものの、教員供給状況の格差が拡大しつつあった中国では教員の学歴充足率の確保の不安が大きかった。また、小・中学校教員のうち、本科大学の卒業者はそれぞれ1.0％と14.2％であり、「大学における教員養成」の実現は遠い状態であった。

　一方で、1990年代後半以降、基礎教育における受験教育（中国語原語：「応試教育」）から資質教育（中国語原語：「素質教育」）への転換が唱えられた。2001年には「基礎教育の改革と発展に関する決定」が公布され、国際化と知識基盤社

会の確立を目指し、基礎教育における資質教育が全面的に実施されてきた。そして、学校で行われてきた知識伝達重視型の授業を児童・生徒の自主的な学習態度・能力を形成させる授業へと変革させることが求められた。

　そうしたなかで、学校段階によって教員養成の段階を区別するという仕組みは問題視され、教員の学歴水準の向上が唱えられるようになった。Dello-Iacovo, B. (2009) は、資質教育の実施はより高学歴の教員を要求している[7]と述べた。中央政府は教員養成体制の構造調整を推進し、1950年代以来の中等教育段階と高等教育段階の教員養成はすべて高等教育段階である短期大学と本科大学レベルの教員養成に転換させる方策を打ち出した。そこに急激な高等教育改革が折り重なり、中等教育段階と高等教育段階に分けて行われていた教員養成は、「大学における教員養成」へと短期間のうちに転換された。

　このような教員養成の学歴水準の引き上げは、多くの研究者などによって教員養成の高度化として意味づけられた。日本の佐藤学も教師教育の国際動向を分析し、「教師教育の高度化はいずれの国も師範学校から大学へのアップグレーディングとして進展した」と述べている。そして、中国における「師範学校から大学への高度化は1980年代以降に急速に進行し」て「急速な経済発展と激しい国際競争が『人的資本』の『質の向上』を要請し、教員養成の高度化を促進した」と論じた。

　半世紀にわたる施策展開のもとで試行錯誤を重ね、中国における教員の学歴充足率の確保にも解決が見込まれるようになった。そうしたなかで、教員養成における学歴水準の引き上げが実施された。これは教員の資質向上に向けた施策として当然の方向であり、中等教育段階の小学校教員の養成という不十分な状態が解決される時代を迎えたのだといえる。教員養成の学歴水準の向上を皮切りに、今後、基礎教育に携わる小・中・高等学校教員すべてを同じ高等教育段階で養成することによって、教員としての学力水準の向上が期待される。また、「大学における教員養成」は、将来教員になる者に豊かな学習環境を提供することになり、特に、資質教育に携わる教員にとって非常に重要だと考える。

だが一方、学歴水準の引き上げが必ずしも高い学力水準を確保できるとは限らない。その意味では、安易に教員養成の学歴水準の引き上げが教員養成の資質向上を導くと判定するような議論は慎重に検討する必要がある。少なくとも、実際に教員養成教育を施す大学でどのような教育内容が提供されているかを分析した後で、それが本当に基礎教育の発展に必要とされる学力水準の高い教員を養成できるか否か、を判断する必要があろう。

(3) 教員養成における「教員の専門的力量」の保障をめぐって

1990年代後半以降、教員の量と学歴水準の確保に関する問題が残されたまま、中国の国家政策は経済のグローバル化への対応に大きく動くことになった。経済のグローバル化と連動して知識基盤社会への移行にあたり、新たな人材育成のための基礎教育改革が要請されるようになった。基礎教育の改革は、小・中・高等学校の教員の資質・力量の在り方に大きな変更を迫り、教員の仕事に求められる専門的な性格や、その仕事に携わる者がもつべき専門的力量の問い直しを求めた。

一方で、「教員の専門的力量」の内実とそれが向上する具体的な姿は、実はそれほど明確なものではない。その点で多くの人が納得するような内実・具体性は、どの国の教員政策でも、どの理論でもほとんど示されていないといっても過言ではない[8]。教員の仕事には難しさと不確定さがあるため、「教員の専門的力量」の内実を明示することは容易ではない。この難しさを自覚しながら、筆者は現代中国が上述のような基礎教育の転換期にあることを踏まえ、本研究で用いる「教員の専門的力量」を以下のように定義する。

「教員の専門的力量」とは、幅広い知識教養を基盤としながら、各教科の専門的な知識を備え、子どもの発達段階や年齢段階に応じて多様な教授・指導方法を活用して児童・生徒が自主的に学ぶことを促す力量である。

「教員の専門的力量」は、教職生活の生涯にわたる過程の全体を通して育成される力量で、教員養成教育を土台に長い期間をかけて培わなければならないと考える。このような「教員の専門的力量」を保障するためには養成段階における教職専門教育が必要である。教職専門教育とは一般教養を基盤として、教科専門教養と教職専門教養を統合することによって成立する総合的な教育だと筆者は考える。また、アメリカの研究者 Zeichner, K. (2010) によれば、「教員の専門的力量」の土台を育成する「大学における教員養成」は必ず一般教養、教科専門教養と教職専門教養のバランスを取らなければならない[9]という。

　だが、中国ではこれまで教員養成における教科専門教養と教職専門教養を統合的というよりも対立的に捉える議論が隆盛であった。高等師範系学校では教職専門教養がカリキュラムの多くを占めるため、教科専門教養である特定の学問領域の専門性が高まらず、そのために教育の水準は低いと論じられてきた。

　基礎教育の質的転換を進めるためには、それを担う「教員の専門的力量」を向上させなければならない。今後、大学教育のなかで「教員の専門的力量」の土台の保障を目指すためには、一般教養、教科専門教養と教職専門教養（理論・実習）のバランスを調整し、特に教科専門教養と教職専門教養の統合を如何に図るべきかが問われなければならない。そして、将来教員となる者に教職に対する高い道徳意識と責任感をもたせることも非常に重要であり、「教員の専門的力量」の発揮を支える一要素だと考える。

　また、上述のような「教員の専門的力量」をもつ教員を十分な数だけ養成しなければならない。つまり、教員の量と質の両面の改善によって、はじめてすべての「教員の専門的力量」の保障が実現できる。「教員の専門的力量」の保障について、日本の向山浩子は「教職の専門性」を確立する不可欠の要件として、教員資格制度の徹底と「大学における教員養成」の成立を挙げた。

　中国では、「教師法」は「教員の専門的力量」の保障を国の政策として掲げる画期的な法律だと認識される。また、教員資格制度が実施され、総合大学を含む一般大学が教員養成に参加することが奨励されることになった。これは教

員養成を高等教育制度全体のなかに位置づけ、開放的な教員養成制度への移行を意味した。こうした施策には、政府が「教員の専門的力量」の保障を強く意識し、教員の量的確保を図ろうとする意図が窺われる。だが、教員の量的確保に有効でありながら、同時に質的保障も果たそうとするこうした改革が本当に「教員の専門的力量」の保障へとつながるのか、慎重に吟味する必要がある。

そもそも、教員資格制度の確立は必ずしも「教員の専門的力量」の確立を保障するとは限らない。既述のように、「教員の専門的力量」は教職生活の生涯にわたる過程の全体を通して育成される力量である。たとえ教員資格制度が確立されても、それだけではすべての教員が専門的な力量をもつことを保障できるとはいえない。ここで、本研究の研究関心に基づき、中国の教員資格制度における問題点を指摘したいと思う。

まず、教員資格制度の規定によれば、「高等学校の教師資格証明書をもつ者は小・中・高等学校のすべての学校で授業を担当することができ、中学校教師資格証明書をもつ者は小・中学校で授業を担当することができる」この規定は小・中・高等学校の学校段階の違いが教員資格の格の違いになることを意味する。しかも、小学校教員の格は一番下に位置づけられた。こうした教員資格の格づけは「教員の専門的力量」の保障にそぐわない。

次に、教員資格制度においては、「一般大学出身の申請者の場合、大学で教育学と心理学を履修し、教育行政当局が実施する教師資格試験[10]に合格し、中国語標準語試験で規定点数を取りさえすれば、教師資格証明書の申請ができる」とされている。これは教職専門教養のごく一部にすぎない科目の履修ということで「教員の専門的力量」の土台の育成を短小化したものであり、「教員の専門的力量」の保障を導くことが難しい。

要するに、現在の中国における教員資格制度は十分に整備されていない。このような教員資格制度のもとで、すべての大学が「教員の専門的力量」の土台の保障に努めることは期待できないであろう。教員制度改革を推進する側はいかなる場合でも、教員の資質向上や「教員の専門的力量」の保障を改革理由と

して強調する。しかし、「教員の専門的力量」の保障は容易には解決できない落とし穴があるのではないか。本研究は現代中国における教員養成は如何に「教員の専門的力量」の土台の保障につながるかを考えてみたい。

(4) 「大学における教員養成」の形成と「教員の専門的力量」の確立にある矛盾

　1990年代以降、市場原理に基づく急激な高等教育制度改革が行われた。その最大の特徴は中央政府から地方自治体または大学への権限委譲に基づく規制緩和と大学間における競争体制の導入である。規制緩和により、学生募集や専攻設置などに関連する大学の自主権は大幅に拡大された。それと同時に、従来の国家予算による単一型の財政体制が崩れ、大学の自立、とりわけ、大学財源の自主確保が求められた。その際に、学生募集制度が改革され、授業料収入が大学の重要な財源となった。学生の獲得をめぐって大学間の厳しい生き残りをかけた競争の時代、多様化の時代が到来したのである。従来の目的制教員養成制度のもとで、特別扱いを受けてきた高等師範系学校も同じ条件のもとに置かれた。激しい競争に迫られ、収入確保のための学生募集の拡大に取り組まざるを得なくなった。

　こうしたなかで、短期大学レベルの師範高等専科の多くは一般大学へと昇格し、単科大学である師範学院の多くは一般大学との統合によって総合大学となり、教員以外の多様な人材を養成することで学生募集数の拡大に努めてきた。「大学昇格」は従来短期大学レベルにあった教員養成の修業年限を延長し本科大学教育を施すことを意味する。これは教員の学歴水準の引き上げを促し、教員となる者の学力水準の向上につながる可能性がある。また、「総合大学移行」は教員となる者を豊かな学問環境のもとに置き、彼らに幅広い学問知識を学ばせるとともに「教員の専門的力量」を身につけさせる意義がある。

　こうして、高等師範系学校が「大学昇格」または「総合大学移行」という改革を推進した結果、「大学における教員養成」はより広く行われることになっ

た。教員資格制度が創設されると同時に、「大学における教員養成」が拡大しているという改革の進展は、一見、「教員の専門的力量」の土台の保障へ向かっているように見える。しかし、「大学における教員養成」は本当に現代中国の教員需要に適応するか。事態はそう単純とはいえないように思われる。諸先進国を見ると、アメリカの主な教師教育協会の年会においては、現在全米で普及している「大学における教員養成」の将来性が疑われている[11]。

　日本の研究者は「大学における教員養成」については、教員養成が大学を基盤として行われ、大学は自主的に教員養成の実施方法や教育内容を選択し、多様な教員養成の実態を生み出すことを指摘している[12]。戦後、日本の教員養成史を振り返ると、教員養成は「大学という一つの教育機関全体の主体的な営みととらえて全学的なマネジメントを行うという視点は、多くの大学においては欠落している[13]」といわれ、多数の「大学が自らの主体性において教員に必要な力量を見据える営みを充分に行わないままに教員養成を行い続けてきた[14]」と批判された。また、大学・学部の設置目的と教員養成とが結合的・融合的な関係をとり、当該科目の教員養成がその組織のなかに根付いているのは少数派で、両者が有機的な連結を欠いたまま存在する形態をとる大学が多い[15]ことも指摘された。こうしたことは、「教員の専門的力量」の土台の保障を阻害するものだといえよう。

　ここ20年、中国における教員養成改革を取り巻く環境は、教員養成の学歴水準の向上に対する国家主導の圧力と市場原理に基づく大学教育の自由化を通じた競争圧力から構成されていたといえる。現在の「大学における教員養成」も実はこの環境のもとで誕生したのである。教員養成に参入する大学が多くなると、競争圧力が高まるのは必然であるが、そのなかで生き延びるためには教員養成の内容の改善を推進しなければならない。つまり、教員養成の改革のプロセスが自由化された環境のなかで、各大学の危機意識を動因として、実績づくり、特色づくりのために教員養成の内容が改革され、充実していくことも推測できる一方で、正反対の事態も起こりうるだろう。

現在、すべての大学は厳しい競争環境に置かれ、教員養成を担うべき各大学も他の大学同様に学生数の確保を至上課題としなければならない。こうした環境に置かれた各地方の大学において、本当に「教員の専門的力量」の土台を保障しうる教員養成を実現できているのだろうか。中国国内でも、高等師範系学校が短絡的に総合大学を目指して改革を進めることによって教員養成が軽視されていること[16]、教員養成系専攻の割合が縮小され、教員養成カリキュラムの質的向上が十分に進んでいないこと[17]など、さまざまな問題点が指摘されている。また、教員の量的不足問題がさらに深刻化する[18]ともいわれている。

　高等教育改革の急速な進展とともに、競争に追われた大学を基盤として行われた教員養成の内実はどう変化しているのだろうか。開放制のもとで教員養成教育の全般を各大学の裁量に委ねることで、「教員の専門的力量」を備えた教員を十分な数だけ養成することはできるのだろうか。経済と教育状況の地域格差が広がるなかで、教員養成を行う各大学にはどのような課題状況があるのだろうか。中国の今後の教員養成のあり方を考えるうえで、これらの問いに答えることは重要だと考える。

　高等師範系学校の改革によって再編された各大学が現実にどのような教員養成理念を立ち上げ、どのような教員養成の内実を形成し、「教員の専門的力量」の土台の保障がどう実現されようとしているのか。本研究はこの基本的な疑問をもちながら、現代中国における教員養成教育の実態と課題を明らかにしたい。

第2節
先行研究の検討

　「大学における教員養成」及び「教職の専門性」については、日本において深く議論され、TEES研究会編『「大学における教員養成」の歴史的研究―戦後「教育学部」史研究―』と向山浩子『教職の専門性―教員養成改革論の再検討―』が本研究に有益な示唆を与えた。とりわけ、本研究は上述の先行研究を参照し、問題意識及び研究枠組みを設定した。

また、中国の本土[19]においても諸外国[20]においても中国の高等師範系学校での教員養成から「大学における教員養成」への改革に関する研究は数多く行われてきた。例えば、黒沢・張（2000）、荘（2001）、顧（2003）、鮑（2004）、周・鐘（2005）、Paine & Fang（2006）、岳（2007）、饒（2007）、Gao（2008）、巴登尼瑪・盧（2008）、三石（2009）、南部（2009）、Wang & Gao（2013）と Peng & McNess et al.（2014）などである。その大半は、教育制度改革が高等師範系学校にもたらす改革課題、高等師範系学校の改革動向と現代中国における教員養成教育の課題に関するものである。それらの内容はおよそ次の3つに分類して捉えることが可能である。

　Ⅰ．高等師範系学校の改革背景と要因に関する研究、Ⅱ．高等師範系学校の改革課題とプロセスに関する研究、Ⅲ．高等師範系学校の改革による教員養成教育の変化と課題に関する研究である。1990年代以降の中国における「大学における教員養成」への改革と教員養成教育の変化を解明する本研究の研究目的を踏まえ、以下のように先行研究を整理する。

1　高等師範系学校の改革要因に関する研究

　本研究の目的では、1990年代以降の高等師範系学校がいかなる課題に直面して改革を実施したかを論じた。高等師範系学校の改革要因については、すでに教員養成教育の理念変化、教師教育制度の改革及び高等教育制度の改革などさまざまな視点から論じられている。例えば、黒沢・張（2000）、華東師範大学課題研究組（2001）、黄（2001）、馬（2003）、石（2003）、周・鐘（2005）、Paine & Fang（2006）、黄・何（2008）、巴登尼瑪・盧（2008）、南部（2009）などである。ここで、重要な示唆を含む研究を検討する。

　教員養成理念の変化に着目して高等師範系学校の改革原因を論じた黄威（2001）、馬暁雄（2003）は、師範教育から教師教育への転換は学生の資質能力に対する要求を高め、高等師範系学校に改革の契機を作り出したと主張した。師範教育理念のもとでは、高等師範系学校は教科専門教養と教職専門教養の何れ

かに偏り、育成された学生の能力は不十分な状態であった。また、師範教育理念のもとに置かれた高等師範系学校は深刻な課題を認識できず、改革に取り組みにくい。師範教育から教師教育への転換は高等師範系学校に新たな圧力をかけ、資質能力の高い学生を育成しないと学生の就職先がないことを強く感じさせた。

　華東師範大学課題研究組（2001）は、教師教育の開放化、専門化の視点から高等師範系学校がなぜ改革をしたのかを探った。従来、教員養成に専念した高等師範系学校は教師教育の開放化に迫られ、所在地の教員養成と現職研修に適応しなければならない。こうして、高等師範系学校は多様な発展モデル[21]を求め、改革を進めたと述べた。同様に、黄依林・何凡（2008）は高等師範系学校の改革要因を教員養成教育の高学歴化、教員養成と在職研修の一体化と専門化のニーズに対応するために改革されたと論じた。

　Paine, L.W. & Fang, Y.（2006）は中国の基礎教育のカリキュラムの改革は教師教育改革との関係が一番強く、「教員の専門的力量」の強化を求めていると主張した。こうしたなかで、中国における「教員の専門的力量」を高める教員養成教育の改革はインサイド（中国国内）とアウトサイド（諸外国）の経験を融合して実施された。

　一方、高等教育における市場化と大衆化の改革が高等師範系学校の改革をもたらすと論じる研究もある。黒沢惟昭・張梅（2000）は日中比較の視点で、中国の市場経済と教育の関係に着眼した。その終章では中国における閉鎖制教員養成教育の問題、社会発展に適応する人材を育成する必要性と他の高等教育機関が教員養成に参与する必然性などを分析した。また、巴登尼瑪・盧徳生（2008）は、高等師範系学校の経費問題と学生の就職難問題を高等師範系学校の改革要因とした。

　諸先行研究は、1990年代以降における高等師範系学校の改革要因を、多様な視点から分析した。とりわけ、高等教育制度の改革が高等師範系学校を激しい競争環境に置かせることと、教員養成制度の改革が高等師範系学校に教員養

成の機能を残しながら改革を行う可能性を指摘し、本研究に示唆を与えた。

　しかし、次の2つの点については十分な検討がなされていない。第一に、高等師範系学校の改革の前提とされた制度改革の具体的な内容と関連づけた考察が十分になされていない。第二に、同時並行で進展した高等教育、教員養成と基礎教育の改革をともに関連づけて高等師範系学校の改革要因を考察する必要があるが、先行研究ではそのいずれか一方に焦点づけた考察しか行われなかった。上述の2点を解決するために、本研究では1980年代から2000年代における基礎教育、高等教育と教員養成教育の改革内容を整理して、三者を関係づけながら高等師範系学校にもたらす課題を総合的に分析する。

2　高等師範系学校の改革課題と経緯に関する研究

　「大学における教員養成」への改革と教員養成教育の変化を解明するために、1990年代以降の高等師範系学校はどのような経緯で改革したかを明らかにしなければならない。その改革過程における学校理念・組織と教育内容の変化をめぐる研究としては、王（2003）、楊（2007）、李（2008）、梅（2008）、靳（2009）、鐘（2009）、何（2009）、何・馬（2009）、鐘（2010）、李・馬（2010）などが挙げられる。

　高等師範系学校の改革課題を示した研究には荘明水（2001）がある。同研究は教員養成教育体制の改革、師範学校における教員養成教育の変化を述べたうえで、2000年以降の教員養成教育の課題を以下のように論じた。①基礎教育の教員養成数不足、②小・中・高等学校教員の学歴充足率引き上げの困難、③地域差のある師範教育と教員レベルの低下、④教員の深刻な流出現象、⑤基礎教育において、教育思想・内容と方法は社会発展のニーズに対応できない、⑥教員養成教育に関する法制の不備、⑦師範教育に対する資金の不足である。こうしたなかで、師範学校がどのように発展するかは大きな難問となる。

　鮑良（2004）は大学の序列化と大学の統廃合による高等師範系学校の合併と中央政府による教員養成開放化の政策動向及び2000年前後の高等師範系学校における教員養成と「大学における教員養成」の併存を述べた。だが、大学の

学術性が高いとはいっても、教員養成を実施する際には最低限の教職専門の教授陣でさえ確保できないのが現状で、どのように教職専門の教員を確保できるかは重要な課題であると論じた。周険峰・鐘毅平(2005)は高等師範系学校間の激しい競争及び国家と地方政府の政策に着眼し、そこから生じた課題を分析した。第一に、高等教育の改革に対応し、地方経済建設に相応しい一般教育を実施する。第二に、教員養成教育の特色を生かし、基礎教育の発展を促進する。そのうえで、改革策としては総合的な教育を実施することと科学研究のレベルを高めることなどである。

高等師範系学校の改革経緯に関して、南部広孝(2009)は1990年代以降の高等教育機関の統合・合併が教員養成に影響を与え、一般大学における教員養成が実施されたことを論じた。高等師範系学校を含む高等教育機関の統合を総合指向型[22]、強化型[23]、昇格型[24]の3つに類型化している。何莉娜(2009)によれば、改革後の大学の専攻設置には教員養成系専攻と非教員養成系専攻の矛盾が存在していると述べた。同研究は改革を行った36校の大学の経営理念と各大学における教員養成系専攻と非教員養成系専攻の設置状況を調べたうえで、以下の問題を指摘した。まず、すべての大学理念には総合性、多学科性を重視する傾向がある。次に、大学における専攻構造には総合化する傾向が強い。

既述の先行研究はマクロの視点から中国の高等師範系学校と教員養成教育の改革を分析し、本研究に、基礎教育、高等教育と教員養成という制度改革の視点、また、高等師範系学校から大学への改革類型という角度から分析の枠組みを設定することに対して有益な示唆を与えてくれた。しかし、ミクロの視点から、つまり、個別の大学における改革実態あるいはそこの教員養成教育の課題に踏み込んだ議論はなされてこなかった。

3 教員養成教育内容の変化と課題に関する研究

諸先行研究のなかで、教員養成の高度化と専門化の視点から教員養成教育のあり方を検討する研究も多く行われてきた。三石初雄(2009)は中国の基礎教

育における課程標準の実施によって自発的探究的学びが強調され、基礎知識の重視、生活教材の活用と参加・討論・交流・発表型の学習スタイルが導入されるに伴い、教員養成においては専門化、高度化、または実践的指導力の育成などが重視されたことも指摘している。南部(2009)は中国の多様な教員養成モデルが実施された現状を述べたうえで、中国における教員養成の課題を指摘した。①教員の学歴構成に関する地域間格差が大きい、②教員の平均給与が低い、③教員の質をどのように維持・向上させるのか、である。Wang, D. & Gao, M. (2013)とPeng, W.J. & McNess, E. et al.(2014)は教育平等と社会流動性の視点から、中国の教員養成教育における価値の重要性をより強調し、教員となる者の専門的力量、アイデンティティと責任感を強化すべきだと論じた。

　教員養成カリキュラム改革の課題を考察した研究として饒(2007)と岳(2007)がある。饒従満(2007)は、まず1990年代後半以降には中国の教員不足問題が解決され、教員の資質向上が喫緊の課題となることを述べたうえで、資質向上に必要な政策を提示した。次に、教員養成教育の構造改革については教員養成の開放化と教員養成の学歴高度化という2点を論じた。最後に、中国の教員養成教育改革の課題を示した。第一は、専門分野の学術性と教員としての専門性の両立の困難性。第二は、理論的学習と教育実習の相互的な関係が弱く、実践力とリフレクション力の両者が養成できない。第三は、教員養成と教員研修の連続性の困難性である。岳剛徳(2007)は教員養成教育の課題を以下のように指摘した。①教員養成における師範性と学術性の矛盾、②教員養成における一般教養、教科専門教養と教職専門教養のバランスの問題、③理論的知識と授業実践のギャップである。

　一方、教員養成教育の変化についての分析は主に北京師範大学などの少数の国家重点師範大学と大都市の先進事例に限定される。「日本と中国における教師教育に関する比較研究[25]」は東北師範大学本科におけるカリキュラム内容とそれを制定する基本的な考え方を紹介した。また、北京師範大学の「4年＋2年」の教員養成内容の報告もなされている[26]。しかし、何れも教員養成の

カリキュラムの紹介に留まっている。

　各大学の教員養成の内容を比較した梅新林 (2008) は、北京師範大学、華東師範大学、華中師範大学、首都師範大学と上海師範大学の課程表を分析し、それぞれの特徴を述べた。同研究は5つの大学における教員養成内容の特徴を以下のようにまとめた。共通点は6つである。①各大学は総合大学となっても教員養成を特色とし、教員養成の課程内容を豊かにしている、②学生の科目選択自由度が高くなっている、③教育学、心理学、現代教育技術、学科教育論と教育実習が依然として基本的な必修科目として設置されている、④実践課程を強化し、実践時間を延長し、実践方式が多様化している、⑤教育科学に関連する研究が強化されている、⑥基礎教育改革に対応する科目を設置している。相違点は3つである。①国家重点大学と地方大学の人材育成の目標が異なる[27]、②国家重点大学と地方大学は、それぞれ異なる学歴水準の教員養成教育を実施する[28]、③国家重点大学と地方大学においては、設置している選択履修科目には大きな違いがある[29]。

　大都市以外の地方の教員養成教育の実態に迫った実証研究は僅少であるが、李学農 (2005) は高等師範系学校が総合大学となった後に、教員養成系専攻が廃止され、教員養成教育が軽視されるようになった実態を解明した。本文では、地方大学に着目した2つの研究を検討する。

　まず、李喆 (2008) は聊城師範学院という教員養成系単科大学から総合大学である聊城大学への移行改革事例を対象にし、教員養成モデルと教育内容を明らかにした。地方で教員養成を行う聊城大学は国家重点大学と異なり、移行を契機に大学における小・中・高等学校教員の養成を行い、新しい教員養成モデルを採る。教員養成の内容に関しては、教員養成カリキュラムは共通教育課程と教員養成教育課程に構成されると指摘した。

　李経天・馬志恵 (2010) は教員養成を実施する5つの大学[30]における教員養成のカリキュラムの設置状況を比較したうえで、大多数の大学では教員養成の教育科目としては、教職理論、教職技能、教育科学研究方法と教育見学・実習

を設置していると説明した。また、教員養成カリキュラムの問題点を次のように指摘した。①教員養成教育科目の設置比率が低く教職専門教養が軽視される、②設置された教職科目は基礎教育内容と分離し、実用性が低い、③教育見学・実習が形骸化し、実践的指導力の育成につながらない、④正しい教職観の育成を実施できず、教員意識を育てる授業が設置されない。

以上のように、李（2008）と李・馬（2010）は地方大学の教員養成のカリキュラムに焦点を当て、教員養成教育のカリキュラムにおける問題点を指摘した。しかし、先行研究はいずれも教員養成教育の現状に着眼し、改革前後における教員養成の変化とこのような実態を生じさせた背景に言及してはいない。特に、李・馬（2010）は5つの大学の属性について論じず、この5つの大学を比較する意義が非常に曖昧である。また、先行研究はカリキュラム内容の比較にとどまり、その科目はどのように実施されているのかを追究しなかったし、それは「教員の専門的力量」の土台を保障できるか否かを明らかにしなかった。

第3節
本研究の課題・方法と構成

1　研究課題

本研究は、以下の4つの課題を設定する。

課題1　「大学における教員養成」への改革以前、すなわち、1980年代における教員養成の実態と課題状況を明らかにする。

課題2　1990年代以降に展開された高等教育改革、基礎教育改革と教員養成改革の内容を整理し、それらを土台としながら高等師範系学校がどのような改革課題に直面したのかを明らかにする。

課題3　山東省の高等師範系学校を事例として、「大学における教員養成」への改革がどのような経緯で進められ、それによって教員養成教育の内容はどのように変化したのかを、「教員の専門的力量」の土台を育成するあり方という観点から明らかにする。

課題4　課題1〜3を踏まえ、現代中国において「大学における教員養成」への改革が「教員の専門的力量」の保障にどのような影響をもたらしたのかを解明し、今後の教員養成改革の課題と方向性について考察する。

2　研究方法

本研究は先行研究を踏まえ、1990年代以降の中国における教育政策動向を捉えたうえで、高等師範系学校の課題と改革を解明し、そのことによって教員養成教育の内容がどのように変化したのかを明らかにする。さらに、地域の特徴と結びつけながら、急速に改革をした高等師範系学校の教員養成の内容変化を以下の2点を通して明らかにする。ひとつは、日本における「大学における教員養成」と「教職の専門性」についての議論を参照し、大学教育と教員養成教育の関係に着目し、「一般教養」、「教科専門教養」、「教職専門教養」と「実践」の4領域の観点を用いて教員養成カリキュラムの状況を検討する。もうひとつは、大学改革が進むなかで大学の管理担当者と授業担当者は教員養成をどう認識し、どう対応したのかを明らかにする。最後に、教員養成における「教員の専門的力量」の土台の保障を念頭に入れ、現代中国における教員養成の変化を考察する。具体的には、以下の通りである。

課題1については、主に教育行政関係会議の会議録、1980〜1990年の教育年鑑と学校教育に関連する統計資料を収集・整理し、1980年代における学校教育の実態と教員養成教育が直面した課題を分析し、高等師範系学校の展開状況を把握する。

課題2については、教育制度改革に関する政策文書を収集・整理し、制度改革の特徴を分析する。また、政策実施の実態と大学改革の状況を詳しく把握するために、教育年鑑などの統計資料を収集・分析し、高等教育改革、基礎教育改革と教員養成改革が進行した過程及びそれに伴う高等師範系学校の改革動向を解明する。

課題3については、山東省の2つの高等師範系学校の改革事例を取り上げる。

ひとつは短大から一般大学に昇格したA大学で、もうひとつは教員養成系単科大学が他大学と統合して総合大学へ移行したB大学である。同時期に高等師範系学校を母体として改編された大学のうち、A大学と同様の「昇格」によってできたケースは約6割、残りの4割がB大学に類似する総合大学への「移行」と考えられる。中国の法令体系は国―省―地方の三層で構成され整備されている[31]が、広大な国土を有し、省や地域によって教員養成を取り巻く環境条件及び実態は異なる。そこで、本研究は同一省内で人口、経済発展状況と教育資源の異なる2つの地域で同じ時期に改革が行われたA大学とB大学を取り上げた。ここにおいて、山東省を取り上げる理由を次の2つの点を以て説明する。

　第一に、同一省内で同一時期において昇格型と移行型の改革が行われているので、タイプの異なる大学間の比較が可能だと考えられる。山東省には、1990年代以降の教育制度改革の影響を受け、改革を行う2種類の事例大学がある。中国全体の教員養成教育の変化を明らかにするために、同一省内の異なるタイプの2校それぞれの実態を分析することで、本研究の目的に迫ることが可能になると考える。

　第二に、経済発展状況が異なる沿海部と内陸部を有し、教育における地域間の格差問題が反映されている。本研究は人口、経済発展状況と教育条件の違いを念頭に入れ、環境条件が教員養成教育に対する影響を分析要素とする。そのために、同一省内で異なる地域条件をもつ2校それぞれの「大学における教員養成」を有する山東省を取り上げる。

　まず、山東省における教育政策文書・統計資料・調査報告書などの1次資料を収集・分析し、同省の教員養成をめぐる状況を整理した後、2つの事例大学について調査を行った。

　A大学については、昇格当時の申請資料、報告書と昇格前後の大学年鑑及び教育計画書などを収集・分析し、昇格の経緯を解明する。さらに、昇格前後10年間の教員養成カリキュラムを収集し、同大学の2学部における教員養成

系専攻のカリキュラムの変化を分析する。また、①大学改革の経験者自身はこの改革をどのように認識しているのか、②教員養成教育の授業担当者はどのように教育内容及び授業のあり方を見直しているのか、を明らかにするために、改革前後の内部状況を知る管理職5名と教員養成に関わる授業担当者及び職員5名を対象にインタビュー調査を実施した。これらの結果に基づいて管理職と一般教員という異なる視点から、A大学での実態変化について分析する。

B大学については、総合大学に移行した当時の1次資料と大学年鑑を収集・分析し、移行の背景及び展開過程を解明する。さらに、移行前後9年間の教員養成カリキュラムを収集し、2学部を選定して教員養成系専攻のカリキュラムの変化を分析する。また、A大学で実施したインタビュー調査と同様に、移行の前後を通じてB大学に在籍する管理職5名と教員養成に関わる授業担当者及び職員9名を対象にインタビュー調査を実施した。管理職には、授業あるいはカリキュラムに求めるものについて、授業担当者には、改革に対する認識及び具体的な対応を尋ね、その回答に基づいて教員養成教育内容の実態を分析する。

課題4については、以上の事例分析の結果を踏まえて、現代中国で進行してきた「大学における教員養成」へ向けた改革の実態とそこにおける教員養成教育の内容変化及び課題状況について考察する。

3　研究構成

本研究は、高等師範系学校の改革に関する政策的研究である第1部と高等師範系学校の改革と教員養成教育の変容に関する実証的研究である第2部から構成される。具体的な構成としては、前に掲げた4つの課題のうち、課題1と課題2に対応するのが第1部、課題3に対応するのが第2部である。課題4は全体の総括として位置づく終章において展開する。各部における詳細な構成と課題は以下の通りである。

第1部は2つの章によって構成される。

第1章は、中国における教員養成の生成と展開の視点から、1980年代末ま

での教員養成制度と高等師範系学校の実態を明らかにする。まず、1980年代における学校教育、教育政策及び教員に関わる諸問題とそれに対応するための施策を把握する。次に、政策文書と統計資料に基づき、当時の全国の高等師範系学校の展開状況を整理し、高等師範系学校の実態と教員養成の課題を明らかにする。

第2章は、1990年代以降の中国における高等教育改革、基礎教育改革と教員養成改革の内容を整理し、それが高等師範系学校にどのような改革課題をもたらしたのかを解明する。まず、高等教育管轄・管理体制、高等教育の財政体制と学生募集・就職制度をめぐる高等教育制度改革について分析する。次に、義務教育段階の受験教育から資質教育への転換を整理し、当時の教員をめぐる諸問題を分析する。それから、教員養成制度に着目し、教員資格制度の法制化、開放化と教員養成の学歴水準の高度化という3つの視点から教員養成制度の内容を分析する。上記のような教育制度改革を整理したうえで、高等師範系学校の改革課題と改革傾向をめぐって考察を行う。

第2部は3つの章から成る。

第3章は、山東省の高等師範系学校の改革現状と教員養成の変化を明らかにする。まず、山東省の人口変化、経済発展と人材需要状況、基礎教育と高等教育発展状況を踏まえ、1980年代における高等師範系学校の設置と教員養成の実態を解明する。次に、1990年代以降における基礎教育の実態と教員需給及び教員の社会的地位をはじめ教員をめぐる諸問題を解明し、それが教員養成に対してどのようなニーズを求めたのかを解明する。それから、高等教育改革と教員需給状況及び教員養成制度改革に関する地方政府の施策が高等師範系学校に及ぼした影響を分析する。最後に、同省の高等師範系学校の改革課題を解明する。

第4章は、山東省の高等師範系学校の改革事例A大学を取り上げ、師範高等専科学校から大学への昇格における教員養成の変化を明らかにする。まず、A大学を取り巻く地域条件と沿革などについて明らかにする。次に、師範高等

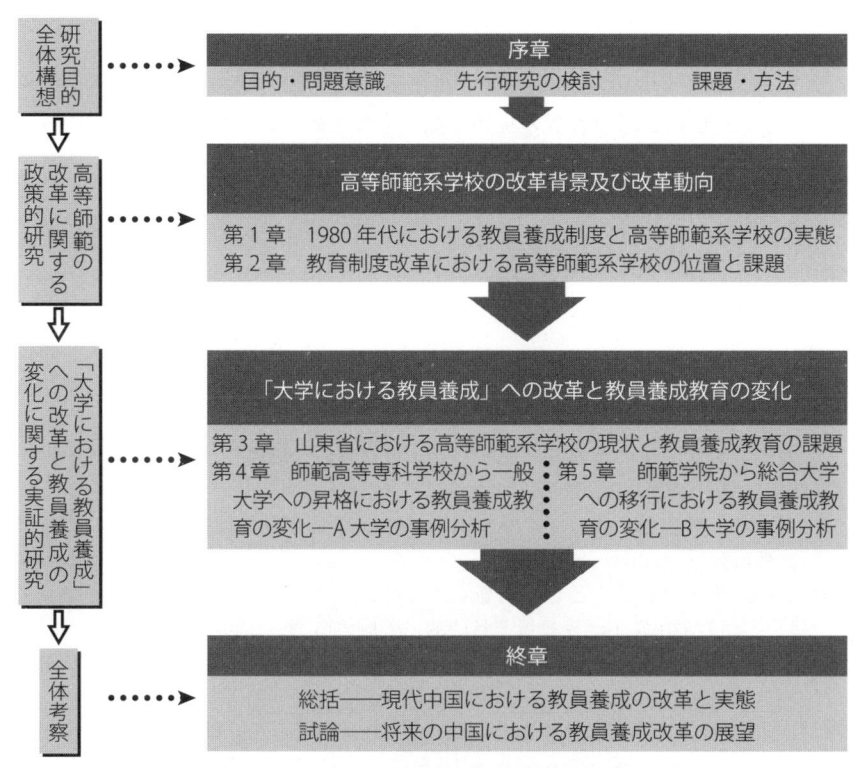

```
┌─────────┐     ┌─────────────────────────────────────────────────┐
│ 研究目的・│ ┈▶ │                    序章                          │
│ 全体構想 │     │  目的・問題意識   先行研究の検討   課題・方法    │
└─────────┘     └─────────────────────────────────────────────────┘
                                      ▼
┌─────────┐     ┌─────────────────────────────────────────────────┐
│高等師範の│     │      高等師範系学校の改革背景及び改革動向        │
│改革に関す│ ┈▶ │ 第1章 1980年代における教員養成制度と高等師範系  │
│る政策的 │     │       学校の実態                                │
│研究     │     │ 第2章 教育制度改革における高等師範系学校の位置  │
└─────────┘     │       と課題                                    │
                └─────────────────────────────────────────────────┘
                                      ▼
┌─────────┐     ┌─────────────────────────────────────────────────┐
│「大学にお│     │  「大学における教員養成」への改革と教員養成教育  │
│ける教員養│     │                    の変化                       │
│成」への改│ ┈▶ │ 第3章 山東省における高等師範系学校の現状と教員  │
│革と教員養│     │       養成教育の課題                            │
│成の変化に│     │ 第4章 師範高等専科学校から一般  第5章 師範学院  │
│関する実証│     │   大学への昇格における教員養成  から総合大学へ  │
│的研究   │     │   教育の変化─A大学の事例分析   の移行における  │
└─────────┘     │                                  教員養成教育の │
                │                                  変化─B大学の  │
                │                                  事例分析       │
                └─────────────────────────────────────────────────┘
                                      ▼
┌─────────┐     ┌─────────────────────────────────────────────────┐
│全体考察 │ ┈▶ │                    終章                          │
│         │     │  総括──現代中国における教員養成の改革と実態    │
│         │     │  試論──将来の中国における教員養成改革の展望    │
└─────────┘     └─────────────────────────────────────────────────┘
```

図0-1　研究構成の全体図

専科学校から大学へ昇格するA大学の改革プロセス、昇格に伴う教員養成カリキュラムの変化と大学の授業担当者は教員養成をどのように認識し、どのように対応したのかを明らかにする。以上の結果を踏まえ、A大学の昇格過程における教員養成の変化とその要因を考察する。

　第5章は、山東省の高等師範系学校の改革事例B大学を取り上げ、まず、B大学を取り巻く地域条件とデータ収集の方法を説明する。次に、教員養成系単科大学から総合大学へ移行したB大学の改革の過程、教員養成カリキュラムの内容変化と移行前後で大学の授業担当者は教員養成の内容をどのように捉え直してどのように対応したのかを明らかにする。上記の分析を通し、最後に、

B大学の移行過程における教員養成の変化を考察する。

終章では、政策的研究と実証的研究の成果を踏まえた全体考察を行う。まず、第1部及び第2部の各章の主要な知見をまとめる。次に、現代中国の教員養成の変化を総括する。最後に、将来の中国における教員養成改革の方向性を検討する。

以上に述べた構成を略図で示すと図0-1の通りである。

注
1) 黄崴（2001）「从師範教育到教師教育的転型」『高等師範教育研究』第6期、第13巻、p.14
2) 教師教育は従来の教員養成と異なり、教員養成、研修及び教員の生涯学習を統括して一体化するシステムである。
3) 林永柏・曽蜀曇・姜平平（2009）「総合性大学的涵意及特徴」『現代教育科学（高教研究）』第1期、p.92
4) 師範大学・学院は主として高等学校教員を、師範高等専科学校は中等学校教員を、師範学校は小学校教員を目的的に養成するという制度である。
5) 工業、農業、国防と科学技術の4つの側面から国際水準及び現代水準に追いつくことである。
6) Peng, Wen J. & McNess, Elizabeth et al.（2014）Emerging perceptions of teacher quality and teacher development in China. *International Journal of Educational Development*, 34, 77-89.
7) Dello-lacovo, Belinda（2009）Curriculum reform and quality education in China: An overview. *International Journal of Educational Development*, 29, 241-249.
8) 久冨善之（2008）「『改革』時代における教師の専門性とアイデンティティ―それらが置かれている今日的文脈と、民主的文脈への模索―」『教師の専門性とアイデンティティ』勁草書房、pp.15-29
9) Zeichner, Ken（2010）Rethinking the Connections Between Campus Courses and Field Experiences in Collage- and University-Based Teacher Education. *Journal of Teacher Education*, 61（1-2）, 89-99.
10) 試験内容は主に心理学、教育基本理論と教育法律に関するものである。
11) Zeichner, Ken（2006）Reflections of a University-Based Teacher Educator on the Future of College- and University-Based Teacher Education. *Journal of Teacher Education*, 57（3）, 328-329.

12）TEES研究会（2001）「戦後『教育学部』史研究の課題」TEES研究会編『「大学における教員養成」の歴史的研究―戦後「教育学部」史研究―』学文社、pp.24-35
13）TEES研究会（2001）「教育学部の課題と展望」TEES研究会編『「大学における教員養成」の歴史的研究―戦後「教育学部」史研究―』学文社、p.415
14）同上書、p.416
15）同上書、p.413
16）馬立紅・常旭（2007）「教師教育転型与地方師範大学発展定位」『瀋陽師範大学学報』第31期、pp.121-124
17）王昌善（2007）「転形期我国教師教育直面的現実困境与対策」『教育発展研究』3A、pp.23-26
18）梅新林編（2008）『聚焦中国教師教育』中国社会科学出版社、p.103
19）中国学術文献データベース（CNKI）によれば、2005年以前、高等師範と教員養成改革を主題とする研究論文は39件にすぎなかったが、2005年以降は461件である。2000年以降、高等師範改革が教員養成に対する影響が注目され、とりわけ、近年にはそれに関する研究が隆盛を見ていることが確認できる。（http://gb.oversea.cnki.net/kns55/brief/result.aspx?txt 1 value1、最終閲覧日：2012年6月27日）
20）日本学術文献データベース（Cinii）、Google Scholar と ERIC の検索結果に基づく。
21）4種類の発展モデルがある。ひとつは、北京師範大学と華東師範大学：高い水準の教員養成と在職校長対象の研修を実施すること、大学院レベルの教員養成を拡大すること、教育研究を強化すること、学科専攻を総合大学化することである。2つめは、各省の重点師範大学：北京師範大学と華東師範大学の改革を見習い、教師教育を特色とする総合大学を作ることである。3つめは、地方公立師範大学・学院：所在地の必要人材と教員を養成することである。4つめは、地方公立師範高等専科学校：所在地の小・中学校の教員養成を実施することである。
22）高等師範を含む同一地域の複数高等教育機関が統合・合併するものである。
23）高等師範同士、または高等師範と中等専門学校や成人高等教育機関が統合・合併し、教員養成機能の一層の充実を目指そうとするものである。
24）専門学校が中等専門学校や成人高等教育機関と統合・合併することによって、本科レベルの課程を設置できる四年制大学として昇格するものである。
25）東京学芸大学教員養成カリキュラム開発研究センター現職研修プログラム研究開発部門編（2006）『日本と中国における教師教育に関する比較研究』（2005年度重点研究経費報告）東京学芸大学教員養成カリキュラム開発研究センター

26）東京学芸大学教員養成カリキュラム開発研究センター（2008）「北京市重点中学校校長の『4＋2』教育学修士養成方式に対する意見と提案」『アジア各国における教育実習改革（資料集）』東京学芸大学教員養成カリキュラム開発研究センター、pp.3-12
27）北京師範大学などの国家重点師範大学では全国の重点中・高等学校教員の育成を目標にしているのに対して、首都師範大学と上海師範大学のような地方大学は地域の中・高等学校教員の育成を目標としている。
28）北京師範大学などの国家重点師範大学では大学院レベルの教員養成を中心にしているのに対して、上海師範大学などは依然として本科レベルの教員養成を中心としている。
29）北京師範大学と華東師範大学は教育研究類の選択履修科目を多く設置しているのに対し、地方高等師範系学校である上海師範大学などは教育実践類の選択履修科目を多く設置している。
30）広州大学、寧波大学、集美大学、大連大学、北華大学である。
31）Wing-Wah Law（2002）によれば、中国における法令体系は主に3つの層からなる。それは、国家レベル National、省レベル Regional（or Provincial）と地域レベル Local（City, Country, Township or Village）である。

第 1 部

高等師範系学校の改革背景及び改革動向

第 1 章

1980年代における教員養成制度と高等師範系学校の実態

第 1 節
1980年代における教育及び教員をめぐる諸問題

1　人材不足問題と 9 年制義務教育の実施

(1)　学校教育の実態と人材不足

　1966～1976年における約10年間の「文化大革命」は、教育事業の発展に深刻な打撃を与えた。1977年 8 月の中国共産党第11回全国人民代表大会で、「文化大革命」に終止符が打たれて以降、農業、工業、国防、科学技術の「四つの現代化[1]」を実現するという新しい挙国一致の目標が提示された。その後、教育部は初等教育の普及、中等教育の改革と高等教育の調整を重要な仕事に位置づけた[2]。

　小学校教育の普及が大きく阻害された現状に対して、1980年、中央政府は「小学校教育の普及に関する若干の規定」を公布した。その後、教育部は「全日制 5 年制小学教育計画（修訂草案）」と各教科の教育ガイドラインを作成するなどの施策を推進した。1985年には、全国の小学校数は83.2万校、小学校に入学した児童数は全児童数の95.9％を占めた[3]。しかしながら、中途退学する児童の数も多く、大きな問題とされた。

　中・高等学校教育に関しては、1978年 1 月、教育部は「全日制10年制中小学校教育計画試行草案」（以下、「10年制教育」と略す）を公布した。それによると、全日制10年学制は、小学校 5 年と中等教育 5 年に分けられ、そのうち、

中等教育は中学校3年と高等学校2年であった。1981年、「10年制教育」を試行したうえで、教育部は「全日制6年制重点中学校教育計画試行草案」「全日制5年制中学教育計画試行草案修訂意見」を公布し、中学校3年制と高等学校3年制を規定した。

教育経費が不足した状況で、人力、物力と財力を一部集中して、優秀な生徒を十分に育成することによって、必要な人材を早急に養成するために、政府は一般学校より優遇される重点学校制度を設けた。また、「四つの現代化」の需要に応じて、より多くの人材を迅速に育成するために、普通高等学校の改革と職業技術教育の拡充が図られた。1980年以降、普通高等学校の学校数と在籍学生数は減少し、農業・職業学校の学校数と在籍学生数は、それぞれ4倍増と10倍増となった[4]。

高等教育に関しては、1978年9月以降「高等教育の大発展」が目指された。これにより、高等教育機関は、1981年に704校、1985年には1,016校まで増加した。一方、大学入試の合格率は1割未満で、高等学校卒業生のわずか4％しか大学に進学できず、進学競争は過熱した[5]。

このように、1980年代に入って以降、政府は教育の拡充・発展に努めたが、教育水準は低迷し続けた。1982年の国勢調査によれば、約10億人の総人口のうち、12歳以上の非識字者は全体の23.5％、各学校段階の学歴をもつ者の比率は、小学校レベルが35.4％、中学校レベルが17.8％、高等学校レベルが6.6％、大学または同等の学力をもつ者は0.6％にとどまっていた。こうした状況のなかで、教育体制の改革は続けられた。

(2) 教育体制の改革と義務教育の実施

1985年5月、中国共産党中央委員会は「教育体制改革に関する決定」を公布し、より明確な教育の改革方向を示した。同決定は「教育体制の改革の根本的な目的は民族の資質の向上を図り、多くの優秀な人材を養成することである」と指摘したうえで、教育の問題を次の3点にまとめた。

① 教育事業の管理権限については、学校、特に大学に対する教育行政の管理が厳しすぎるため、学校には活気が足りない。

② 教育機関の構造については、学校数が不足しており、質が低い。質の高い教員と必要な設備が足りない現状が存在している。職業技術教育が弱く、高等教育における専攻の設置がアンバランスで、専科レベルの専攻が少ない。

③ 教育思想、教育内容及び教育方法については、子どもの自立した生活、思考の能力を養うことが不十分で、教育内容が古く、授業方法が単一で、実践が重要視されていない。大学などの専攻区別が細分化しており、経済と社会の発展の需要に対応できていない。

上記の問題を根本的に改革するために、教育体制、教育行政と教育機関に関する改革が推進された。ここで、特に9年制義務教育の実施について論じる。現代化に役立つ人材育成のための基礎教育を普及するために、義務教育が全国的に導入されることになった。しかし、国土が広く、経済・文化の発展がアンバランスであることを考慮して、9年制義務教育を実現する段取りは以下の3地域に分けて示された。

Ⅰ 全国人口の約4分の1を占める都市・沿海の経済発達地域と少数の内陸発達地域

この地域においてはすでに中学校教育が普及されたところが多い。未だ普及されない地域は量と質を確保しながら中学校教育の普及に力を入れ、1990年前後に目標を達成する。

Ⅱ 全国人口の約半分を占める中等レベルの町と農村

先ず、量と質を確保しながら小学校教育の普及に力を入れるとともに条件を整え、1995年前後に中学校教育あるいは同じレベルの中等職業技術教育を普及させる。

Ⅲ 全国人口の約4分の1を占めるその他の地域

経済後進地域では経済の発展に伴い、積極的に多様な方法を利用して各種の基礎教育の普及活動を行う。国家はこのような地域の教育の発展に対しては援

助をする。

　上述の決定を受けて、全国人民代表大会は1986年4月「中華人民共和国義務教育法」(以下、「1986年義務教育法」と略す)を採択した。これは全文18条からなり、義務教育の原則を定めている。実施にあたって具体的な細則は国家教育委員会により制定され、全国各省・市・自治区は同法に従い、現地に適応する具体的な計画・政策を制定した。

　こうして、国家が9年制義務教育の実施を推進する一方で、管理責任を地方に委ね、地方各レベルの責任において階段的に義務教育を実施することとなった。しかし、制度の実施確立には多くの課題が残されていた。例えば、9年制義務教育を貫徹するには、教育経費、重点学校、受験競争と学校中退などの問題が挙げられた。とりわけ、学校数の拡大と教育期間の延長により、教員の量的拡大が最も重要な課題となった。

2　教員制度と教員をめぐる諸問題
(1)　主な教員制度について

　1950年代に形成された中国の学制は、都市と農村一律に初等教育を5年一貫制とし、教育の機会均等を目指すものであった。その実現に当たり最も深刻な教員不足の問題に対応するため、師範大学・学院、師範高等専科学校、中等師範学校が教員養成機関となり、3段階の「閉鎖制[6]・目的制[7]」の教員養成制度が確立された[8]。しかし、その後の義務教育の普及に伴う教員需要の増大のもとで、教員不足問題の解消は果たされないままであった。1980年代において一体どのような教員制度が実施されていたのか。教員の学歴、教員の採用と教員の勤務状況の3つの面から述べることにする。

　各学校段階の教員には、相応の学歴が要求された。1983年8月、教育部は「小・中学校教員陣の調整・整理と管理強化に関する意見」のなかで、はじめて各レベルの教員の学歴に関する資格要件を明示した。小学校教員は中等師範学校(3～4年)卒業ないしこれと同等の学力以上、中学校教員は師範専科学校(2

～3年）卒業ないしこれと同等の学力以上、高等学校教員は師範大学・学院（4年）あるいはその他の高等教育機関の本科卒業ないしこれと同等の学力以上と規定された。また、所定の最低学歴水準を満たす教員が教員全体に占める割合を学歴充足率という指標を用いて算出した。

　小・中・高等学校の教員は原則として各種の師範学校の卒業者が採用された。採用の方法としては、中央政府の統一的な配属計画に従い、各省・市・自治区が計画部門、人事部門とともに師範卒業生の配属計画を作成し、県以上の教育行政部門が各学校の教員需給状況を検討し、勤務先の学校を割り振ることとされた。

　教員の勤務状況については、原則的に小・中・高等学校すべてで教科担任制が実施された。教学研究組を単位として、日常的に教材研究や教授法の改善などが行われた。新任教員の場合、校長・教導主任と各教科担任教員の組織である教学研究組の組長などを中心とする教職経験豊富な者が授業の進め方などについて指導する体制をとっていた。

(2)　教員をめぐる諸問題

　9年制義務教育を実施するに当たって、教員をめぐる問題は主に次のようであった。

　第一は、教員の総数と教科別教員数の不足である。1987年現在、小学校教員は543万人で、中学校教員は326万人、計869万人であった。だが、教員不足のため、第7次5カ年計画（1986〜1990年）の期間中に、小・中・高等学校教員をそれぞれ100万人、75万人と30万人を新たに養成する必要があった。

　また、師範学校の卒業生だけでは教員需要に対応し切れなかったため、田舎の村は自らの裁量で民弁教員（非公務員教員）を採用した。そして、個別の教科間で明らかなアンバランスが存在し、政治、化学、生物、地理、歴史、外国語、体育、音楽、美術などの科目担当の教員が不足した[9]。

　第二は、教員の学歴不足である。1980年代、養成制度は整備されたものの、

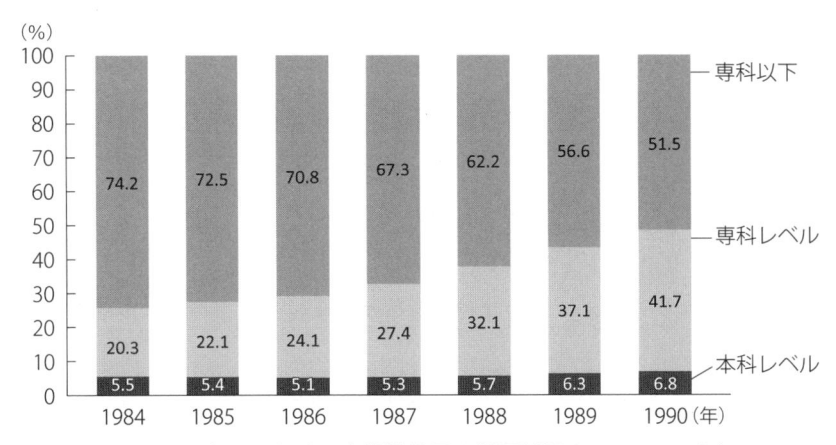

図1-1 中国における中学校教員の学歴状況（1984～1990年）

年	専科以下	専科レベル	本科レベル
1984	74.2	20.3	5.5
1985	72.5	22.1	5.4
1986	70.8	24.1	5.1
1987	67.3	27.4	5.3
1988	62.2	32.1	5.7
1989	56.6	37.1	6.3
1990	51.5	41.7	6.8

出典：梅新林編（2008）『聚焦中国教師教育』中国社会科学出版社、pp.277-278に基づき筆者作成

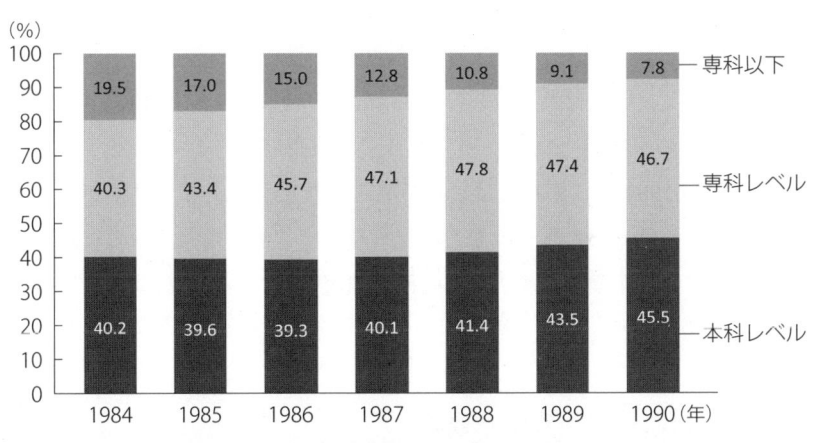

図1-2 中国における高等学校教員の学歴状況（1984～1990年）

年	専科以下	専科レベル	本科レベル
1984	19.5	40.3	40.2
1985	17.0	43.4	39.6
1986	15.0	45.7	39.3
1987	12.8	47.1	40.1
1988	10.8	47.8	41.4
1989	9.1	47.4	43.5
1990	7.8	46.7	45.5

出典：梅新林編（2008）『聚焦中国教師教育』中国社会科学出版社、pp.277-278に基づき筆者作成

教員資格については明文化されていなかったため、必要条件を満たさない教員は少なくなかった。「小・中学校教員意見」の基準に照らせば、国家規定学歴[10]に達しない教員が多数存在した[11]。1985年現在、小学校教員の学歴充

足率は60.6％であった。また、図1-1と図1-2に示したように、同年、中・高等学校教員の学歴充足率は、それぞれ27.5％と39.6％であった。

これを問題視し、「1986年義務教育法」は「教育の専門性を重視し、規定学歴に達しない者は学校教員に就くことはできない」と教員の学歴について明記した。その後、学歴状況が改善されても、全体的な状況は依然として深刻であった。1989年現在、中・高等学校における学歴不足者数の割合はそれぞれ56.6％と56.5％であった。師範学校卒業生が中学校で、専科レベル卒業生が高等学校で教えることも多かった。

第三は、教員の社会的地位が低く、待遇が悪いことである。歴史的には、教員は聖人や賢人として非常に尊敬されていた。しかし、「文化大革命」の10年間、知識人である教員が度々批判され、排除された。以後、長い間教員の社会的地位は低く、教員の仕事は農業労働より低く評価された。

また、教員の給料は安いうえに、労働時間が長い。1980年の「小学校普及規定」によると、小学校教員の平均給与は全国の職業のうちで最低であり、中・高等学校教員の平均給与は下から二番目であった。1956年に制定された教員の給与基準は1981年になってはじめて改定されたが、引き上げ幅が小さく、全体として依然低かった。こうした状況のなかで、優秀な若者は教職から離れていった。また、公務員教員の給与基準が適用されない民弁教員の待遇は普通農民より悪かった[12]。

3　教員問題に対応する改革政策
(1)　教員養成に関する政策

鄧小平は1978年3月の全国科学大会と4月の全国教育工作会議において、それぞれ「科学技術人材を育成する基礎は教育である。教師たちは創造性労働をしているので、党と人民に尊敬されるべき[13]」ことと「教師の労働を尊重し、教師の資質を高めるべきである。人民教師の政治的・社会的地位を引き上げ、学生のみならず社会全体が教師を尊敬すべきである[14]」と発言した。

1980年6月、第4回全国師範教育会議は、「師範教育はどうでもいいものではなく、全力で努力すべきこと」と表明し、教員養成のネットワークを形成し、教員養成の目標と運営方針を明確にした。さらに、師範学校の教育方針、各種高等師範系学校や教師研修学院の具体的役割、また、一部の師範大学・教育学院・師範高等専科学校・中等師範学校の運営・管理に重点を置き、学校運営について検討が進められた。国家教育委員会は、1985年11月、全国小・中学校教員工作会議を主催し、1986年4月には「師範教育の強化と発展に関する意見」のなかで教員養成に関する方針と政策を明らかにした（第3節において詳述する）。

(2)　教員の採用・任用方法に関する政策

　第一に、教員養成機関卒業者の教職以外への引き抜きを防止する策が取られた。いかなる機関にも教員養成機関の卒業者を引き抜き採用させないために、教員養成系専攻の卒業者は一律に省・市・区の教育行政部門によって各学校に配属されることとした。そして、規定の勤務年限が定められ、師範系学校以外の大学・学校の教員養成コースの卒業者も師範系学校卒業者と同じ待遇を受け、小・中・高等学校に配属された。

　第二に、職階制と任期制が導入された。当時、教員資格制度は設けられておらず、教員給与級別制がとられていた。つまり、小学校で1〜10級、中学で1〜12級、さらに両者とも1級の上の特級という給与制が設けられていた。1986年5月の「小学校教師職位施行条例」と「中学校教師職位条例」により、小学校と中・高等学校の教員をそれぞれ高級、1級、2級、3級の4つの級に区分した。各級には明確な職責と資格要件に関する規定が設けられた。各級とも3年ないし5年の任期が設定され、任期満了の時点で教職に適応できない教員は解雇される。教員は自ら自分自身の資質向上を図らないと、職を失う可能性がある[15]。

(3) 教員研修に関する政策

　教員不足であった1980年代には、量的拡大が重視された一方で、教員の資質が低下しつつあった。多数存在した国家規定学歴に達しない教員に対しては、研修が行われた。その具体的な措置は以下のとおりである。

　第一は、教育学院、教員進修学院・学校など教員研修専門機関で行われる現職教員に対する研修である。これらの研修専門機関は成人高等教育機関の一種と見なされ、統一入試により入学者の選抜が行われる。1986年以後全国範囲の統一入試が実施され、入試を経て入学した者はフルタイムで学習するかあるいは定時制で学習する。1987年当時、小学校教員のための進修学校は2,099校、在籍者は88万人以上で、中等学校教員のための教育学院と進修学院は268校、在籍者は25万人であった。

　第二は、大学における教員の再教育コースである。中・高等学校教員の質を改善するために、1984年から師範大学・学院をはじめとする高等教育機関には、35歳以下、教職経験5年以上の中・高等学校の現職教員を対象とする再教育コースが開設された。開設されたコースは、専科レベルの教員を本科卒業程度まで引き上げる「本科クラス」と、高等学校卒業レベルの教員を専科程度まで引き上げる「専科クラス」との2つである。修業年限はいずれも2年である。

　第三は、現職教員に対する研修機会の提供である。まず、通信教育・大学夜間部及びテレビ大学があり、そして、教員自身の独学自習がある。また、1983年から、独学者のための高等教育修了資格検定試験が実施された。さらに、短期の講習会、講演会及び訓練クラスなどが開設された。1985年、中央政府機関の職員3,250人からなる「小・中学校教員の養成・訓練講師団」がそれぞれ全国各地に派遣されて、全国的な教員の資質向上を進めた。また、1986年から通信用人工衛星によるテレビの教育専用のチャンネルもできた[16]。それ以外に、校内研修に相当する学校内の教学研究組での日常的な教員研修も行われた。

(4) 教員の待遇と社会的地位を高める政策

　第一は、給与と住宅条件の改善である。1985年1月から教員給与の引き上げが行われ、1987年10月、さらに全国小・中学校教員の給与基準が10％引き上げられた。教員のための住宅整備にも力が入れられた。第6次全国人民代表大会常務委員会の第9回会議で教育部部長何東昌は教育に関する報告に対して多くの小・中・高等学校教職員の住宅条件の悪さがきわめて深刻であることを認め、今後「地方が主となり、国がこれに補助する」方法で投資し、問題解決に力を尽くすことを説明した。

　民弁教員の劣悪な勤務条件に対して、1984年12月、国務院が「農村学校の運営経費調達に関する通知」を公布し、今後小・中・高等学校の民弁教員に対してすべて給与制を採用し、次第に「公務員」と「非公務員」の区別をなくしていくべきであると強調した。さらに、1986年末に国家教育委員会、労働人事部、国家計画委員会は合同で、小・中・高等学校の20万人の民弁教員を審査し、彼らを公務員教員と認定することを決めた。

　第二は、教員の社会的地位の向上である。1985年、第6期全国人民代表大会常務委員会第9回会議では毎年の9月10日を「教師の日」と規定した。教育事業に献身的努力をした教員を表彰し、そのための「奨励基金」を設けるなどして、教員の責任感を強め、積極的に教員の社会的地位を向上させた。

　また、優秀な教員には「特級教師」の称号が授与された。教育熱心で、専門知識と教育実践ともに特に優れ、顕著な成果をあげた教員に政府から「特級教師」という称号が授与され、給与表のランクである1級のさらに上の待遇を受けさせ、退職後は名誉校長、教育顧問、学術団体への名誉的教務に就任させた[17]。

4　まとめ——教員不足問題と教員の量的確保

　1980年代、中国は「文化大革命」による破壊からの再興及び「四つの現代化」の実現を急務とした。それを達成するための文化水準の向上と科学技術の

振興が重要であった。しかしながら、国民全体の教育水準と科学技術水準の低さが大きな課題となった。教育・人材育成のため、教育問題をめぐって改革策が出された。とりわけ、1985年に公布された「教育体制改革に関する決定」が改革の契機となった。それはこれまでの教育方針を改革する意味だけではなく、師範教育の緊急性を提起し、教員の多様な形式の学習を提唱した。

その後、「1986年義務教育法」により、9年制義務教育の実施が進められた。一方で、教員をめぐる問題は多数存在した。政府は教員養成、教員採用・任用、教員研修と教員の待遇などの改革政策を打ち出したが、教員不足は特に深刻であった。このように、1980年代における中国の教員養成にとって、最も喫緊の課題は教員の量的確保であった。同時に、教員の質的問題も課題となっていたと考える。

第2節
1980年代における高等師範系学校の実態

1　師範系学校に関わる基本制度
（1）　学校制度における師範系学校の位置づけ

1980年代における普通学校教育は図1-3に示したように、就学前教育、初等教育、中等教育と高等教育の4段階に分けられていた。小・中学校教育は義務教育である。「1986年義務教育法」によれば、義務教育は6歳から9年間とされる。ただし、入学年齢は条件が整わない地域では7歳まで遅らせることができ、図1-3に示したように従来からの7歳入学が基準となった。小学校の修業年限は地方により5年または6年とされた。中学校の就学年限は、3年または4年である。高等学校への入学は、各省・自治区・直轄市で統一入学試験が実施され、入学者が選抜され、修業年限は3年である。中等職業学校には中等専門学校、技術労働者学校、農業・職業中学校がある。

教員養成は中等教育段階の師範学校と高等教育段階の師範高等専科学校と師範大学・学院で行われた。1988年当時、師範学校は1,065校、うち幼児師範

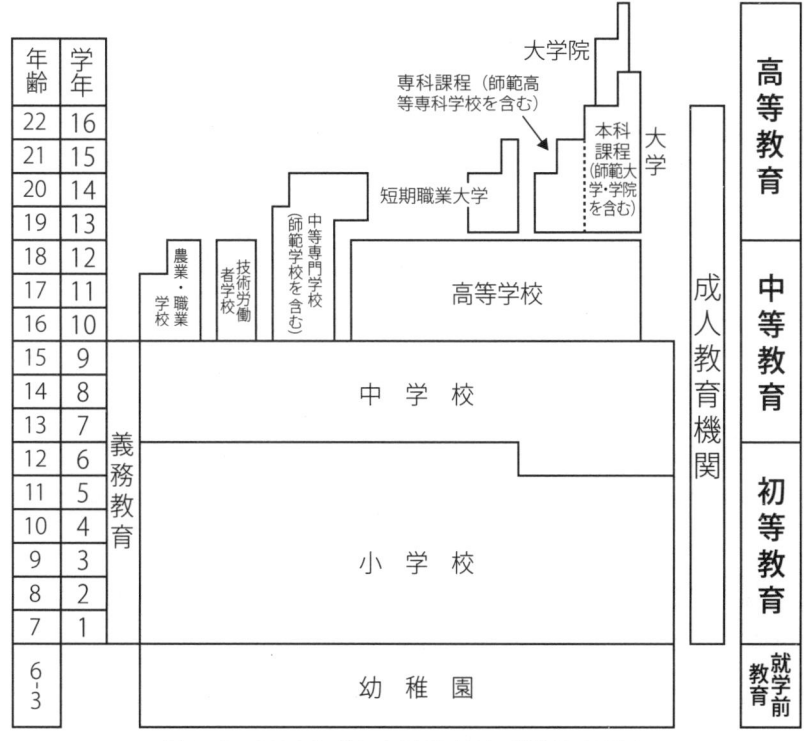

図1-3　1980年代における中国の学制システム

出典：文部省大臣官房調査統計企画課（1991）『諸外国の学校教育（アジア編）』p.12 より筆者作成

学校67校で、在籍学生数は683,235人であった。師範高等専科学校と師範大学・学院は計262校、うち中央部門所管の学校数13校で、在籍学生数は490,978人であった[18]。

　教育部は1978年10月に、「師範教育の強化と発展に関する意見」を公布し、師範系学校の人材育成目的を明確化する意見を打ち出した。その後、1980年6月の第4回全国師範教育会議は教員養成の目標を明確にし、「高等師範系学校の本科レベル卒業生は高等学校教員、専科レベル卒業生は中学校の教員になり、師範学校は小学校の教員と幼稚園の教員を養成する」とした。同年8月、

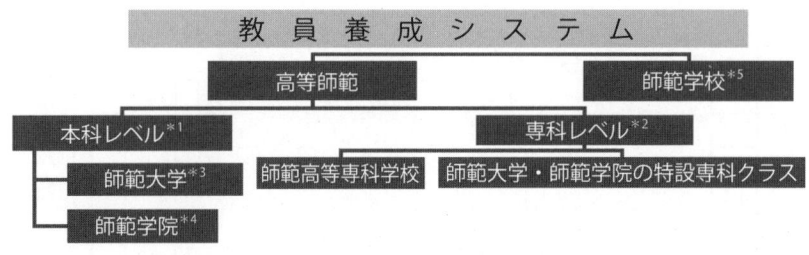

```
                    教 員 養 成 シ ス テ ム
                    ┌──────────────┴──────────────┐
                  高等師範                     師範学校*5
        ┌───────────┴───────────┐
     本科レベル*1            専科レベル*2
     ┌──┴──┐          ┌──────────┼──────────────┐
   師範大学*3    師範高等専科学校   師範大学・師範学院の特設専科クラス
     │
   師範学院*4
```

図 1-4　1980 年代における中国の教員養成システム

注：＊1-高等学校卒業の学歴をもつものを募集し、卒業生に学士学位を授与し、高等学校の教員を養成してきた。＊2-高等学校卒業の学歴をもつものを募集し、日本の短期大学に相当し、中学校の教員を養成してきた。＊3-中華人民共和国「普通高等学校設置暫行条例」(1986 年 12 月 15 日　以下、「条例」と略す)により、大学の設置条件は①学科種類が完備②教育・科学研究の実力が強い③教育・科学研究のレベルが高い④全日制の本科学生が 5 千人以上在籍することである。＊4-「条例」により、学院の規模は全日制の在籍本科学生が 3 千人以上である。＊5-普通中等師範学校、中等幼児教育師範学校と中等特殊教育師範学校を含む。中学校卒業生及び同等の学力をもった社会青年を入学させ、その修業年限が 3～4 年である。

出典：中華人民共和国教育部辦公庁直属機関党委員会(1998)『鄧小平理論指導下中国教育改革二十年』福建教育出版社、p.175 に基づき筆者作成

　教育部は「中等師範学校規定（試行）」を公布し、中等師範学校が小学校と幼稚園の教員育成を主目的とし、必要に応じて小学校と幼稚園の在職教員に対する研修を実施するという任務を明示した。そして、教育研究及び新たな教育方法を実践するために、各師範学校は附属学校（あるいは幼稚園）を設置することになった。

　こうして、学校段階に対応した師範系学校における教員養成教育が実施された[19]。図 1-4 に示したように、教員養成システムは師範学校と高等師範に分けられる。うち、高等師範である師範大学・師範学院・師範高等専科学校は中等教育段階の教員を養成し、修業年限 4 年の本科課程と 2～3 年の専科課程を備える。

(2)　師範系学校の設置・管理

　師範系学校の設置者は中央政府あるいは省、市、区政府であり、私立師範学

校の設置は認められない。中等師範学校は、省（直轄市・自治区）人民政府による設置と市・県（区）人民政府レベルでの設置という2種類がある。省（直轄市・自治区）人民政府によって設置される中等師範学校は、省（直轄市・自治区）教育庁が国家の制定した教育方針・政策・規程・制度に従って中等師範学校を統一的に指導し、省と市・県（区）の教育行政部門がそれぞれ師範学校を分担して管理する。市・県（区）レベルで設置された中等師範学校は地方レベルが直接に指導・管理をする。

　師範大学・学院の設置・管理に関しては、北京師範大学、華東師範大学、東北師範大学、西北師範大学など13校が中央各部門に所管され、それぞれ国家教育委員会あるいはその他の中央部門に管理された。それ以外の249校は地方所属の高等師範系学校であり、その設置、変更及び停止は省、市、県（区）人民政府が決定し、国家教育委員会に報告して承認を得る。こうして、全国各地において師範系学校は設置されたが、設置基準について明確な規定が設けられていなかったため、地域による格差は大きかった[20]。

(3)　**師範系学校の学生募集と卒業・就職**

　中等師範学校は高等学校と同等のレベルであり、その入学資格は進歩的政治思想、道徳優良、学業成績優秀、身体健康及び小学校教育事業に献身できることを基本条件とし、心身発達の障害のある者は募集しない。中学校卒業生あるいは同等の学力を有する者は入学試験によって選抜入学し、標準修業年限は3年である。また、一部推薦入学を実施する地域がある。入学者選抜方法は、各省、市、県（区）が決定する。高等学校レベルの諸学校と同等の共通統一入試による選抜を行う。それ以外に、中等師範学校は単独の統一試験による選抜も行われている。入学試験に関わる作業は各省、市、県（区）の教育局に設けられた募集委員会が行う。入学者選抜は作成した成績順の名簿をもとに、受験者の志望に従って行われる。

　師範高等専科学校、師範大学・学院は高等学校卒業生と師範学校卒業生を募

集対象とする。その入学選抜は、他大学と同一の全国統一入試である。試験科目は、文科系が政治、国語、数学、歴史、地理、外国語の6科目で、理科系が政治、国語、数学、物理、化学、生物、外国語の7科目である。各省、市ではそれぞれの地域における入学者定員の1割増を目安に全国統一入試における合格の最低点数を定め、適合者のなかから合格者を決定する。高等師範系学校を第一志望とする受験者については、合格最低の点数以上ならば、受験者全員の資料が大学に渡され、特別の配慮が与えられる。

　高等師範系学校の学生は所定の課程をすべて修了し、合格の成績を収め、全単位を修得すれば、卒業が認められ、卒業証書が授与される。師範大学・学院の本科レベルの卒業生は高等学校教員になり、師範高等専科学校の専科レベルの卒業生は中学校教員になる。しかしながら、卒業論文、卒業実習あるいは卒業時の試験科目が不合格で、それが原級留置きまで及ばない程度の場合であれば、まず修了証書を与える。就職後1年以内に追加試験によって合格すれば卒業証書が授与される。師範系学校の卒業者は原則的に教育機関に就職する。中等師範学校の卒業生は卒業後、3年間以上教職に就かなければならない。中央所管の高等師範系学校の卒業生は国家の計画に従い全国範囲で就職する。省、市所管の高等師範系学校の卒業生はそれぞれの地方の教育行政部門の統一的配属に従い、地域内における小・中・高等学校に就職する。

2　師範系学校をめぐる改革の方針

　1978年の高等師範系学校数は1977年の58校から98校に、在籍学生数は5.6万人から8.5万人に増加した。増加する学校はほとんど師範高等専科学校であり、主に優秀な中等師範学校を改編したものであった。第4回全国師範教育会議は師範教育の目標を明確にしたうえで、在職の教員の研修制度を整備して師範教育のネットワークを形成させると決定した。また、師範学校の運営・教育方針、各種高等師範系学校や教師研修学院の具体的役割、学校運営について深く論議がすすめられた。1986年3月に「師範教育の強化発展に関する意

見」を通達し、各師範系学校に対して、基礎教育に貢献する思想を樹立し、小・中・高等学校教員養成をその使命と認識するように要請した。

　国家教育委員会は、1989年3月に高等教育改革座談会において、基礎教育への奉仕は高等師範教育改革の方針であると表明し、国家は物力・財力・人力の各方面から師範教育の優先的発展を促すことを強調した。同年12月、国家教育委員会は全国師範高等専科学校会議で、師範高等専科教育が迅速な発展を遂げ、すでに中国の高等教育の重要な存在となっていることを認めた。引き続きこの方向を堅持して、学校運営思想を明確にし、自ら進んで改革方針に適応し、学校施設の改善を急ぎ、規模管理を強化し、レベル向上に尽力し、積極的に9年制義務教育に貢献するように指示した[21]。また、9年制義務教育の普及と基礎教育のさらなるレベル向上のための努力ができるかどうかが、師範教育改革の効果の検証と、各師範大学の活動評価の根本的な基準とし、一部の師範大学がやみくもに総合大学への転換を目指す現象の蔓延には懸念を示した。

3　高等師範系学校の実態
(1)　高等師範系学校の量的拡大
　上述の政策動向を背景に、1980年代における高等師範系学校は次のような展開状況を見せていた。

　第一は、教員養成規模の計画的な拡大である。多くの地域で不足している中学校教員を多様な手段で養成・供給し、時間をかけて、適格な教員を安定的に供給できるよう教員養成の規模拡大が図られた。師範高等専科学校の定員拡大とともに、一般の大学・専科学校に2年制の中学校教員の養成コースが設けられた。

　1980年における高等師範系学校は172校で、募集学生数は87,889人であった。その後の政策のもとで、1986年には高等師範系学校数が257校まで増大し、募集学生数は1980年の約2倍となった（表1-1）。

　さらに、1986年7月1日から9年制の義務教育制度が全国で実施され、小・

表1-1　中国における高等師範系学校の基本状況（1980～1990年）

年代	学校数（校）	卒業生数（人）	募集学生数（人）	在籍学生数（人）
1980	172	61,910	87,889	333,172
1982	194	125,444	94,878	281,828
1984	242	81,005	127,955	345,706
1986	257	116,671	158,026	462,207
1988	262	169,272	189,272	490,978
1990	257	176,328	169,315	479,287

出典：中華人民共和国教育部発展企画司編（1981～1991）『中国教育統計年鑑（1980～1990年）』人民教育出版社に基づき筆者作成

中学校教員、とりわけ、中学校教員の需要は急増した。それに対応するため、中学校教員を養成する師範高等専科学校をはじめ、数多くの高等師範系学校が新たに設立された。表1-1に示したように1988年には高等師範系学校数がピークの262校になり、在籍学生数は49万人以上になった。高等師範系学校は10年間で計73万人の卒業生を輩出した。

　第二は、高等師範系学校に対するさまざまな優遇措置の実施である。ひとつは学生に対する専門奨学金である。成績優秀者や特定専攻の在籍者、卒業後に経済未発達地区や大きな困難を伴う業種への就職を希望する者への報奨という意味合いの奨学金である。もうひとつは、多様な学生募集制度の実施である。明確に教職に就く意志をもつ優秀な人材を確保するため、高等師範系学校の入試は一般の大学入試に先立って行われた。また、他大学と同じ全国統一入試でも、合格者決定を他大学より繰り上げて行う方法や成績優秀な教職志願の高校生は在籍高等学校による推薦で入学できる制度も採用された。

　例えば、優秀な人材を教職に従事させるために、高等師範系学校は国家統一入試の前に、教職を志望する受験生を優先合格させる「提前募集制度」、貧困地域や農村の教員不足問題を解決するための「定向募集制度[22]」、知育・徳育・体育の全面において、学業成績優秀、教職志望で、教員の資質があると認められた学生が学校の推薦によって大学に入学できる「学校推薦募集制度」、

市・県（区）の教育局が高等師範系学校と学生養成の契約を結び、学校に養成費用を支払い、学生は卒業後地方に戻って教職に就く「委託養成学生募集制度」があった。また、「師範予備生募集制度」もあった。少数民族地域と貧困地域の受験生のうち、全国統一試験に僅差で不合格となった生徒でも、教職を志望すれば高等師範系学校の予備クラスに入れ、次年度の学内試験で合格した場合には入学が許可されるという制度である。

(2) 高等師範系学校における授業内容・方法の変化

既述の変化以外に、教員養成教育の授業内容と授業方法も大きく変化した。

第一は、授業内容の変化である。1978年の改革開放以降、中央政府の教育部門は高等師範系学校の本科課程と専科課程に対して、それぞれの専門科目とカリキュラムを発表した。高等師範系学校のカリキュラムでは、政治理論、外国語、教育理論、体育、専門の5つの科目が設置された。時間配分について、政治理論は総時間の約15％、外国語は10％前後、教育理論プラス体育は10％前後、専門科目は約65％を占める。そして、専門科目のうちで選択履修科目は約15％を占めることとされる。

上記のカリキュラムは、柔軟性をもつものとされ、各学校は学校の実状に合わせて特色のあるカリキュラムを制定することが許された。例えば、ある高等師範系学校では、授業間のつながりを強化し、「主要授業」と「選択授業」を合わせながら、教員養成に必要な授業を増やした。書道、図画、ピアノなどの選択科目の増設により、師範道徳、模範教育[23]、美徳教育の3つの関連を深めて教育効果の増強を図った。

こうして、全国各地の師範大学は多様な改革を試みた。例えば、北京師範大学では新入生に一般教養と教科専門教養を3年間履修させ、4年目に教職志望の学生のために、全大学共通の教職関連科目を設け、必修とした。天津師範大学は基礎教育への貢献を目指し、教科専門科目の「調整・合併・削減・増強」を進め、教職専門科目の単位割合を高めた。また、教育実習、外国語とコンピ

ューター研修を強化し、「クラス担任活動」科目を増設し、「師範学生は学習に励む」運動を展開した。さらに、学生の個性や個人差に配慮して選択履修科目を増設し、大学生の創造的能力を育てることを目指した。

　第二は、授業方法の変化である。1990年までに、中央政府は高等師範系学校の各授業科目の授業指導要領を公布したが、授業方法については学校ごとの統一的な基準はなかった。条件に恵まれている一部の高等師範系学校では、授業方法の改善に取り組んだ。例えば、大学教員が講義し、学生が聞くというような詰め込み、一方的な授業法が少しずつ改善され、啓発式と討論形式などの教授法が取り入れられた。

　ある高等師範系学校では、教育実践活動を重視し、教育実習や参観、専門技能訓練、教室授業、学級管理、学外活動を強化した。また、「教室での授業・学校文化と社会実践」を関連させ、授業中と授業後、校内と校外、理論と実践が結びついた新しい雰囲気の下で、学生の成長を促すようになった。優秀な教員を養成するために、高等師範系学校は特に師範道徳教育を重視し、「教師魂を鍛え上げ、教師道徳を養い、教師能力を培う」活動を展開し、強い教職意識を授業全過程に浸透させた[24]。各高等師範系学校は授業方法改革の効果に注目し、その情報を収集し、フィードバックしてさらに改善した。

　第三は、師範性と学術性の両立についてである。既述の師範教育の変遷過程においても師範性と学術性の論争が度々起きた。高等師範系学校の学生は他の大学生に比べ、教職専門教養科目の履修や教育実習の参加などに時間を割くため、教科専門教養科目の履修が不十分で、科学研究に取り組む機会も少ないため、研究力が低いとの見方がある。このため、第4回の全国師範教育会議及び全国高等師範系学校座談会において、高等師範系学校は総合大学を見習い、科学研究力を引き上げるべきとの問題提起がなされた。これらの会議では、高等師範系学校における師範性と学術性の両立が目指されるべきだと認識された。各高等師範系学校に学術性を高める必要性を認識させ、人材育成をするとともに科学研究の役割も果たすことを強く認識させることになった。

第 3 節
小括——1980 年代における教員養成教育と高等師範系学校の実態
1 量的拡大を中心にした教員養成教育
　世界の教員養成をみると、多くの国では、基礎教育の迅速な発展によって大量の教員が必要となり、政府が師範学校を設立し、計画的に学生を募集し、目的制教員養成制度を実行してきた[25]。中国の場合 1950 年代から導入された目的制教員養成制度は、ソ連式の閉鎖的な教員養成制度の簡単な模倣であるとよく批判されてきた。
　だが、1980 年代における実態を踏まえて考えると、中国における教員養成は基本的に基礎教育のニーズに合わせて展開してきたといえる。1950 年代以来、教員不足は深刻で、基礎教育の教員需要に対して安定した教員養成の基盤が必要であった。大量の基礎教育段階の学校教員を計画的に養成するためには、目的制教員養成の実施は不可欠であった。
　その後、9 年制義務教育の推進によって教員需要はさらに拡大した。目的制教員養成制度のもとで、1980 年代末までの間、特に師範系学校は教員の量的確保の面で重要な役割を果たした。しかしながら、それでも教員の量的不足問題は解消されていなかった。

2 高等師範系学校の展開状況
　1950 年代、高等師範系学校の本科は高等学校教員の養成を、専科は中学校教員の養成を主とした。そして、一部の高等師範系学校の本科は師範学校教員の養成を担っていた。1950〜60 年代には、高等師範系学校は教員養成だけではなく、深刻な教員不足に対応するために、正式な教員養成以外に教員の研修・訓練も実施した。
　1980 年代後半以降には、9 年制義務教育の普及に伴い、中学校教育の拡充に対応して教員の学歴の不足状況が顕在化し、高等師範系学校の量的拡充が進

められた。こうして、高等師範系学校は数を増やし、学校規模の拡大と専攻増設が進められた。しかし、それと同時に、基礎教育改革に適合する新しいタイプの教員、つまり、知、徳、体のバランスが取れた高学歴の教員を養成することが高等師範系学校の重大な責任とされた。こうしたなかで、高等師範系学校は学校運営・管理から授業内容・方法まで、一層の改革が必要とされた。また、高等教育機関として科学研究あるいは学術のレベルが問われ、中等学校教員の養成のみならず、一定水準の学問研究への指向性が高まった。

注
1) 工業、農業、国防と科学技術の4つの側面から国際水準及び現代水準に追いつくことである。
2) 「中共研究」雑誌社 (1984)『中共年報 (1983〜1984年)』中共研究雑誌社、pp.2-108
3) 国家統計局 (1991)『中国統計年鑑 (1990)』中国統計出版社、pp.703-721
4) 同上書、pp.703-707
5) 大塚豊 (1981)「文革後中国の高等教育機関をめぐる政策」『大学論集』第10集、広島大学　大学教育研究センター、pp.147-170
6) 教員養成はすべて師範系の学校に委ねられ、師範系学校には教職に関する専攻以外は、一切設置できない。その他の学校は教員養成を実施できない。
7) 卒業したら教員になることを条件にして入学する。在学期間は学校現場に立つ教員としての専門教育を受け、卒業したら職業を選択する自由はなく、直ちに教員にならねばならない。
8) 王智新 (2004)『現代中国の教育』明石書店、p.235
9) 大塚豊 (1989)「中国における教師の質的向上のための施策」『国立教育研究所研究集録』第18集、p.25
10) 1980年6月の第4回全国師範教育会議は教員養成の目標を明確にし、「高等師範の本科レベル卒業生は高等学校教員、専科レベル卒業生は中学校の教員になり、師範学校は小学校の教員と幼稚園の教員を養成する」とした。「1986年義務教育法」が公布され、学歴に達成しないものが教職に就くことができないと規定した。しかし、現実として、この国家規定学歴は法律により明確に定められなかったので、ただの指針とされ、現実的には実現されなかった。
11) 張揚 (2012)「1990年代以降の中国における公立教員養成系大学の課題に関する一考察—高等教育制度改革と教員養成制度改革の分析を通して—」『教育

学論集』第 8 集、筑波大学大学院人間総合科学研究科教育基礎学専攻、p.53
12）前掲　大塚豊「中国における教師の質的向上のための施策」p.30
13）鄧小平（1984）「在全国科学大会開幕式上的講話」『中国教育年鑑（1949～1981 年）』中国大百科全書出版社、pp.53-60
14）鄧小平（1984）「在全国教育工作会議上的講話」『中国教育年鑑（1949～1981 年）』中国大百科全書出版社、pp.60-63
15）前掲　大塚豊「中国における教師の質的向上のための施策」p.37
16）陳永明博士学位論文（1992）『中国と日本の教師教育制度に関する比較研究』p.252
17）同上書、p.251
18）《中国教育年鑑》編集部編（1990）『中国教育年鑑（1989）』人民教育出版社、pp.67-85
19）前掲　張揚「1990 年代以降の中国における公立教員養成系大学の課題に関する一考察―高等教育制度改革と教員養成制度改革の分析を通して―」p.48
20）前掲　陳永明博士学位論文、p.287
21）荘明水（2001）「師範教育の改革」小島麗逸・鄭新培編著『中国教育の発展と矛盾』御茶の水書房、p.126
22）師範・農業・林業・医学・石炭又は石油採掘・地質・水利といった多くの人材を必要としながら、人気の高くない分野、あるいは農山村、辺境地域が人材を必要とする分野で定員の内の一定数について、農山村・油田や鉱山地域・辺境地域などの出身者から新入生を優先的に集め、卒業後は元の地域に職場配置する方法である。
23）優秀な現職人民教師を模範として、その教育実践を在籍の教員養成系学生に紹介し、学生に学ばせる教育方法である。
24）前掲　荘明水「師範教育の改革」pp.142-143
25）前掲　荘明水「師範教育の改革」p.151

第2章

教育制度改革における高等師範系学校の位置と課題

第1節
中国における社会改革と経済発展

　1979年にはじまった市場経済を目指す経済改革は、1992年を節目に2つの段階に分けられる。第1段階は1979〜1991年で、市場経済体制と計画経済体制のもとで中央集権から地方分権へと漸進的に行われた改革である。第2段階は1992年から現在までで、マクロ経済体制と国有企業を重点とする改革である。社会改革の内容でみると、主に「結構転換」(structural transformation[1]) と「制度改革」(institutional transition[2]) の変化過程とされる。また、近年、経済のグローバル化により、国家及び地域間の協力と競争が絶えず展開している。こうしたなかで、中国は「科学・教育興国」「人材強国」の発展戦略を確立し、社会改革を推進してきた[3]。

　中国国内の状況変化も社会改革を促進してきた。それは主に次の3点である。

　第一は、工業化と都市化の急速な進行である。工業化の中期段階から情報通信のグローバル化に対応できるIT工業化の実現が目指されている。また、都市化が進むなか、都市の流入人口の急増と流入児童の就学が課題とされた。

　第二は、産業構造の改編である。1990年代以降、中国は産業の国際的体制の動向を睨んでそれとの融合を目指して産業構造の改編をはじめた。また、単純利益の追求から社会と経済の協調的な発展を目指して[4]社会の協調・持続可能な発展戦略を実施している。こうして、ハイテクノロジー産業の規模拡大

と質の高い人材の大量提供が必要とされている。

　第三は、国民の消費モデルと政府の公共サービスの変化である。国民の全体的な所得水準が高くなる一方で、教育制度と医療制度の改革に対する不安が増大して、消費意欲は低下した。統計によると、中間層以上の国民は質の高い教育を中心にした投資意欲が高い。政府には安心できる公共サービスの提供が要請されている。

　このような社会改革のなかで、中国の経済は急速に成長し、とりわけ2000年代以降、対外レートの変化を加味したとしても、日本や韓国を上回る未曾有の経済発展を遂げてきた。2006年、改革開放後の「経済成長一辺倒」の発展モデルは、「科学的発展観」に基づいて「調和のとれた社会」へと大きく軌道修正された。そのなかで、企業組織改革が行われ、戦略的投資制度が導入され、多元的な経済方法が採用されるようになった[5]。

　しかしながら、世界の工場といわれる中国は、基本的にアセアン諸国から原材料、日本、韓国から中間財を輸入し、これらを加工して、欧米や東アジア、アセアン諸国に輸出するという構造である。輸出産業は主として沿海地域に集中し、広大な内陸部及び農村は貿易主導の経済発展に立ち遅れざるを得ないために、沿海地域と内陸地域の経済発展及び教育機会の地域格差が拡大し、社会不安の要因となっている。

　1978年以後の四半世紀の間に国民生活の全般的な状況は大きく改善されてきた。しかし、90年代に入ると都市経済の急成長と農村経済の相対的低迷によって格差が拡大する傾向にあり、とりわけ経済成長著しい沿海部(東部)の都市と経済成長の遅れている内陸部(中・西部)の農村とでは、その格差はさらに増幅されることとなった。

　都市と農村の生活水準の格差は収入の開きだけによるものではなく、教育や社会保障などの基本的人権に関わる分野でも機会不均等が拡大した。教育分野については改革開放の過程で教育費の自己負担が増大するとともに、農村では条件が不利な地域を中心に就学機会の不均等の問題が構造的に存在している。

1992年以後、経済の高度成長とともに、教育、人材と切り離せない社会問題はますます深刻化した。こうした社会背景のなかで、高等教育制度、基礎教育制度と教員養成制度が改革された。

第2節 1990年代以降の高等教育制度の改革と高等教育の急展開

1 高等教育の市場化と国際化

(1) 市場化

1980年代後半以降、高等教育における大きな変革が世界的な規模で進んでいる。それは高等教育がすでに大衆化した先進諸国だけでなく、高等教育規模の拡大が進行中の中国や東南アジア諸国をはじめとする発展途上諸国でも同時進行の形で見られる。その共通の主要な背景は大学政策で重視される「市場競争」の浸透、社会のグローバル化、情報技術(IT)革新の進展の3つに集約できる[6]。

1990年代後半以降、「小さな政府」を目指して、中央教育行政部門の過大な権限は次第に削減され、高等教育機関に対する政府規制が緩和され、競争原理が高等教育に導入された。こうして、高等教育機関の自主経営権が拡大され、大学内外での開放化、自由化、流動化が進行した。その市場化現象は、主に5つの点に整理できる。

第一に、高等教育機関経営の公的資金を削減し、私的資金を増加させた。高等教育授業料徴収制度がすべての機関で実施され、収入源についての各大学の自由度は増大した。そのため、大学によって創設されたベンチャー企業の収益は大学のひとつの収入源となっている。加えて、民間からの寄付も積極的に行われるようになった[7]。

第二に、大学は学生市場を意識した改革を進めた。大学のカリキュラム改革は、多様な学生のニーズに敏感に対応して進行している。国家による職場の配分制度が廃止されたことに対応して、卒業後の社会生活で役に立つ科目を増や

し、専門分野としては重要でも、学生に人気のない人文科学系や社会科学系の科目は廃止された。

　第三に、競争原理に基づく教員人事改革が行われた。従来、政府所管大学の教員は国家の「幹部」としての地位が維持されたため、ほとんど解雇できなかった。しかし、適材適所という原則のもとに、優れた業績をあげた人材の抜擢人事が行われるようになった。それは人材の移動を促し、昇進や降格をめぐっての内部競争を促進させた。また、外部から優れた人材を招き、業績の低い人材は解雇されることもでてきた。

　第四に、大学と社会、特に産業界との結びつきは強化され、産業界の労働力需要や外部資金など、学外の市場との関係がより一層深まった。また、研究達成への競争が制度化され、それに個人的な経済的インセンティブが与えられ、1990年代から競争的なプロジェクト研究費・補助金は大きく拡大した。

　第五に、政府所管大学だけでなく、私立の多様な高等教育機関が創設された。高等教育法の規定に従って、政府以外の多様な主体が高等教育機関を経営することができるようになった。従来の高等教育に対する規制政策は緩和され、政策の枠組内で社会からの高等教育経営への参入が奨励されて、民弁大学[8]が拡大している。

　こうして、政府による規制が緩和された高等教育機関は、市場への対応力を強めつつある。大学は健全な大学経営を支える資金を確保するための自助努力や、大学組織を合理的に運営することを強く求められるようになった。

(2) 国際化

　高等教育の市場化と同時に進行しているのは高等教育の国際化である。市場は国境を越え、国際的競争力の向上は中国の高等教育機関が解決すべき課題になった。それは次の4点に整理できる。

　第一に、外国の大学との交流が増加し、さまざまな経験を吸収しながら、大学教育と人材育成のモデルを改革した。第二に、留学生の数が増加した。それ

は、国外への中国人留学生と、他国から中国に来る留学生という両者が含まれる。第三に、各大学は国際競争力を養うために、世界の一流大学を目指し、外国籍の教員を多く登用し、外国の一流研究者を短期訪問学者として招聘した。同時に、優れた大学教員を選抜して海外の有名な大学へ派遣して研究させた。カリキュラム改革において、バイリンガル教育や英語教材の導入、国際理解教育の開設、インターネット等の整備を進めて国際性を高めた。第四に、国外の優れた高等教育資源を導入し、国外大学の協力による学校運営・提携プログラムが開設された。

2　中央政府による高等教育制度の改革策

1990年代以降、市場経済と規制緩和が政策的に追求された。1993年、中央政府は経済発展の需要に応じ、教育の改革と発展を促進するために、「中国教育改革和発展綱要」(以下、「教育発展綱要」と略す)を公布した。これに基づいて、高等教育の構造と資源配置の改善が推進されていった。改革は主に3つの側面をもっていた。

(1)　高等教育管轄・管理体制をめぐる改革

第一に、中央各省庁所管の高等教育機関の管轄は国家の教育部あるいは地方政府の教育部門に移譲された[9]。1993年1月、国務院は市場経済体制の進展、地方政府の権限拡大、中央省庁の再編と人員削減を目的として、「国家教育委員会による普通高等教育の改革と発展を加速させる意見」を公布した。そこには、「高等教育管理体制は次第に中央と省(直轄市・自治区)からなる二重管理体制へと転換する」とし、中央政府が地方政府と協力的に大学を運営すること、大学と管轄した省庁との従属関係を転換することや大学と地域社会を連携させることなど5つの形態が示された[10]。

1995年9月実施された「中華人民共和国教育法」(以下、「教育法」と略す)は国務院及び地方各級人民政府が分級管理に基づいて業務を分担し責任を負うこ

とを原則とし、教育業務を指導、管理すると定めた。とりわけ、高等教育は国務院及び省(直轄市・自治区)人民政府が管理することと規定した。これを受けて、1999年6月には、中央政府が「共同建設、調整、協力、合併」を打ち出し、中央政府の各部庁に属する大学は教育部所管の大学と統合・再編されて地方政府へ移管された[11]。そうして、2000年以降に地方政府を中心とする新たな大学設立・管理体制の枠組みが確立された。

　第二に、管理運営の権限は行政機関から各高等教育機関へ委譲された。1999年施行の「中華人民共和国高等教育法」(以下、「高等教育法」と略す)には設置認可を受けた高等教育機関が法人格を有し、大学の校長(日本学長に相当する)が高等教育機関の法定代表人となると明記されている。それに、学生募集、学問分野・専攻の調整、教育計画と教学活動等の7項目について、大学の自主裁量が認められた。例えば、高等教育機関は国家が審査認定した定員規模に基づいて、学生募集案を作成し、自主的に学科・専攻の定員配分を調整できる。

　「高等教育法」により、大学は自主的に専攻領域や専攻を設置・調整できることになった。教育の必要に基づいて自主的に教育課程の編成、教材の選定・編集、教育活動の組織・実践を行うことが可能になった。こうして、大学は独立した運営主体へと変化した[12]といわれている。大学体制は政治と行政の一体型から分離型へと転換し、学校運営は共産党支部書記支配による政治一元的管理から校長責任制に変わりつつある。共産党高等教育機関基礎委員会は、校長が独自に職権に責任をもって施行することを支持している。

(2) 高等教育の財政体制をめぐる改革

　第一に、地方政府が地方所管大学の教育経費の配分主体になった。1990年代から高等教育に対する財政配分制度が改革され、学生の数を基準にする予算の配分先とその金額が決定されるようになった[13]。地方高等教育の財政権は地方政府に委譲され、各地方政府が投資して高等教育を独自に運営するという積極性が求められた[14]。以来、地方政府が地方所管大学の財政の負担主体と

表2-1 中国における教育経費の構成(1996～2004年)

年代	財政的教育経費 (予算内教育経費)	社会団体、個人 による教育経費	寄付金	学費・雑費	その他	合計(%)
1996	78.6 (67.4)	0.4	1.0	15.1	4.9	100.0
1997	76.5 (65.2)	0.4	1.4	16.3	5.4	100.0
1998	64.9 (61.0)	0.3	2.1	13.3	19.4	100.0
1999	61.8 (58.1)	0.5	2.2	18.0	17.5	100.0
2000	57.3 (53.9)	0.9	1.6	22.0	18.2	100.0
2001	53.4 (50.7)	2.0	1.4	25.1	18.2	100.0
2003	46.8 (44.8)	4.1	1.4	29.3	18.4	100.0
2004	44.7 (42.8)	5.8	1.0	30.7	17.8	100.0

注:2002年のデータは収集できなかったために、表に反映されていない。
出典:中華人民共和国国家統計局編(1997～2002、2005、2006)『中国統計年鑑』(1997～2002、2005、2006年)中国統計出版社に基づき筆者作成

なった。

　第二に、高等教育機関に独立採算制が導入され、国・地方・大学独自・社会・個人等多元的な資金調達体制が確立されるようになった[15]。1992年、「受益者負担」が適用され、大学生に対する授業料徴収制が決定された。1993年に中央政府は多元化改革構想の目標を設定した[16]。表2-1に示したように、財政的教育経費という公的教育費は教育費に占める割合が1996年の78.6%から2004年の44.7%へと減少している。一方で、学費・雑費の割合は15.1%から30.7%へと上昇した。

　また、「高等教育法」は高等教育の財源について、公財政を主としながら多様な財源で高等教育費を補う体制の確立を規定し、多様な財源として授業料、企業運営、基礎研究成果の産業化による収益などを挙げた。伝統的な国家財である高等教育の市場化と学歴信仰の拡大により、高等教育は個人財とされ、大学は自主的に資金調達を行うこととなった。これによって、「非国家財政による教育投資」が拡大し、とりわけ、授業料収入の増加は著しかった。さらに、大学の自主財源を確保するうえで、資金運用の方式と範囲を自ら決定することができるようになった[17]。

(3) 学生募集と就職制度をめぐる改革

　第一に、学生募集制度を統一し、すべての新入生に対する授業料徴収制度が実施された。1994年から公費学生、受託養成学生、私費学生の区別をなくし、授業料を徴収しない一部の特殊な専攻を除き、同一大学のすべての進学者が同一基準によって選抜され、同額の授業料を払うことを旨とする改革が試行された[18]。

　1997年には大学の新入生募集に当たって、従来複数のルートで学生を募集していたことを改革し、同じ大学、同じ専攻が同じ地域で募集する場合、トータルな募集計画により合格ラインを決めて学生募集を行い、同じ基準で授業料・雑費を徴収する改革が行われた。そして、「高等教育法」第54条は「高等教育機関の学生は、国家の規定に従って授業料を納付しなければならない」と定めた。

　第二に、卒業生就職採用における自由市場制が導入された。従来の統一配分制度にはいくつかの矛盾が存在した。例えば、計画と実際の需要のミスマッチ、行政機関と企業による人材の争奪などである。特に、個人の意志を無視した職場配置による働く意欲の低下問題は深刻であった。諸問題を解決するために、1994年、国家教育委員会は「普通高等教育機関の学生募集と卒業生の就職に関する意見」で学生を自主就職させることを明言した。2000年に公布された「国務院による2000年普通大学卒業生就職についての通知」は正式に国家統一分配制度を廃止し、競争的就職制度に切り替えることを宣告した[19]。

(4) まとめ——高等教育の課題

　1990年代、高等教育制度は資本主義的な経済改革と市場原理の導入に基づいて大きく変化した。改革の最大の特徴は中央政府から地方自治体または大学への権限委譲に基づく規制緩和と大学間における競争体制の導入である。規制緩和により、学生募集や専攻設置などに関連する大学の自主権が拡大された。それと同時に、従来の国家予算による単一型の財政体制が崩れ、大学の自立、

とりわけ、大学の運営基盤である財源の自主確保が求められた。その際に、学生募集制度が改革され、授業料収入が大学の重要な財源となった。

競争体制の導入により、大学や研究者間の自由な競争を喚起し、より多くの研究費を獲得して先端的研究の高水準を達成し、新しいタイプのエリートや高学歴人材を育成することが奨励された。性急に推し進められる制度改革のなかで、硬直化した高等教育システムの構造変革と大学の自主的な経営努力が強く求められるようになった。こうして、外圧に突き動かされる形で各大学は入学者増による収入増を目指して施設設備や教育研究条件の整備・拡充を図り、また新しいタイプや名称の専攻を設置し、組織の革新を進めた。

3　1990年代後半以降における高等教育規模の拡大
(1)　背景要因

政府は上述のような制度改革を推進すると同時に、積極的に高等教育規模の拡大を促進した。その背景要因は次の4つにまとめられる。

第一に、経済改革と科学技術の発展に伴い、高等教育を受けたさまざまな人材に対する社会的需要が高くなった。1980年、第一次産業に就く労働者数の割合は約7割であったが、2010年に3割までに減少した。一方、第三次産業に就く労働者数が1980年の1割から2010年の3割にまで増加した。また、IT工業化への道と産業構造の調整政策の実施により、大量の資質の高い人材が必要とされた。

第二に、個人の進学需要が増加した。雇用部門の学歴主義を媒介に「受験競争」と「就職競争」が結びつき、労働市場における高学歴化の傾向が強化された。それは個人の進学意欲を高め、高等教育への進学需要の拡大を加速させた。

第三に、国民の消費と生活レベルの向上により、高等教育への意欲が高まった。1990年代半ば以降、都市部では年間消費水準が飛躍的に上昇した。それは、子どもを高等教育機関に進学させる家庭の教育費負担能力の上昇を意味する。同時に、「一人っ子政策」による核家族化の進行は、保護者の教育に対す

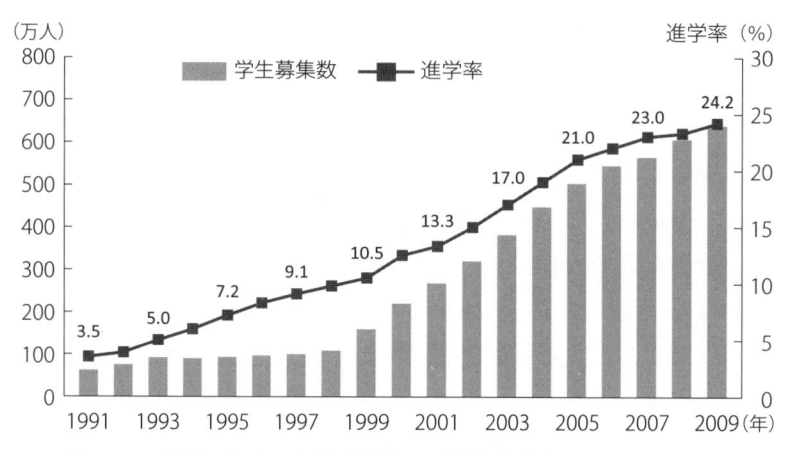

図2-1　中国における大学進学率及び学生募集数（1991～2009年）
出典：中華人民共和国国家統計局編（2007）『中国統計年鑑2007年』中国統計出版社、中華人民共和国国家統計局「全国教育事業発展統計広報2007～2009年」電子版に基づき筆者作成

る関心度を強めた。

　第四に、高等教育の拡大という実情の背後に、明確な政策決定の存在がある。政府は国民の高等教育に対するニーズを認識し、国民の教育に対する消費をもっと増やすため、高等教育の拡大政策を実施した[20]。

(2)　高等教育規模拡大の特徴

　1990年代以降、学生募集数の拡大により、高等教育の進学率が急増し、図2-1のように、高等教育の規模は拡大した。その特徴を、以下の3点で整理できる。

　第一は、総合大学の増加及びその規模の拡大である。単科・専門であった学院は他の学院との合併または新たな学部の設立により、総合大学になるケースが増加した。したがって、学生募集数をさらに拡大し、学校規模も相応に拡大した。

　第二は、専科課程を設置する高等教育機関数の増加である。本科大学の教育

水準を維持するため、重点大学を中心とする本科大学の数はある程度抑制された。一方で、高等教育の機会を拡大するため、短期間で低いコストで実現できる方法として、専科課程を有する短期大学の設置、あるいは短期職業技術学院の設立が進められた。

第三は、私立高等教育機関の増加である。2000年までに教育部の許可により政府所管の高等教育機関と同等に学位を授与することができる私立高等教育機関はわずか42校であった。だが、中国教育部の「2007年全国教育事業発展統計広報」によると、2007年度末の中国全土の私立大学は297校、在籍学生数は163万人以上になった。

経済が急速に成長するなかで、社会構造によっての摩擦や矛盾・対立などが複合的に生じた。国内外のさまざまな変化に対応する形で、高等教育制度の改革が急速に進行した。こうして、中国における高等教育は市場化、国際化と拡大化の方向へ進んできた[21]。

第3節
1990年代以降の基礎教育改革と教員をめぐる諸問題

1 主な基礎教育の改革策
(1) 受験教育から資質教育への転換

上述のような急速な高等教育改革と市場経済の導入に伴い、都市部を中心に初等・中等教育は激しい受験競争に対応するための受験教育（中国語原語：「応試教育」）を指向していくことになった。「一人っ子政策」もあいまって、親もわが子の受験準備に多くの関心を注いだ。こうして初等・中等教育は知識の詰め込みに重点を置く受験教育へと傾斜していった。それは、点数だけで学生を評価し、成績による差別、偏った成長、成績の悪い学生への圧力、生活や前途への自信喪失などをもたらしている[22]。

こうした風潮に対して、政府は軌道修正を図ることになった。中国共産党第14次全国代表大会は、中国の特色ある社会主義理論の指導のもとで1990年代

国の改革と主要な任務を確定し、「必ず教育を優先的に発展させる戦略的地位に置き、全民族の思想道徳と科学技術水準を高めることに努力する。それは、我が国の現代化の根本大計画である」ということを明確に提起した。また、1993年「教育発展綱要」を公布し、「基礎教育は民族の素質を高める基本的な事業であるから強化すべきである」と明記し、「児童及び青少年の思想道徳、文化科学、労働技能と身体、精神的素質を向上させることに教育の基点を置くべきである」と述べた。ここでは、資質教育（中国語原語：「素質教育」）が強調された。資質教育は徳育、知育と体育の総合教育を重視し、児童・生徒の個性を引き出す教育である。以後、受験教育から資質教育への転換が国民教育の質、国民全体の資質水準を定める重要な課題となっている。こうして、資質教育の推進に当たり、基礎教育は次のように転換されるべきだとされている。

　第一は、教育思想の転換である。知育偏重と学歴主義を排除し、地方官僚から学校への点数主義と進学率の押しつけをなくす。校長は教育規則に則って公務を進め、徳・知・体の総合的成長を目的とする教育方針を貫き、教員は正しい人材観、教育観及び児童・生徒と教員との正しい関係を確立し、資質教育を目指して教育改革に取り組む。

　第二は、教材、教育内容と方法の転換である。資質教育の必要に応じて教材を作成し、授業を変革する。児童・生徒の能力を引き出す有意義な教育、楽しく学ぶ教育を施す。また、労働技能、職業知識などの内容を取り入れ、適切な労働観と職業意識を養う。農村の中学校では、職業教育班を設置し、卒業後の就職準備を行う。

　第三は、教育評価の内容、方法と基準の改革である。従来、試験の点数を唯一の評価基準と評価内容とした教育評価を多面的で総合的、ダイナミックなものへ変え、知識、人格、能力、身体の発育と各部分の機能などについて総合的評価に転換させる。

(2) 基礎教育カリキュラムの改革

2001年、教育部は「基礎教育カリキュラム改革綱要」を公布した。そこには次の6つの具体的な目標が示された。

① 国家統一的なカリキュラム管理制度を改善し、国家、地方と学校の3段階のカリキュラムの管理を施し、より地域、学校、児童・生徒に適応したカリキュラムを実施する。

② 知識伝達重視型カリキュラムを改善して自主的な学習態度の形成を強調し、知識と技能を取得する過程を学習し、正しい価値を形成する過程を学ぶ。

③ 科目が多く、整合性が乏しい現状を変え、義務教育段階のカリキュラム数と授業時間数の割合を全体的に設ける。また、総合課程を設置し、地域と児童・生徒の発展と需要に応じてカリキュラム構造のバランス、総合性と選択性を示す。

④ カリキュラム内容を児童・生徒の生活と最新の社会・科学技術の発展に結びつけ、児童・生徒の関心と経験を重視し、生涯学習に必要な基礎知識と技能を学ばせる。

⑤ 児童・生徒が自ら参与、研究、作ることを重視し、彼らの情報収集と処理の能力、新しい知識を取得する能力、問題を分析・解決する能力、交流と協力の能力を育成する。

⑥ カリキュラムにおける過度な選抜的機能を改善し、児童・生徒の成長を評価し、教員の教育実践能力を高める。

このような基礎教育における資質教育の推進とカリキュラムの改革は基礎教育の質的転換を必要とした。しかし、その重要な担い手は教員であり、教員の質を変えることが必要であった。だが、中国においては質の高い教員が提供されない現状があり、資質教育の全面的な実施は容易ではないと指摘された[23]。つまり、質の高い教員を十分な数だけ基礎教育の現場に提供しない限り、基礎教育の実質的な改革は難しい。こうしたなかで、教員に関わるさまざまな課題が注目され、その解決策が求められてきた。

2 教員に関する諸問題

(1) 教員の量的不足問題

　1990年代、政府は義務教育の普及に力を入れ、「地域別計画、分類指導、一歩一歩の着実な実施」の原則のもとで、全国を3地域[24]に分け、地域ごとに「9年制義務教育普及」の実現を目指すようになった。また、義務教育の普及を促進するために、1990年12月、小・中・高等学校教員養成の加速を目指す座談会が長沙で開かれた。会議では、各教育行政部門が師範教育を優先的に発展させるために、教育予算の確保と併せて第8次5カ年計画（1991～1995年）、あるいはより長い期間で師範大学の運営条件の標準化を実現し、師範教育をより高いレベルに引き上げるよう要求した[25]。

　こうして、数多くの教員が輩出され、図2-2に示したように、1990～2000

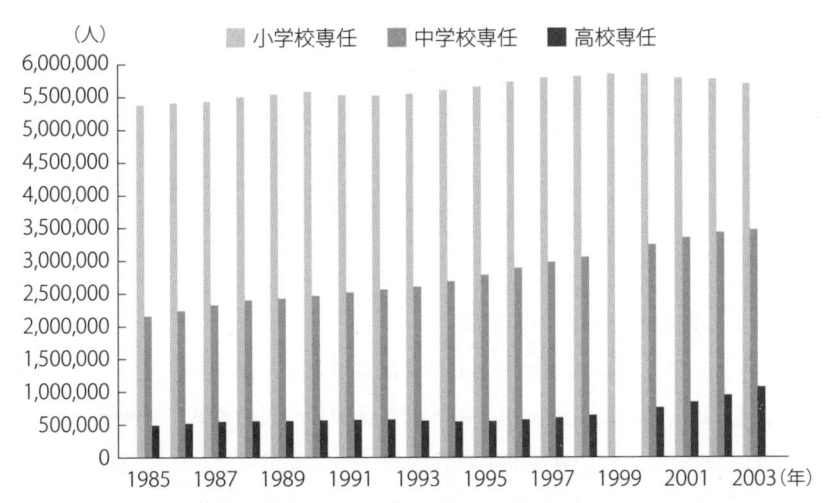

図2-2　中国における小・中・高等学校の専任教員数（1985～2003年）

注：「1999教育統計数拠」によれば、1999年の中学校専任教員数は39,420人、高等学校専任教員数は296,081人であり、明らかに間違っているデータであるため、図には用いなかった。

出典：中国教育年鑑編集部（1987～1997）『教育統計年鑑（1986～1996年）』人民教育出版社、中華人民共和国教育部「教育統計数拠（1997～2003年）」
http://www.moe.edu.cn/publicfiles/business/htmlfiles/moe/s6200/index.html（最終閲覧日：2012年9月13日）に基づき筆者作成

年の間に小・中・高等学校教員数は増加した。1996年に第5回全国師範教育会議においても教員養成教育は数、規模の拡大から、資質の向上や構造の改革、効果の向上を目指す新たな段階に転換すべきであると指摘された。こうした政策によって、長年にわたって深刻化した教員不足は、2001年以降にほぼ解決された[26]という見方もある。

しかしながら、教員需給は省による大きな格差が存在している。2002年当時、小学校における教員1人当たり児童数の全国平均値は21.0人であった[27]。しかし、最も条件に恵まれた北京市は11.3人であったが、最悪条件の貴州省は27.2人であった。中学校の場合では、教員1人当たり生徒数の全国平均値は19.3であったが、最も条件に恵まれた北京市は14.2人であり、一方で最悪条件の安徽省は23.8人であった[28]。

上記の数字を分析すると、内陸部の貴州省と安徽省は教育条件が十分でなく、教員不足が依然として厳しく存在している。さらに省ごとの都市部と農村部の格差を考えると、内陸部の農村地域における厳しい教員不足問題が存在していることが予測できる。それは、決して一部の学者たちが提唱している「教員の過剰供給[29]」ではないことが明らかである。つまり、教員供給の量的な拡大は依然として大きな課題となっていたと理解できる。

(2) 教員の学歴充足率の不足問題

1990年代以降、教員の学歴問題も多く注目された。第1章で述べたように、1980年代にはすでに幼稚園、小・中・高等学校の教員の最低学歴要件として、それぞれ中等師範学校、師範高等専科学校、師範大学・学院の卒業が求められていた。世界の先進諸国と比較すると、このような学歴要件は明らかに低い。それにもかかわらず、1990年代はじめの時点で、その最低基準さえ達成していなかった。図2-3に示したように、1991年における小学校教員のうち、中等師範学校レベル及びそれ以上の学歴をもつ教員はわずか56.5％であった。

中学校教員については、図2-4に示したように、1991年時点で学歴要件を

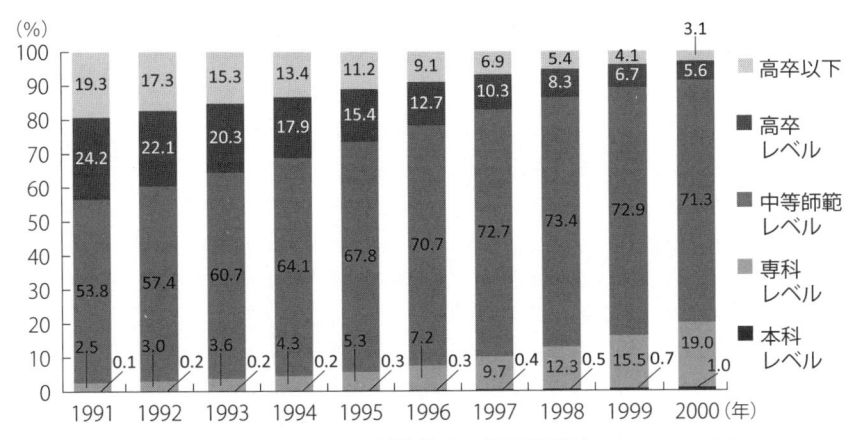

図2-3　中国における小学校教員の学歴状況（1991〜2000年）

注：算出の際に、小数第4位を四捨五入するために、合計が100％にならない年がある。
出典：中国教育年鑑編集部（1992〜2001）『教育統計年鑑（1991〜2000年）』人民教育出版社に基づき筆者作成

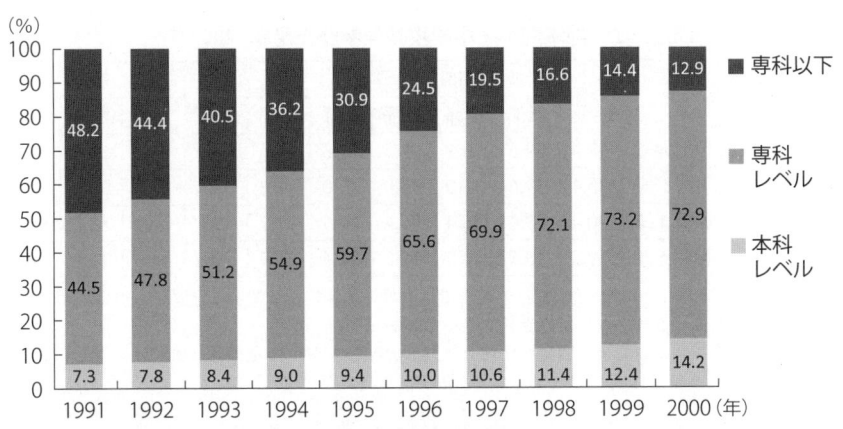

図2-4　中国における中学校教員の学歴状況（1991〜2000年）

注：図2-3に同じ。
出典：中国教育年鑑編集部（1992〜2001）『教育統計年鑑（1991〜2000年）』人民教育出版社に基づき筆者作成

充たす割合は51.8％弱であった。うち、本科レベルの教員は、総数の8.0％にも及ばなかった。学歴不足者のうち、中等師範学校レベルの教育すら受けてい

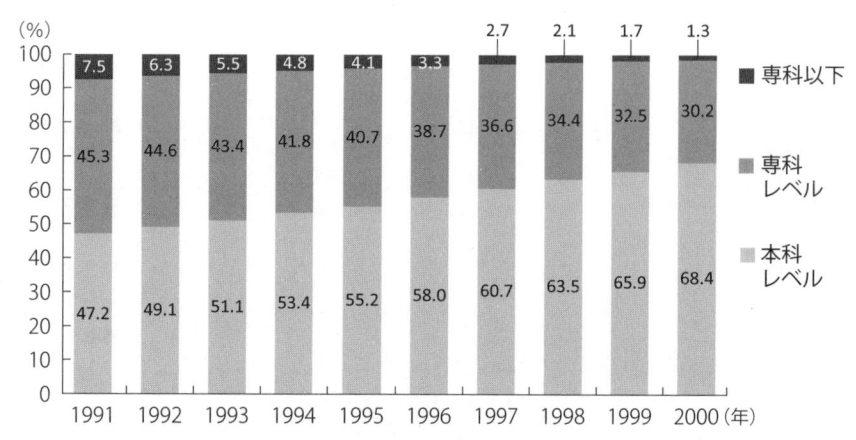

図2-5　中国における高等学校教員の学歴状況（1991～2000年）

注：図2-3に同じ。
出典：中国教育年鑑編集部（1992～2001）『教育統計年鑑（1991～2000年）』人民教育出版社に基づき筆者作成

表2-2　地域別小・中学校教員学歴充足率（2002年）　　(%)

		全体	都市			町			農村		
			東部	中部	西部	東部	中部	西部	東部	中部	西部
小学校	学歴充足率	97.4	99.3	99.1	98.3	98.6	98.6	98.0	98.0	97.8	94.2
	専科学歴率	33.1	59.6	57.0	53.0	42.0	41.6	35.2	29.0	26.5	20.1
中学校	学歴充足率	90.4	97.0	96.4	95.6	92.9	91.7	90.3	89.1	87.2	83.4
	本科学歴率	19.7	48.5	40.0	38.1	21.4	16.9	13.6	14.0	11.8	8.2

注：学歴充足率の算出は、小学校教員の場合では中等師範学校を卒業する学歴で、中学校教員の場合では師範高等専科学校卒業の専科レベルである。
出典：教育部人事司、教育部教育発展研究センター（2002）「2002年全国教員状況分析報告」pp.16-17に基づき筆者作成

なかった教員は15.2％を占めた。

　高等学校における教員学歴状況は小・中学校より厳しかった。図2-5に示したように、1991年時点で学歴要件を充たす教員は47.2％弱であった。半数以上の高等学校教員は学歴不足者であり、そのうち、師範高等専科学校レベルの教育すら受けていなかった教員は7.5％で、また、高等学校を卒業しなかっ

た教員もいた。

　表2-2に示したように、2002年小学校教員全体の学歴充足率は97.4％であり、東部都市は99.3％に対して西部農村地域は94.2％であった。東部都市では59.6％の教員学歴が専科であったものの、西部都市は53.0％で、西部農村では20.1％であった。中学校教員全体の学歴充足率は90.4％で、そのうち、東部都市の教員の学歴充足率は97.0％に達したのに対して西部農村地域の教員の学歴充足率は83.4％であった。

3　基礎教育における改革と教員養成の関係

　経済のグローバル化が中国社会に与える影響が増大するにつれて、中国政府は知識基盤社会の建設に力を入れはじめた。このため、人材の質を高めるという要請に応え、近代科学技術の発展に適応できる創造的意識をもつ人材を如何に育成するかということが基礎教育の重大な課題となった。

　こうしたなかで、中央政府は基礎教育を国家発展の基本政策のひとつとして、「社会主義近代化建設における基礎教育の戦略的地位を確立して、優先的に基礎教育を発展させることを堅持した」ことで広く浸透させた。また、受験教育を資質教育へ転換することが目指された。

　しかしながら、教員の学歴水準は依然として低く、受験教育から資質教育への転換や新たなカリキュラムに適応できない教員が少なくなかった。基礎教育の質を転換するためには、教員の質を高めることが必要であった。中央政府は、高等師範系学校に対し「優秀な高卒を師範大学に志願するように励まし……教師資格の補充と就職後の訓練を通して、大多数の小・中学校の教員を国家規定の学歴標準に到達させ、専科と本科の学歴をもっている小・中学校の教員の割合を増加させる」ことを求めた。

　1994年7月、国務院は「『教育発展綱要』の実施意見」を公布し、「2000年までに、95％以上の小学校の教員と80％以上の中学校教員を国家が規定した学歴の基準に達せさせる」と明確な数値を出した。さらに、1998年12月、国

務院は「21世紀に向けての教育振興行動計画」(以下、「1998年教育振興行動計画」と略す)を公布し、小・中学校における受験教育が時代の発展と子どもの成長に相応しくないことを指摘し、資質教育の実施を唱え、教育の質を大きく高めようとした。

　1996年、第5回全国師範教育会議で、国家教育委員会主任の朱開軒は「授業と教育内容の改革は教育改革の重点で、現代科学技術や文化発展の趨勢と、基礎教育の改革・発展によるニーズに基づき、師範大学の授業と教学内容の改革を進め、学生の知識と能力をより向上させる必要がある。文理の結合、選択履修科目の充実、科学技術・外国語教育・コンピューター教育の強化、教育理論と教育技能の強化などに力を入れて、教員養成系専攻学生の自発的能力と創造的能力の養成を重視しなければならない」と指摘した。

　基礎教育の質は、教員の質、並びにその養成と訓練を担っている教員養成と直接的に関わり、資質教育の担い手である基礎教育の教員は社会の構成員全員を対象とした営みを行う重要な存在である点に大きな特徴をもつ。国民全体の資質水準を高めようとするときには、国の将来を支える専門的力量をもつ大量の教員を養成しなければならない。だが、上記の「1998年教育振興行動計画」では教員養成教育の質を高めようと示したものの、高等師範系学校の改革と発展の方向性について明確に規定しなかった。そこには高等師範系学校自身がどのように基礎教育の改革と発展に適応すべきかを探究させようとする意図があった[30]とされる。いずれにしても1990年代末において、教員養成教育は基礎教育の改革という重大な要請に対応しうる改革を迫られた。

第4節 1990年代以降における教員養成制度の改革

1　教員資格制度の法制化

(1)　教員資格制度の実施

　1993年10月、第8回全国人民代表大会常務委員会第4次会議は「中華人民

表2-3 教師資格証明書の取得に関する規定

取得する教師資格証明書	必要とされる学歴等	認定部門
幼稚園教師資格証明書	幼児師範学校卒業生及びそれ以上の学歴をもつ者	県教育行政部門
小学校教師資格証明書	中等師範学校卒業生及びそれ以上の学歴をもつ者	県教育行政部門（指定大学）
中学校、初級職業学校普通科・専門科教師資格証明書	高等専科師範学校卒業生、その他大学の専科卒業生及びそれ以上の学歴をもつ者	県教育行政部門（指定大学）
高等学校教師資格証明書	師範学院と師範大学の本科卒業生、その他大学の本科卒業生及びそれ以上の学歴をもつ者	県教育行政部門（指定大学）が認定し、市教育行政部門が確認する
中等専門学校、技術工業学校、職業高等学校普通科・専門科教師資格証明書	師範学院と師範大学の本科卒業生、その他大学の本科卒業生及びそれ以上の学歴をもつ者	県教育行政部門（指定大学）が認定し、市教育行政部門が確認する
中等専門学校、技術工業学校、職業高等学校実習指導教師資格証明書	師範大学・学院の本科卒業生、その他大学の本科卒業生及びそれ以上の学歴をもつ者、かつ専門技術職務をもつ者あるいは中級以上技術者	県教育行政部門（指定大学）が認定し、市教育行政部門が確認する
大学教師資格証明書	大学本科卒業生及びそれ以上の学歴をもつ者	国務院、省（直轄市・自治区）教育行政部門（指定大学）

出典：中華人民共和国国務院令第188号「教師資格条例」1995年12月12日に基づき筆者作成

共和国教師法」（以下、「教師法」と略す）を公布し、「教師は教育・授業の職責を履行する専門職員であり、…民族の資質を高める使命を負う」と明記した。教員の資格に対して、「国家は、教師資格制度を施行する。中国国民として憲法と法律を遵守し、教育事業を愛し、良好な思想・品徳を備え、本法の規定により、学歴をもつ者または国家教師資格試験に合格し、教育・教授の能力を有すると認定されたものは、教師資格を取得できる」と決定した。

「教師法」は法律上ではじめて教員の資格について明確に規定し、専門職としての地位確保と資質向上を明記している。また、「教育法」第34条においては「国家が教師の資格、職務、任命に関する制度を実施し、審査、表彰、養成

及び訓練を通して教師の資質を高める」と規定した。

　1995年12月、国務院は「教師法」と「教育法」に基づいて「中華人民共和国教師資格条例」(以下、「教師資格条例」と略す) を発布した。それは表2-3に示したように教師資格証明書の分類と使用、申請条件、取得認定、国家教師資格試験について詳細に規定し、幼稚園から大学まで各レベルの学校の教員は、すべて教師資格証明書を必要とすることが規定された。上記3つの教育法令によって教員資格制度が確立された。教員資格制度は、国家による教員に対する特定の職業許可制度であり、その主旨は教員に要求される基本的な資質の水準を保証することである[31]といわれている。

　しかし、実際に実施された教員資格制度は教員の学歴の規定にとどまり、教員養成段階における一般教養、教科専門教養と教職専門教養を含める教員養成の基準と内容にかかわらず、表2-3に示したように教員養成系学校あるいは教員養成系専攻の学生である限り、中国語標準語試験で規定点数を取れば、直接教員免許を申請することが一般的である。

　教員養成系専攻出身以外の申請者は教育学と心理学の履修証明書原本と複写を認定部門に提出し(職業技術専門学校の実習指導教員の教師資格証明書を申請する者は専門技術職務証明書と技術等級証明書を提出する)、教育行政部門で行われた教師資格試験[32]に合格すれば、中国語標準語試験で規定点数を取得したうえで、教師資格証明書の申請ができる。

(2) 教員資格制度をめぐる問題点

　上述のような教員資格制度には、以下の3つの問題点があると考えられる。

　まず、高等学校教師資格証明書をもつ者は小・中・高等学校で授業を担当することができ、中学校教師資格証明書をもつ者が小・中学校で授業を担当することができる。この規定は小・中・高等学校の学校段階の違いが教員資格の格の違いになることを意味する。しかも、小学校教員の格は一番下に位置づけられた。こうした教員資格の格づけは基礎教育の改革に適応できる資質の高い教

員を育成することにそぐわないだろう。

　次に、教師資格証明書は学校段階別に分かれているが、教科別の認定の仕方は規定されていない。中国では小学校から高等学校まですべての学校段階で教科担任制がとられている。教員養成カリキュラムではそれぞれの学科科目の内容に連なる学問領域の専門性がそのまま教員となる者にとっての教科指導の専門性につながるものと捉えられてきた。つまり、学問領域に関する専門的な知識だけを教員の教科指導の専門性とみなしてきた。だが、教師資格証明書は教科別の認定をしていない。これは十分に整備されていない教員資格制度のもうひとつの落とし穴だと考える。

　最後に、教員養成系専攻出身以外の申請者は、大学で教育学と心理学を履修し、教育行政当局が実施する教師資格試験に合格し、中国語標準語試験で規定点数を取りさえすれば、教師資格証明書の申請ができる。しかし、中国では教職に就く者に対して職業道徳、責任感、意欲などの情意的な面での専門性を求める傾向が強い。2つの教職科目の履修と教師資格試験の合格で教師資格証明書の取得が可能となる制度では、教職の特性を十分に理解し、必要とされる教養・資質を備える人材の確保において非常に不十分である。

2　教員養成制度の開放化

　教員資格制度の法制化により、高等師範系学校による教員養成の独占的な枠ははずされ、一般大学の卒業生や社会人でも、教員資格検定、試験、認定などによって教師資格証明書を取得したうえで、教職に就くことができるようになった[33]。しかし、1990年代末期まで、教員資格制度の実施対象者は在職教員に限定され、大学生向けの教師資格証明書の審査や授与は行われなかった。その理由は、当時すでに教職に就いていた教員に国家試験を受験させることで規定の学歴水準を達成させ、力量不足の教員を排除することを優先したからである。国家試験の合格者に教師資格証明書を授与する一方で、2年連続で不合格になった者は退職させる措置がとられた。

1998年末までに、上海、四川、湖北などの6省が選定され、それらの省における教師資格証明書の申請・認定が先行実施された。1999年6月、教育部は第3回全国教育会議を開催し、「1998年教育振興行動計画」の重要性を強調するため「中国共産党中央国務院教育改革と資質教育の推進を深めることに関する決定」(以下、「教育改革決定」と略す)を公布し、義務教育の改革と発展のために、「教員の資質教育を施す能力と水準を高めることを教員養成と教員研修の重点とすることを明確にした。師範学校の段階と配置を調整して総合大学を含む一般大学が小学校教員の養成に参加することを奨励して、条件を充たす総合大学においては師範学院の運営を認める」と定めた。

　「教育改革決定」では、将来の教員養成においてさらに開放的で多様化したモデルを採用し、多様な人材の養成及び創造的精神の涵養の要請に応えることを明記した[34]。これを受けて総合大学や専門学院でも小・中学校教員及び中等職業技術の教員を養成するために、教員養成系専攻を設立するケースが増えた。さらに、すべての社会人及び大学卒業予定者に向けて教員資格認定・審査が実施されることになった。

　「教師資格条例」を円滑に推進するために、2000年9月に教育部は「『教師資格条例』実施方法」(以下、「実施方法」と略す)を公布し、教員資格の認定学歴基準、申請・認定方法、管理方法について具体的に規定した。国家教育部は各地の教育行政部門に、2001年4月1日から「実施方法」に基づいて全国で教員資格の認定を展開することを求めた。その後、教育行政部門あるいは指定大学は1年のうち春季と秋季2回教員資格の申請を受け付け、全申請者に向けて無料で認定を実施した。こうして、高等師範系学校であるか否かを問わずすべての大学が教員養成に参与できるような開放制養成体制が作られた。

3　教員養成の学歴水準の高度化

　1990年代以降、資質教育の改革と発展のニーズに適応できる質の高い教員養成が求められた。小・中・高等学校における教員の学歴が急速に上昇し、

2000年時点で、小・中・高等学校における教員の学歴充足率はそれぞれ91.3％、87.1％、68.4％となった（図2-3～図2-5参照）。しかし、経済発展途上地域あるいは農村部では9年制義務教育の普及すら難しい状況である一方で、経済発展を遂げた一部の大都市及び沿海都市の学校では教員の学歴水準の低さに対する保護者からの不満が高まり、高学歴の人材が登用された。

　ところが、高学歴の人材は必ずしも質の高い教員とは限らないため、上記の「教育改革決定」はそれを問題視し、教員養成の水準を高め、師範系学校の段階と配置を調整することを明記した。具体的には「条件を備える地区では小学校と中学校の教師の学歴を専科と本科レベルに引き上げ、経済が発達している地域では高等学校の教師と校長の修士学位を取得している者の割合を一定の割合まで達成すべきだ」と規定した。

　2001年、基礎教育の発展を促進するために、国務院は「基礎教育の改革と発展に関する決定」を公布した。このなかで、教員資格制度の実施を強化することを唱える一方、教員養成制度の構造調整を推進し、従来の「3段階の養成体制」を専科と本科レベルの「2段階の養成体制」に転換すると決定した。また、新たな教員養成モデルを模索することと教育実践能力を教職の生涯にわたって育成することを強調した。

　その後1年間の改革と調整を経て、全国範囲、特に大・中都市では基本的に教員養成の2段階の養成体制が実現した。北京、上海などの経済発達地区では一部の中等師範学校の学生募集が停止され、他の学校に統合された。そして、一部の中等師範学校と師範高等専科学校が普通中学校や高等職業学校へ転換された。

　2004年、教育部は「2003～2007年教育振興行動計画」を公布し、教員養成改革の全面的推進を決定した。教員養成を高等教育制度全体のなかに位置づけ、高等師範系学校と一般大学を合わせた制度を構築し、教員の生涯教育を促進する方針を打ち出した。将来的には「2段階の養成体制」に大学院の教員養成を加え、専科、本科、大学院で「新3段階の養成体制」を作ることを構想し

た。だが、先述のように農村部における教育条件に鑑みると、制定された2段階の養成目標は容易には達成できないため、地域の実情に対応した改革が必要とされている[35]。

4 まとめ——教員養成の開放化と「大学における教員養成」

1990年代半ばから行われた教員養成制度改革の最大の特徴は教員養成の開放化と「大学における教員養成」であると考えられる。

まず、教員資格制度に基づく開放制教員養成の実施により、従来の目的制教員養成が崩れ、師範系学校に限らず、他の教育機関においても教員養成ができるようになった。

次に、教員養成の学歴水準を引き上げることによって、すべての教員養成を大学レベルの教育機関において実施することが求められた。

こうして、政府は「教員の専門的力量」を養成する土台を確保し、結果的に教員の資質向上へとつなぎ、さらに基礎教育の質を高めようとする改革意図を示した。要するに、1990年代以降の教員養成制度改革には基礎教育改革を意識し、教員の質の保障に関する問題が重要視されてきた。

第5節
1990年代後半以降の高等師範系学校の改革動向と課題

1 1990年代以降の高等師範系学校の課題

1980年代、統制と保護を特徴とした教育制度のもとで、教員養成を目的とした専攻のみからなる高等師範系学校は量的拡大を進めた。従前は教員の育成と供給がすべて国家によって統制され、高等師範系学校も国家により管理され、そして保護されていた。国家は教員になるための専門的養成の使命を高等師範系学校のみに付与したので、その伝統的な社会的役割を果たすための条件も担保された。

だが、1990年代に行われた高等教育制度改革は高等師範系学校に対する統

制と保護を解消した。さらに、並行して進められた教員養成制度改革は教員養成をすべての大学に開放し、高等師範系学校の「特権」はなくなることになった。高等教育制度と教員養成制度の以上のような改革を受けて、高等師範系学校は新たな課題に直面したといえる。それらは以下の5点に整理できよう。

第一は、学生募集数の増大を図る必要に迫られたことである。1990年代の高等教育制度改革によって、国家予算に依存した大学財政体制が崩れ、高等教育の投資主体は中央から地方へ移転し、高額の支出に耐えられない地方政府は支出削減のために大学の自立化を促した。代わりに、学生納付金が大学の重要な財源となった。そのため、大学は財政困難に陥ることを防ぐために学生数の増加策を進める必要が生じた。

だが、教員養成系専攻だけで学生数を増やすことには限界がある。また、教員資格制度に基づく開放制養成制度の実施により、総合大学をはじめとする一般大学も教員養成を実施することができるようになった。以前であれば高等師範系学校にしか進学できない教職志望者が一般大学に進学し、教員資格を取り、教員になるケースが増えた。そうしたなかで、高等師範系学校は学生定員数を埋めることも困難になった。高等師範系学校にとってどのようにしてより多くの学生を募集できるのかが大学の存亡に関わる課題となった。

第二は、優秀な学生を獲得するための戦略を打ち出すことである。1980年代、高等師範系学校は他大学より優先的に学生を募集することと特殊な専攻奨学金を設置することで、多くの優秀な学生が集まった。しかし、高等教育制度改革によって、高等師範系学校はすべての特権を失い、他大学と同じく、競争して学生を獲得しなければならなくなった。

一方で、学生に人気のある大学は総合大学か理工系大学である。優秀な人材は先ず総合大学等を目指し、それができなかった者が高等師範系学校に進学することとなった。また、2002年に高等教育の進学率は15.0％になり、限られたエリートのための制度ではなくなってきた。高等教育が急拡大し、大学間競争が激化するなかで、高等師範系学校、とりわけ師範高等専科学校は如何に優

秀な学生を募集するかが非常に厳しい課題となった。

　第三は、学術性、つまり、特定の学問に関する専門教育の水準を高めることである。目的制教員養成制度のもとで、高等師範系学校は師範性、いわゆる教える方法や技能を中核にする教職専門教養に固執した。とりわけ、政府が高等師範系学校の発展を促進した1980年代、他大学にはない師範性が高等師範系学校の強みと考えられた。高等師範系学校は師範性という点で優越性をもちながら教員養成を行った。その一方、一般大学や総合大学に比べると高等師範系学校の学術性は十分ではないと評価されていた。

　1990年代以降競争体制の導入により、高等師範系学校は学問水準や科学研究力などにおいても他大学と競争しなければならなくなった。もはや師範性という点だけで優越性を維持することは難しくなったのである。そのため、高等師範系学校は学術性をどのように高めるのかを重要な課題とし、総合大学をモデルに学術性の向上を目指す傾向を強めた。

　第四は、高い学歴水準の教員養成を施すことである。従来、教員養成の水準や教員養成系専攻学生の資質は国家統一的な基準に基づいて作られた教育課程によって担保された。しかし、1990年代以降、政府は教員を専門職として位置づけ、教員には高度な知識・技術が必要視されている。教員には一定の資格水準の要求がなされ、教員資格制度に基づいた開放制教員養成と「大学における教員養成」が教職専門性確立のための必要かつ不可欠な要件であるとされた。こうしたなかで、高い学歴水準の教員養成を実施することにより、教員養成の質を高めようとする高等師範系学校が多くなった。とりわけ、師範高等専科学校はどうすれば高い学歴水準の教員養成を実施できるのかを重大な課題とした。

　第五は、基礎教育の改革に適応した教員養成モデルと教員養成カリキュラムを改革することである。基礎教育改革によって、従来基礎教育が高等師範系学校に依存した方向は変えられた。教員養成が基礎教育の基礎でありながら、基礎教育の発展に応じて改革を進めなければならないようになった。

　こうして、高等師範系学校は受験教育から資質教育の転換及び新たな基礎教

育カリキュラムの実施に応じ、「教員の専門的力量」の土台を育成するために、一般教養課程、教科専門教養課程、教職専門教養課程の水準を高め、新たな教員養成モデルと教員養成カリキュラムを作らなければならなくなった。

2 　高等師範系学校における組織構成と教育内容の変化

　上述の課題に対応するために、多くの高等師範系学校は次のような改革を行った。

　第一は、非教員養成系専攻の設置であった。高等師範系学校は学生募集数を増大するために、教員養成を目的としない専攻を増設した。統計によると、1995年の全国高等師範系学校の本科生在籍者のうち、非教員養成系専攻の学生数は全体の18.8％を占めていた。なかには3割以上、多いところは半分に達している学校もある。高等師範系学校における非教員養成系専攻の設置に関してはさまざまな論議がなされた。しかし、この傾向は21世紀に入ってからより一層強くなった。

　第二は、学部の増設と改編であった。非教員養成系専攻などにより、学部の専攻設置が一時混乱した。各学部における専攻の重複あるいは類似の専攻が出てきたため、学生募集の際に、進学者が選択しにくいこともあった。また、学部内の専攻の重複設置とそれに伴う研究経費の増大は大学にとって教職資源の浪費となった。この問題を解決するために、各大学は学部の改編・合併に力を入れた。例えば、教員養成系専攻が少ない学部は学部名称を変更することで、非教員養成という特色をアピールした。また、関連する専攻の改編・合併を通して新たな学部が設立された。

　第三は、学術性の重視であった。1990年代以来、高等師範系学校は師範性を克服するために、総合大学をモデルとして、学術水準を向上するように努め、組織的、計画的に科学技術研究に取り組んだ。それは高等教育機関としての科学研究の機能を発揮し、高水準の学術成果を得ることを目指した。具体的には次のようなことが行われた。

① 基礎研究に力を入れて積極的に国家・省に重要な研究プロジェクトを申請し、研究費を取得する。また、大学教員の研究意識を高め、大学の研究に対する実力を強化する。
② 教育と科学研究のニーズに応じ、可能な限り、研究室・研究所・研究院を設置する。学校が科学研究所を設立し、学部は科学研究副主任のポストを設け、大学と学部の科学研究活動を統一管理する。
③ 大学が出資し、「校弁企業」(大学発ベンチャー企業)を作る。「校弁企業」を教員と学生の科学研究の基地にし、学生が科学研究に参加できる組織を作る。理論研究を迅速に実験し、その研究成果を実益に転化させる。

第四は、教育科学についての研究と教育モデル・授業内容の改革であった。高等師範系学校が基礎教育の改革と発展のニーズに応えるために、教育政策の決定や、小・中・高等学校の教育改革と関連する研究課題に携わった。学校教育、学校運営の水準と効率を引き上げることについて研究し、社会に教育改革の情報を提供した。

基礎教育の改革に基づき、高等師範系学校は教育モデル・授業内容の改革を進め、学生の知識と能力をより向上させた。例えば、国家重点高等師範系学校である北京師範大学は「4年＋2年[36]」などの教員養成モデルを、東北師範大学は「3年＋0.5年＋0.5年＋2年[37]」の教員養成モデルを実施した。聊城師範学院は文科系学生に向けて自然科学概論などの理系の授業を、理科系学生には作文、伝統文化などの文系授業を開設した。また、全校生のために文学鑑賞、音楽鑑賞など50余種の一般選択履修科目と文理共通履修科目を設置した[38]。ある高等師範系学校は学生により広い知識を学ばせるように、学生たちに総合大学・理工系大学・農林水産大学などで関連する科目を勉強させた[39]。

3　高等師範系学校改革における「昇格」と「移行」

上述の変化に従い、数多くの高等師範系学校が統合によって総合大学あるいは一般大学へと改革する指向性が強くなった。1995年の師範大学・学院は76

校で、師範高等専科学校は161校で、総計237校[40]であった。当時、高等師範系学校237校は教員養成を目的とし、設置した専攻も主に教員養成系専攻であった。2010年現在までは、師範大学・学院は76校から105校へと増大したが、師範高等専科学校は161校から35校へと減少した[41]。さらに、1995年の高等師範系学校237校が2010年現在までにどのような改革を行ったのか、次の2種類に分けられる。

　第一は、師範高等専科学校から本科大学への昇格で、短期大学レベルの高等師範系学校が他大学と合併して本科レベルの大学へ昇格し、さらに非教員養成系専攻を増設したケースである（以下、「昇格」タイプと略す）。161校の師範高等専科学校のうち、74校が他大学と合併して一般大学に昇格し、名称を「○○大学」に変更し、新たな体制のもとで教員養成を行っている。

　また、46校は他大学を統合して本科大学に昇格し、名称を「○○師範大学・学院」に変更した。ただし、その師範大学・学院は「師範」という名称を残しても、実際に本科大学への昇格過程を経てすでに教員養成のみを目的とはしなくなり[42]、すべて非教員養成系専攻を設置している。計120校の師範高等専科学校は昇格を通して、学生募集数を拡大し、国家計画に応じた本科レベルの教員養成の実施を行うようになった。このような「昇格」タイプの改革は高等師範系学校の改革全体の6割以上を占めている。

　第二は、師範大学・学院から総合大学への移行である（以下、「移行」タイプと略す）。これには、本科大学レベルの高等師範系学校が他機関と合併し、総合大学に移行したケースと高等師範系学校が多数の非教員養成系専攻を設けて総合大学に移行したケースがある。そのうち、元全国重点師範大学の西南師範大学が2005年に西南農業大学と合併して西南大学となった例もあった。

　一部の大学は他大学との合併と名称変更を通して総合大学へ、一部は師範大学あるいは師範学院の名称を用いながら、非教員養成系専攻を設けて総合大学へ移行した。大学の経営理念の変化から、「師範」の名称は残していても大学の性格は総合大学へ転換されている。こうして、76校の師範大学・学院は総

合大学への移行を通して他大学と競争する力を強め、優秀な学生の獲得と学術性の強化を目指した。「移行」タイプの改革は高等師範系学校の改革全体の4割弱である。

4 まとめ──研究課題の再考

　従来、どのような大学がどのような基準で教員養成に参与するかについて、政府は明確に示さず、地方政府あるいは高等師範系学校にゆだねることが原則であった。加えて、教員養成制度の開放化によって、すべての高等教育機関が教員養成に参与することが認められた。だが、高等教育改革の流れを受けて、高等教育機関間の格差はますます深刻化している。こうして、教育の質・水準においては大学によって大きな差が生じている。教員養成制度の開放化のもとで、教員養成が大学によって大きく異なり、それは教員の資質向上どころか、教員の資質悪化につながりかねない。

　とりわけ、高等教育と教員養成の制度が改革され、さまざまな問題に遭遇した高等師範系学校は、「昇格」と「移行」を通して課題に対応する趨勢にある。高等師範系学校は急激な改革を経て総合大学や一般大学となり、それによって「大学における教員養成」は促進された。だが、その大学は地域の教員養成を担いながら、高等教育市場における激しい競争にも対応しなければならない。こうしたなかで、「大学における教員養成」は教員養成の質を高めるのかどうか、疑問の余地がある。

　一方で、基礎教育改革が行われ、資質教育に適応する教員が必要とされているなかで、各地域においては教員をめぐる量的・質的な格差が広がっている。どのように資質の高い教員を数多く安定的に供給するかは依然として重要な課題である。

注
1)「結構転換」は、「農業・農村・閉鎖性からなる伝統社会」から「工業・都市

1) （都市と鎮）・開放性を特徴とする現代社会」への転換である。
2) 「制度改革」は計画経済制度から社会主義市場経済制度への改革を指す。
3) 上海市教育科学研究院知力開発研究所編 (2006)『新時期中国教育発展研究 (1983〜2005年)』上海社会科学院出版社、p.112
4) 中国研究所編『中国年鑑2007年版』によると、改革政策は以下の通りである。第一に、均等・平等な社会保障制度を設立し、「協和」社会の基礎を作る。第二に、教育と人的資源の開発により、国家及び地域の持続可能な発展を導く。第三に、農業産業化などの総合的な措置をとり、農村と都市の格差を減少させる。第四に、社会と人間の全面的な発展を促進することを理念にして、ある部門・領域で重点的に改革の対策を確立し、社会主義市場経済体制を完備させる。第五に、市場の機能を発揮し、政府はマクロコントロールを活用して市場をより有効的に資源を配置させる。第六に、多元化の所有制経済と現代の企業制度を確立し、非政府組織の発展を促進する。
5) 国資委主任李栄融「全国国有資産監督管理工作会議講話」2007年1月25日
6) 江原武一 (2006)「高等教育におけるグローバル化と市場化──アメリカを中心として」『比較教育学研究』第32号、東信堂、p.111
7) 劉文君 (2007)「中国における高等教育システムの分化と資金配分構造の転換」『大学財務経営研究』第4号、国立大学財務・経営センター、p.157
8) 私立大学の中国式呼び方である。
9) 胡建華 (2005) 鮑威訳「高等教育管理体制の改革」黄福涛編『1990年代以降の中国高等教育の改革と課題』広島大学高等教育研究開発センター、p.69
10) 黄福涛 (2003)「中国の高等教育システム構築─政策の視点から─」『COE研究シリーズ』広島大学高等教育研究開発センター出版、pp.83-90
11) 前掲 劉文君「中国における高等教育システムの分化と資金配分構造の転換」pp.151-167
12) 前掲 胡建華「高等教育管理体制の改革」p.73
13) 呂煒編著・成瀬龍夫監訳 (2007)『大学財政─世界の経験と中国の選択─』東信堂、p.224
14) 郭仁天 (2003)「中国における社会変化と高等教育政策に関する研究─高等教育財政の改革を中心として─」『広島大学大学院教育学研究科紀要』第3部、第52号、p.64
15) 劉志業・何暁毅 (2008)「中国における高等教育の現状と課題」『大学教育』第5号、山口大学・大学教育機構、p.5
16) 董秀華 (2004) 黄梅英訳「中国高等教育の経費多元化政策と実践─高等教育大衆化を背景とした分析─」『大学財務経営研究』第1号、p.268
17) 前掲 胡建華「高等教育管理体制の改革」p.73

18) 鮑心浩（2005）「高等教育における財政制度改革」黄福涛編『1990年代以降の中国高等教育の改革と課題』広島大学高等教育研究開発センター、p.84
19) 李敏（2005）「大卒者の就職」黄福涛編『1990年代以降の中国高等教育の改革と課題』広島大学高等教育研究開発センター、p.117
20) 鮑威（2006）「高等教育の大衆化への道：中日比較の視点から」『"創新与合作—中日大学的新使命"—中日大学校長論壇首届学術討論会論文集—』復旦大学日本研究センター、pp.203-207
21) Yao Amber Li et al. (2011) The Higher Educational Transformation of China and Its Global Implications. *The Word Economy*,10, 543-544.
22) 荘明水（2001）「50年の歴程」小島麗逸・鄭新培編著『中国教育の発展と矛盾』御茶の水書房、p.75
23) Dello-Iacovo, Belinda (2009) Curriculum reform and 'Quality Education' in China: An overview. *International Journal of Educational Development*, 29, 248-249.
24) 第一地域は9つの省・市からなり、1996年に基本的に実現し、義務教育人口の50％をカバーした。第二地域は12省で、1998年に65％、第三地域は9省9区で、2000年には85％を達成する見込みであった。その他の人口10％地域では、「6年制義務教育」、5％地域は「4年制義務教育」の実現を目指した。
25) 荘明水（2001）「師範教育の改革」小島麗逸・鄭新培編著『中国教育の発展と矛盾』御茶の水書房、p.126
26) 戴林（2010）「中国における教師養成政策の展開と課題」『人文社会科学研究』第21号、千葉大学大学院人文社会科学研究科、pp.285-286
27) 中華人民共和国教育部『教育統計数拠2002年』2002年「小・中・高等学校学生数対教員数比率」
http://www.moe.edu.cn/publicfiles/business/htmlfiles/moe/moe_580/200507/ 10545.html（最終閲覧日：2012年9月13日）
28) 出典同上
29) 饒従満（2007）「中国における教師教育の改革動向と課題」『東京学芸大学教員養成カリキュラム開発研究センター研究年報』第6巻、東京学芸大学教員養成カリキュラム開発研究センター、p.40
30) 王建平（2002）山崎博敏・姜星海訳「20世紀中国師範教育改革の回顧と展望」『広島大学大学院教育学研究科紀要』第3部、第51号、pp.19-26
31) 劉占富（2004）「現代中国における教員評価制度に関する研究―現行制度の問題と改革課題―」『東京大学大学院教育学研究科紀要』第44巻、pp.429-440
32) 試験内容は主に心理学、教育基本理論と教育法律に関するものである。
33) 前掲 荘明水「師範教育の改革」p.130
34) 前掲 王建平「20世紀中国師範教育改革の回顧と展望」pp.19-26

35）出典同上
36）「4年＋2年」の教員養成モデル（以下、「4＋2」と略す）は、簡単にいえば、修士レベルの教員を養成する教育課程である。「4＋2」課程に入学する学生は、入学して3年間は各専攻の統一的な教育計画に準じて授業を受ける。4年に入る時には、教職課程の特別教育計画に準じて、先ず本専攻の単位を全部取り、学位論文を提出して学位を取得する。次に、本専攻の大学院課程の授業を受け、最後に、第2学期から中学校で見学を行う。その後、直接北京師範大学の教育学院に入学し、2年間の教育理論と実践教育を受け、論文を提出し、修士学位を取得する。
37）「3年＋0.5年＋0.5年＋2年」の教員養成モデル（以下、「3＋0.5＋0.5＋2」と略す）も修士レベルの教員を養成する教育課程である。「3＋0.5＋0.5＋2」課程に入学する学生は、入学して3年間は基礎理論の学習を中心に授業を受ける。その内容は一般教養、教科専門教育と一部の教職専門教育である。第4学年に入って、その前半には教育実習をして学位論文を完成する。後半には主に反省的・発展的な学習を行う。同時に、大学院に入学するために関連する授業を受ける。その後、大学院に入学して教育理論と教育実践が高度に融合した内容を学びつつある。
38）前掲 荘明水「師範教育の改革」p.141
39）王智新（2004）『現代中国の教育』明石書店、p.244
40）「中華人民共和国教育部公布1995年高等教育機関学校リスト」『中国教育新聞』1995年5月15日第3版、1995年5月16日第3版
41）中国教育情報ホームページ「中華人民共和国教育部公布2010年高等教育機関学校リスト」http://www.jyb.cn/info/jyzck/201004/t20100428_356434.html（最終閲覧日：2011年11月5日）
42）2010年現在、各大学のホームページに掲載された大学理念及び人材育成目標により判断する。他のデータも各大学のホームページで掲載された情報により算出するのである。

第2部

「大学における教員養成」への改革と教員養成教育の変化
―山東省の2大学を事例として―

第3章

山東省における高等師範系学校の現状と教員養成教育の課題

第1節
山東省の概要――高等師範系学校が置かれる環境

1　自然・人文環境と経済・産業構造

　山東省は中国の東海岸に面し、黄河の下流に位置する。山東とは太行山脈の東方を意味し、北は渤海、黄海に接しており、沿海部と内陸部に分けられ、海を隔てて朝鮮半島、日本列島と相対している。同省は中国東部の重要な沿海開放地区で、青島、煙台、威海、淄博、濰坊、日照などの沿海都市は相次いで山東半島経済開放区に指定された。

　山東省の人口は、2010年11月現在、約9,600万人で全国第2位である。うち、都市部の人口が49.7％、農村部の人口は50.3％である[1]。人口密度、は1km^{2}当たり610人で、全国第2位である。全省人口の年齢構造を見れば、0～14歳の人口は1,507.4万人で、全体の15.7％を占め、2000年と比べて5.1％減となる。

　山東省の省都は済南で、他に青島、煙台などの17の地級市（地区レベル）があり、140の県（市・区）を管轄している。山東省全体の経済力が強く、2010年度の省内総生産額は全国第3位にランクされた。重要な対外貿易省とされる山東省は、世界の180あまりの国、地域と貿易関係をもち、2010年度の対外貿易総額は約2千億米ドルで、外資利用総額は91.7億米ドルであった。このように、対外貿易と海外投資に恵まれる沿海部都市の経済発展は急速であり、内

陸部の経済状況とは大きな差を生じている。

　現在、山東省にはすでにエネルギー、化学工業、機械、電子、紡績などの基幹産業を中核とした工業体系が形成され、とりわけ、沿海部都市は大企業やブランド製品が数多く出てきている。また、同省の農業総生産額は全国第1位であり、内陸部は基本的に農業生産をメインにしてきた。2010年度省内の都市住民の1人当たりの実収入は2万元で、農民1人当たりの実収入は約7千元である。住民の生活レベルは「小康」（ややゆとり）に達しているが、都市部と農村部の住民収入には大きな差が依然として存在している。

　山東省の交通は他省と比べてよく発達している。中国の二大幹線鉄道は山東省内を縦断し、幹線と支線合わせて26本の鉄道が整備されている。自動車道路も発達し、高速道路の開通距離は428kmを超え、全国で最も整備されている。省内には現在、4つの国際空港を含め、8つの空港があり、国際航空路と国内路線の数は300本以上にのぼる。また、沿海港が26カ所あり、港の占有密度は全国のトップを占める。このように、山東省は第一次産業から第三次産業すべてにおいて国内有数の発展状況を示している省である。

2　人口変化と住民の教育状況

　山東省は他省に比べて人口が多く、その増加率も高く、人口密度も高い。1970年代後半以降、山東省は「一人っ子政策」を実施しはじめ、人口の増加が緩やかになった[2]。しかし、1986年以降には、山東省は第3次ベビーブームを迎え、人口が急増してきた。また、1980年代以前には山東省から毎年大量の人口が他の省へ流出した。だが、1980年代後半以降、山東省は経済体制改革を実施し、中国で第2位の経済大省と成長し、住民1人当たりの収入が急増した。産業構造的には、工業の割合が全体の約7割を占めている。他の省からの人口流入が相次いで、人口流出省から人口流入省へと変わった。

　人口の急増により、基礎教育の規模拡大が必要とされている。1986年時点で、全省1万人当たりの大学生数53人、高校生数588人、中学生数1,769人、

表3-1 4省の財政予算内教育経費状況（2005～2008年）

地区	予算内教育経費額（億元）				予算内教育経費の支出比率（%）			
	2005年	2006年	2007年	2008年	2005年	2006年	2007年	2008年
平　均	330.5	389.7	509.3	611.1	19.9	19.9	21.0	20.5
広東省	449.2	523.3	659.8	797.9	19.6	20.5	20.9	21.1
江蘇省	319.3	377.2	507.4	618.9	19.1	18.7	19.9	19.1
浙江省	275.2	328.1	411.7	471.6	21.8	22.3	22.8	21.4
山東省	278.1	330.3	458.2	555.8	18.9	18.0	20.3	20.6

出典：山東省教育庁十二五教師教育総合改革方案研究チーム（2010）「省外教師教育改革調査報告」pp.2-4に基づき筆者作成

小学生数3,373人であった。それぞれ全国平均水準（60人、662人、1,776人、3,538人）より低かった。また、12歳以上の人口のうち、非識字者数は36.8％であり、全国の平均値より高かった。

2010年現在、山東省の小学校12,405校に629.3万人、中・高等学校計3,645校に501.1万人、中等専門学校640校に113.2万人が在籍している。普通高等教育機関は133校に222万人、募集学生数は49.6万人である。大学への進学率は28.0％で、全国の平均進学率26.5％より高い。省全人口の教育レベルを分析すると、中学校卒業者は40.2％、高等学校卒業及び同等レベルの教育を受けた人口は13.9％[3]、中等教育レベルの住民が半数以上を占め、全国の平均水準より高くなる。一方で、高等教育を受けた人口が8.7％で、これは全国平均水準の8.9％[4]を下回る。同省の経済発展水準を考慮するなら、高等教育の規模はさらに拡大する余地があると考えられる。

だが、教育規模の大きさに比べて、予算支出は多いとはいえない。以前、同省の財政予算内の教育経費は長い間低水準であった。経済状況が近い広東省、江蘇省と浙江省と比べてみると[5]、表3-1に示したように、2005～2006年の間には山東省の予算内教育経費の支出比率は他の省より低いことが明らかである。2007年以降、山東省の予算内教育経費は徐々に増額し、2008年より同省の予算内教育経費の支出率は平均値を上回った。しかしながら、予算内教育経

費は上述のような基礎教育の充実と高等教育の規模拡大の需要に応じてさらに拡大する必要がある。

第2節
1980年代における基礎教育の課題と教員をめぐる諸問題

1　基礎教育をめぐる諸問題とその対応策
(1)　初等教育の普及について

　1966～1976年の「文化大革命」において、教育の質は下がり続けた。とりわけ、農村地域の小・中学校は破壊的状況にあった。1978年、山東省は中央政府の指示に従い、農村小学校についての調査を行い、当時の初等教育の展開状況を以下のように把握した。

　まず、山東省の学齢児童の平均的な入学率は97％以上であったが、地域によっては入学率は70％にも届かなかった。また、子どもたちの転校が多く、途中で学校をやめるケースも発生し、入学した児童の在籍率は約90％であった。さらに、小学校における平均的な留年率は5～10％で、深刻な状況であった。

　上述の問題を改善するために、1978年以降、省政府は中央政府の関連教育政策を参照したうえで、初等教育について独自の政策を実施した。

　第一に、新たな学校管理体制を作り出した。文化大革命期間中の中学校による小学校の管理体制を廃止し、県、郷、村の3級による学校作り、県と郷の2級による学校管理という制度を作った。1985年、省政府は「関于小・中学校管理体制暫行規定」を頒布し、基礎教育の管理責任を各市政府に移譲し、町の小学校の創立と管理を県政府に割り当てた。村の小学校は村によって作られ、郷により管理されるようになった。

　第二に、柔軟な学制を推進した。1968年後半以降、山東省の小学校は一律5年制であったが、1980年に中央政府が5年制と6年制を併存可能としたのを受けて1981年、山東省は経済状況の良い済南と青島において6年制小学校の改革を試みた。1986年、6年制小学校の児童数は全省の小学生数の約2割を占

めた。

　第三に、校舎改造を行い、小学校の設備を改善した。1979年初期には農村地域の半数以上の小学校の施設設備は低劣であった。1985年、省政府は学校の校舎、教室用机と椅子、学校のグラウンド、校門、垣及びトイレについて統一的な指標を定めた「山東省農村小・中学校校舎改造6標準」を公布し、小学校の校舎、机と椅子の改善を中心にする活動を行った。

　第四に、児童1人当たりの教育経費を増加した。1978年、全省の児童1人当たりの教育経費は12.4元であったが、1980年には18.1元までに増え、さらに1985年には50.5元／人となった（うち、国家教育経費33.9元／人、社会からの募集金16.6元／人であった）。

　第五に、各地域の初等教育の実施状況について調査・督促を行った。省教育庁は「山東省関于小学校普及調査工作規定」を制定し、1984～1987年の間に全省の137県に対して初等教育の実施状況について調査・督促を施した。

(2)　中等教育の展開について

　「文化大革命」の10年間においては、中等教育機関をめぐる管理体制が混乱し、中等教育機関の構造と学校モデルが単一化した。中等教育機関に関する諸問題を改善するために、省政府は次の2点をめぐって改革策を実施した。

　第一に、中等教育機関の構成を改編した。1981年11月省政府は「関于中等教育構造改革展開報告」を公布し、中等教育段階の学校種の単一化を改革の重点とした。中学校及び他の中等教育機関（中等専門学校と中等技術学校など）を充実させ、各地域における高等学校と他の中等教育機関の配置を調整した。改革後の1986年、全省の中学校は7,441校で、人口1万人当たり1中学校の配置となり、1校当たりの平均的な生徒数は約423人となった[6]。同年、全省小学校卒業者の中学校入学率は69.4％で、中学校卒業者の高等学校入学率は17.6％となった。

　第二に、中学校の管理制度を改革した。1986年、新たな学校管理制度を推

進し、農村地域の中学校は郷による管理、高等学校は県による管理とされた。また、都市部の中学校は区による管理、高等学校が市による管理と明示された。そして、「山東省小・中学校学籍管理条例」を頒布し、義務教育学校の学級数、学生の転学、進学、留年と学籍管理などについて詳しく規定した。

　上述のような改革策を実施すると同時に、9年制義務教育の普及を促進するために、1986年3月、共産党山東省委員会、省人民政府は「関于『中共中央教育体制改革決定』実施意見」を制定し、義務教育の実施について具体的には「山東省実施『中華人民共和国義務教育法』方法」を公布した。そこでは、9年制義務教育が小学校と中学校の2段階に分けられた。まず、1988年には小学校段階の義務教育を普及させ、1990年に75％の児童を中学校に進学させ、2000年前後には9年制義務教育の完全普及を目指すことが規定された。

　各地域の経済発展の状況に応じ、県レベルで9年制義務教育実施区域を次の3つに分類した。また、9年制義務教育の実施を完成した県は必ず省教育庁の評価を受けなければいけないとされた。

　第1地区：全省人口の25％が生活する都市部及び経済発達地区はすでに初等教育を普及し、中学校の入学率も相当高い県は1990年前後、完全に9年制義務教育を実施する。

　第2地区：全省人口の約55％を占めた経済条件の中間レベルである地域は、初等教育の普及率が高いが、中学校の入学率は未だ低いため、1995年頃9年制義務教育を実施する。

　第3地区：全省人口の20％を占める経済条件が未発達地域は、初等教育の普及すら実現していないため、9年制義務教育の完全実施を2000年前後に設定した。

2　教員の量的不足と学歴充足率の低迷

　1966～1970年の5年間、高等師範系学校は学生の募集を停止したため、1971年以降の5年間は高等師範系学校の新卒業生がゼロになった。一方、こ

の間の中学校数と在籍生徒数は大幅に増加した。1971〜1977年、山東省の中学校数は12,252校から20,171校に増え、在籍生徒数は256万人から522万人へと倍増した。急増した中学校は大量の教員を必要としたため、数多くの教師資格をもたない社会人が民弁教員[7]になった。1978年の統計によると、小・中学校教員の65.7%は民弁教員であった。

また、既述のように1986年9月に省政府は9年制義務教育を実施することを決めた。その基本条件としては、次の4つの点を満たさなければいけない。①学歴基準を満たす教員を各学科の需要に応じて配属する、②教育経費は規定通り投入される、③校舎、教育設備、図書資料、スポーツ用品及び他の設備は規定通り配置される、④国家の基本教育計画に従い、各科目を規定の授業数通りに実施する。

こうした基本条件を満たす義務教育を実施するために、小・中学校の教職員の需要は次第に拡大し、1990年には全省で12万人の教職員が足りないと予測された。特に、中・高等学校における政治、歴史、地理、生物、外国語、音楽、体育、美術教員の不足が目立った。

民弁教員の急増は、基礎教育の全体的な質を低下させる大きな原因であった。厳しい実情に応じ、1980年、全省は「区別対応、分類研修」という方法でそれぞれの民弁教員の授業担当内容に応じて研修を施した。また、省政府は新たな教員研修学校を作り、関連する予算額を拡大し、高等師範系学校を在職研修プログラムに参加させ、教員研修に協力させた。こうして、同省は研修の強化を通して、短期間で現職教員を教職に適合させた。

しかし、1980年代後半以降の教員需要の急増に伴い、教員の学歴充足率の低下問題はより深刻化した。1986年当時の中学校専任教員は18.8万人で、そのうち学歴不足者14.7万人、高等学校の専任教員は3.2万人で、そのうち学歴不足者は2.3万人であった。1987年の統計によれば、小・中・高等学校教員の学歴充足率は、それぞれ68.7%、19.2%、28.3%であった。学歴不足者を含め、約3割の現職教員は教職に不適任だとされた[8]。民弁教員も大量に存在

し、小・中学校教員における民弁教員数の割合は、それぞれ65.9％と36.0％であった。

第3節
1980年代における高等教育の発展と高等師範系学校の実態

1　山東省における高等教育の展開と特徴

　1980年代の山東省における高等教育機関数と学生数は次のように変化した。図3-1に示したように、山東省の高等教育機関数は1978年の34校から1989年の51校へと増加した。また、図3-2に示したように、大学生の募集数と在籍者数両方が増え続けた。とりわけ、1982年以降の大学の在籍学生数は右肩上がりに増加し、1988年に10万人を突破した。

　1980年代において、拡大する高等教育に関して、同省では次の改革政策が行われた。

　第一に、高等教育経費の配分方法を改革した。省教育庁は各大学の在籍学生数に応じて経費を配分するようになった。また、大学の規模に応じて科学研究

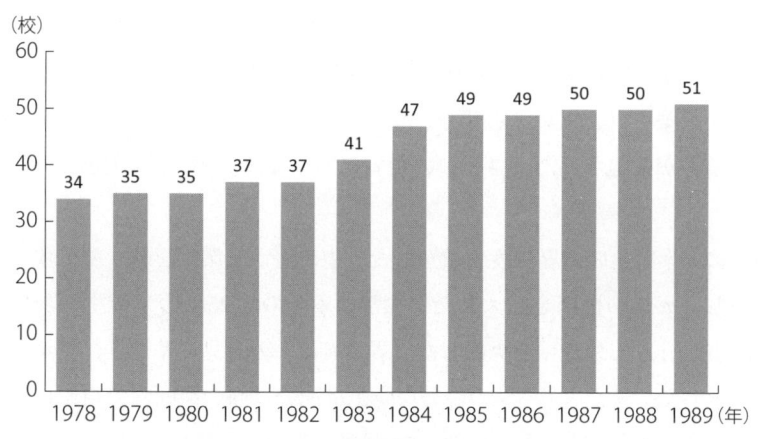

図3-1　山東省における高等教育機関数の推移（1978～1989年）

出典：山東省統計局編（2007）『山東統計年鑑』中国統計出版社に基づき筆者作成

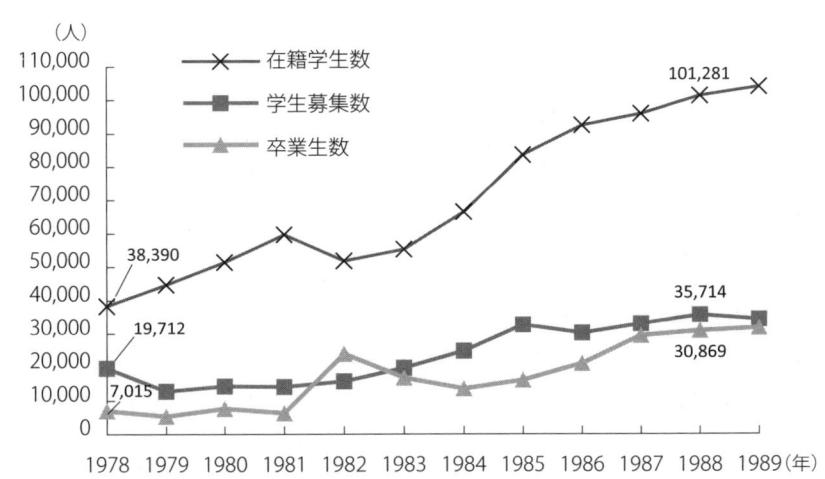

図3-2 山東省における大学生数の推移（1978～1989年）
出典：山東省統計局編（2007）『山東統計年鑑』中国統計出版社に基づき筆者作成

費を配分する方法を改革し、科学研究プロジェクトの数と成果に応じた研究経費配分が行われるようになった。また、重点大学と重点学科を選抜し、それらの建設に力を入れた。その結果、山東工業大学、山東師範大学及び山東農業大学が資金投入と大学教員配分などで優遇措置を取られるようになった。

第二に、高等教育機関の学科構成を改編した。高等教育機関の学校構造と学科配置が調整され、財政・経済学、法学及び管理学（日本の経営学に相当する）などの学科が強化された。さらに、全省においては12学科の重点学科[9]を選出した。

第三に、卒業生の就職制度を改革した。省政府が卒業生を統一配分する制度を改革し、大学の権限を拡大した。大学は本学の約25％の卒業生の配分先について省政府に配分意見を提出した。省政府はその意見に基づき、卒業生の配分を調整した。また、約5％の優秀な学生は配分計画の範囲内で自由に就職先を選択できるようになった。

2　山東省における高等師範系学校の実態

　新中国成立直前の山東省では、山東師範学院が当時唯一の高等師範系学校であり、1949年時点で教員30人、在籍学生464人であった。1950年代初期、山東師範学院は10系[10]にまで拡大し、当時あった7校の高等教育機関の中で唯一の高等師範系学校になり、教員養成教育を実施した。1955年6月、新たに山東師範専科学校が設立され、翌年5月、曲阜師範学院に改名し、校舎は済南から曲阜へ移転した。1957年、山東師範学院と曲阜師範学院の在籍学生数は計4,247人であった。その後、高等師範系学校は時代に翻弄され、展開してきた。

　1978年以降、高等師範系学校は全面的に回復し、1979年までには棗荘、済南、青島、淄博で4校の師範高等専科学校を新設した。図3-3に示したように、1979年には高等師範系学校は計10校で、1981年には山東師範学院聊城分校が山東師範学院から独立し、聊城師範学院となったので、高等師範系学校は11校になった。

　1980年代半ば以後、9年制義務教育の普及を促進するために、省政府は高

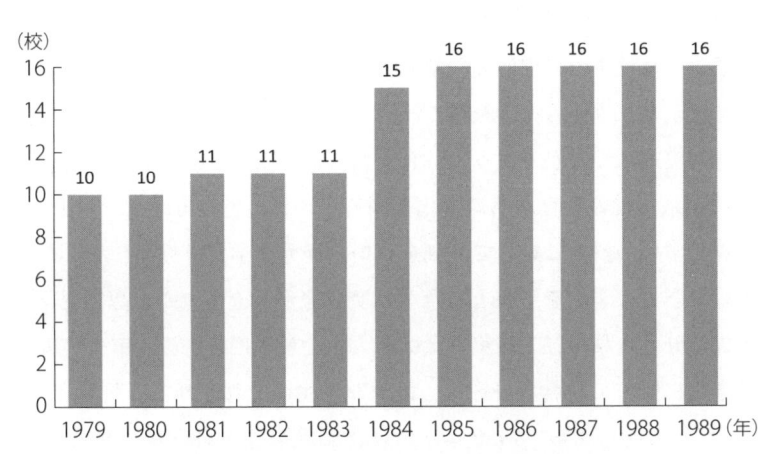

図3-3　山東省における高等師範系学校数の推移（1979〜1989年）

出典：中華人民共和国国家統計局編（1980〜1991）『中国統計年鑑（1979〜1990年）』中国統計出版社に基づき筆者作成

等師範系学校に対しては教員養成教育の量と質を確保し、必ず優秀な教員を養成するように要求した。同時に、省教育庁は師範教育の発展を促進し、師範高等専科学校を全省の各地方に設立するように決定した。そのため、1986年には高等師範系学校数は16校までに増加した。

さらに、省政府は教育予算を拡大し、師範高等専科学校の学生募集数を増大した。省政府は5年間で毎年2千万元の資金を師範高等専科学校に投入し、各市も市財政に応じて市内の師範高等専科学校に予算を投入した。また、大学設備の提供と優秀な大学教員の配分などで、さまざまな優遇政策を実施し、高等師範系学校の発展に力を入れた。1986年には、全省の高等師範系学校は16校、そのうち、師範大学・学院4校、師範高等専科学校12校、教員数計4,015人、在籍学生数3万余人であった。

高等師範系学校の数が増えるとともに、教員養成教育の内容についても改革された。主な内容は次の通りである。①中・高等学校の教材と教授法に関する授業時間数を従来の40時間から120時間へと増加した。また、大学生の教材分析能力を強化し、授業準備、現場見学などの実践活動の時間数を増やした。②教育学、心理学の授業履修時間数を従来の72時間から102時間へと増加させ、中学生、高校生の心理研究や学級管理などの授業を強化した。③学生が実習に行く間には、専任の大学教員が派遣され、指導を行い、高等師範系学校を中等教育の実践とつながるように教育実習の質を高める改革が行われた。

高等師範系学校の教育水準の強化を図るために、省教育庁は全省16校の師範高等専科学校の授業に対して評価を行い、優秀な学校を奨励した。また、師範高等専科学校の学生を対象とした専門奨学金が設立された。専門奨学金は3つの等級に分けられる。三等奨学金は新入生全員に授与する。第2学期から、学校は学生に対して総合評価をし、優秀な学生にそれぞれ二等奨学金[11]と一等奨学金[12]を授与する。1988年からは、師範高等専科学校の9つの専攻[13]の卒業生から優秀な学生を選抜し、4つの本科大学に編入させるようになった。本科大学で2年間学習した成績優秀者は学士学位が授与される。ただし、師範

高等専科学校から本科大学へ編入した学生は、原則として卒業後には教員にならなければいけない。

こうして、高等師範系学校は学校規模の拡大と教育水準の強化を通して、数多くの教員を養成してきた。とりわけ、師範高等専科学校は中学校教員を養成するだけでなく、不適格の在職教員の訓練と研修を実施し、各地域における教員の資質向上に役立てた。

第4節
1990年代以降における基礎教育の変化と教員問題及びその対策

1 基礎教育における変化
(1) 9年制義務教育の普及状況

義務教育の普及を促進するために、政府は積極的に「1986年義務教育法」を宣伝し、その宣伝月を設けてイベントを開き、住民の義務教育を受ける意識啓発を図った。同時に、省政府は義務教育を実施する手引きとして「山東省県郷義務教育実施手順」を公布した。それは義務教育の実施を5つの段階[14]に分け、各段階の審査基準を定めた。その後、義務教育の普及を進めるために、省教育委員会は「小・中学生中退報告制度」と「義務教育証書制度」を制定し、義務教育の実施に関する賞罰制度を設けて、義務教育の普及を監督する専任の職員を各市に派遣し、監督を行った。

こうした施策を受け、1990年には全省2,454学区のうち、1,833学区で初等教育段階の義務教育が実施され、9年制の義務教育が397学区で実現された。人口数から見れば、学齢児童中、91.9%の児童は初等教育段階の義務教育を受け、17.8%の児童は9年制の義務教育を受けた[15]。さらに、1992年、義務教育の普及状況に応じて省教育委員会は具体的な9年制義務教育の評価方案[16]を提出した。

9年制義務教育の普及に伴って中学校に進学する生徒は増大した。だが、中学校を卒業した後、全員が高等学校に入学できるわけではない。これは9年制

義務教育の普及を妨げる可能性が高い。この問題を解決するために、省政府は中学校卒業生の進路を拡大する措置 17) を取り、9年制義務教育の完全実施を確保した。1992年、9年制義務教育の実施率は1990年より11.9％増加し、39.7％となった。

　1996年、省教育庁は全省の基礎教育の質を高めるために、各市における義務教育の普及状況を監督する制度を廃止し、全省統一的な監督制度を設置した。1998年、全省においては9年制義務教育の実施率は92.1％となった。省教育庁は9年制義務教育の普及を実現していない済寧市、菏澤市に対して会議を開き、9年制義務教育を普及する責任と要求を各市・県政府に伝えた。また、すでに9年制義務教育の普及した市に両市を支援させることと両市への財政予算の増加を決め、山東省における9年制義務教育の全面普及を目指した。

　2000年、小・中学校の入学率はそれぞれ98.9％と98.3％となり、全省139県の全学区は9年制義務教育を実施し、国家教育委員会の認定審査を受けた 18)。経済状況の悪い地域における9年制義務教育の普及を確保するために、2008年から山東省は農村地域と都市部の経済困難の家庭を対象に教科書の無料提供と宿泊費の援助をはじめた。全省には年間約85万人の児童生徒に無料教科書が提供され、12万人の児童生徒は宿泊補助費を受け取った。

(2)　**受験教育から資質教育への転換**

　省政府は9年制義務教育の普及を推進すると同時に、従来進学率を評価基準とした試験に対応する教育（以下、受験教育と称す）を改革し、1997年、小・中学校においては児童・生徒の資質を高める教育（以下、資質教育と称す）を推進してきた。資質教育を実施するために、省政府は「関于小学校管理規程課程方案徹底実行若干規定」を制定し、資質教育を実施できる基盤とされる教育法規の徹底的な実行と教育活動の見直しを行った。

　2001年、省政府は基礎教育工作会議を開き、基礎教育に関する5～10年の改革計画と発展目標を作った。会議は小・中学校の配置を調整するとともに、

小・中学校における情報技術教育の普及を目指した。また、児童・生徒の学習負担を軽減するため、「過重課業を軽減し、子どもの心身健康を保障する緊急通知」を出し、児童・生徒たちの宿題の量を減らし、学校内の学習時間を短縮し、学校外の活動時間と睡眠時間を確保させた。

　資質教育を実行するために、省教育庁は先ず中学校が高等学校への進学率上昇を過度に追求する問題を解決しようとした。それは省による統一試験を各市に委譲し、試験後、生徒たちに進学先[19]を選択させる改革である。2008年、山東省においては中学生に対して総合資質評価が全面的に実施されるようになった。進学試験の成績で高等学校へ進学する制度の代わりに、高等学校は総合資質評価の結果を用いて学生を募集する。こうして、中学生と中学校教員を進学圧力から解放する策が取られた。

　また、教育の平等を促進し、教育の質を高めるために、基礎教育の課程と教材が改革された。専門家の指導のもとで、「結合実際、分類指導、穏歩実施[20]」の原則に基づき、課程と教材の管理制度を改善した。新課程の一環としては義務教育における地方課程の制定が展開されている。2005年、「山東省義務教育地方課程与学校課程実施要領」が改訂され、14項目の地方課程学習指導要領が審議された。

　地方課程というのは地域の社会、文化特色に基づく課程内容であり、必修科目と選択履修科目を設け、選択履修科目に関しては学生に自由に履修科目を選択させる。現在約60種類以上の新科目の学習指導ブックが審査に合格して使われている。2006年から新課程が全面的に実施され、教育内容と教育方法が改善されて資質教育の促進が図られている。2010年現在、小・中学校における新課程の実施率はそれぞれ80.0％と97.0％に達した[21]。

　高等学校も資質教育に取り組み、学生の選択を尊重し、学生の主体性を重視し、新たな学科教育モデルを模索した。一部の高等学校は学生の自主学習能力を鍛え、研究能力を高めるために、自己教育・管理の空間を提供し、校内の教科研究グループを作った。教育水準を確保するために、高等学校は小・中学校

と同様に新課程を実施し、環境教育、伝統文化教育と人生指導教育課程などを設けた。2010年現在、全省すべての高等学校は新課程を実施している。また、「高等学校単位認定評価」が導入され、高等学校における単位制が全面的に実施された。こうして、高等学校は学生の学習意欲を高めようとした。

高等学校における資質教育の実施を促進するために、大学入学試験の選抜方法が改革された。省政府は「山東省普通高等学校学生発展報告」を各市・区に配布し、関連する評価管理システムを開発し、すでに各高等学校で行われた「高校生に対する総合資質評価」の結果をまとめて管理した。2007年、省政府は60万件の「高校生に対する総合資質評価」の情報を大学に提供し、それは各大学が学生募集時の重要な参考情報となった。

上述のように、山東省は新課程の設置と管理、教育評価、高等学校進学、大学進学など、さまざまな面で受験教育から資質教育への改革を促進した。また、省政府は資質教育を推進するために、新たな授業の作り方や授業方法を積極的に紹介した。2009年、省政府は資質教育研究会を開き、優れた資質教育の実践事例を宣伝し、教育部から高く評価された。

2 教員をめぐる諸問題とその対応策
(1) 教員の量的不足について

1990年、小学校の在籍児童数は812万人で、小学校正規教員数は16.7万人であった。教員1人当たり児童数は約49人であった。教員不足に対応するために、各地の小学校は合計23.8万人の民弁教員を雇用していた。つまり、小学校教員の58.8％は非正規の民弁教員が占めており、その比率は全国で第2位の高さであった[22]。また、中・高等学校の在籍者数は合計367万人で、中・高等学校教員数は24.2万人であった。教員1人当たり生徒数は約15.2人であった。これは省政府が設定した中・高等学校教員数対生徒数の標準比率1：14[23]を上回った。こうした状況のなかで、図3-4に示したように、1990～1998年にかけて小・中学校の児童生徒数は増加したため、教員不足がますま

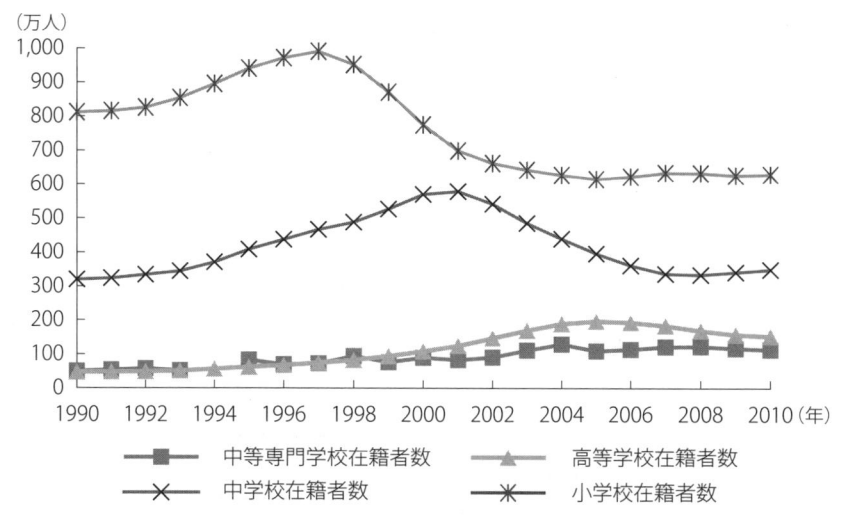

図3-4 山東省における初等・中等教育機関の在籍学生数（1990～2010年）

出典：山東省地方史誌編（2001～2010）『山東年鑑』山東省情資料教育2001～2010年の各年度のデータ、山東省統計局編（2011）『山東統計年鑑』中国統計出版社に基づき筆者作成

す深刻になった。

　こうした問題に対応し、高等師範系学校は省の教員養成計画に応じて学生募集数を拡大し、民弁教員向けの学生募集も特別に設けた。また、一部の高等師範系学校は専攻を増設した。例えば、菏澤師範専科学校における音楽教育専攻と英語教育専攻などの増設であった。さらに、省政府はより多くの優秀な若者を教職に就かせるための措置を打ち出した。具体的には次の措置である。

　第一に、教職に対する尊敬の意識を高めようとした。1990年、省政府は教育事業に特別な貢献をした168名の教員に対して特級教員として表彰し、教育と学生を愛し、教育事業に全身全霊で貢献する実践事例を全省の学校に積極的に宣伝した。また、教師の日（中国語言語「教師節」）をきっかけに「優秀教育世帯[24]」を選出し、「尊師重教」の社会風習を作り出した。こうして、教員自身に誇りをもたせ、一般の人々からの教職に対する尊敬の気持ちを喚起しようとした。

第二に、教員の待遇を高めた。1993年、省政府は教育経費の予算を拡大するると決定したうえで、長く存在した教員給与の未払い問題を取り上げ、議論した。1994年には「教師法」の施行を皮切りに、教員の給与や住居条件を改善するような提案が出された。1996年、省政府は教員の住居問題を解決するための交流会を開き、省の財政予算から専用の支援金を出し、教員の住居困難を改善した。

　諸対策の実施により、山東省における小・中・高等学校教員数は徐々に増加し、2000年に小学校教員数は40.8万人で、教員1人当たりの児童数は約19人

表 3-2　山東省における17市高等学校教員数と生徒数の比率（2005～2007年）

各市	2005年	2006年	2007年
平均	1：18.2	1：17.3	1：16.3
済南	1：16.5	1：15.6	1：15.4
青島	1：15.6	1：15.0	1：13.7
淄博	1：16.2	1：15.8	1：15.5
棗荘	1：19.8	1：19.0	1：19.3
東営	1：15.6	1：14.8	1：14.5
煙台	1：16.5	1：15.6	1：14.0
濰坊	1：16.6	1：15.6	1：15.0
済寧	1：19.9	1：19.0	1：17.2
泰安	1：18.5	1：17.7	1：16.1
威海	1：13.9	1：13.3	1：12.6
日照	1：18.0	1：16.3	1：15.2
莱芜	1：17.7	1：17.1	1：15.6
臨沂	1：17.9	1：17.5	1：16.5
徳州	1：18.9	1：17.9	1：18.0
聊城	1：21.0	1：20.1	1：18.8
濱州	1：18.0	1：16.9	1：16.2
菏澤	1：26.0	1：23.5	1：21.7

出典：山東省教育庁十二五教師教育総合改革方案研究チーム（2010）「山東省教師建設教師教育改革調査報告」p.31に基づき筆者作成

となった。また、中・高等学校教員数は35万人に増加し、教員1人当たりの生徒数は14人となった。しかし、2010年以降の10年において教員数の変化はさらに大きな変動を伴うことが以下のように予想される。

まず、退職教員の急増についてである。1980年代後半、9年制義務教育の実施に対応するために、増加した大量の教員は2010年以降続々と退職年齢[25]になる。次に、1980年代後半の第3次ベビーブームで生まれた世代が2004年以降には出産年齢段階に入るため、出産児数の急増が予想される[26]。こうして、基礎教育の規模が拡大し、教員需要が大きくなる。2009～2020年における小学校教員の総需要は約16万人と予測され、平均的な年間需要は約1万3千人である。また、中・高等学校の場合では12年間の教員需要はそれぞれ15,479人と68,168人で、年間需要はそれぞれ1,290人と5,681人である[27]。

また、山東省の各地域による格差は厳しい。2005年、省政府は高等学校教員数対学生数の標準比率については1：13.5と決めている。しかし現実には、表3-2に示したように、2005～2007年までの教員数対生徒数の比率は明らかに標準比率を上回っている。2005年以来、全体として改善傾向がある一方で、実際に標準比率を満たす地域は威海市のみである。また、各地域における格差が依然として厳しい。例えば、2007年を見ると、沿海部の威海市は1：12.6であるのに対し、内陸部の菏澤市は1：21.7であった。沿海部と内陸地域との格差は教員不足に関しても依然として厳しいのである。

(2) 教員の学歴水準の低迷について

1980年代、省政府は主に学校教員の不足、教育経費の不足と校舎・施設設備の老朽化などの緊急課題の対応に追われた。そのため、教員の学歴充足率の向上に対する方策は未着手である。1990年、山東省における小・中・高等学校教員の学歴充足率は、それぞれ77.7％、35.9％、36.5％で、特に、中・高等学校教員の学歴充足率は低かった。これに対して、以下のような措置を取った。

第一に、民弁小学校教員に対する学歴補足教育を行った。師範学校は教職歴

10年以上、かつ45歳以下の民弁小学校教員を募集し、2年間の学歴教育を実施した。うち、師範学校卒業あるいは同等の学歴をもつ教員は師範学校で3カ月間学習した後、職場で1年9カ月の実習を行う。高等学校あるいは中学校卒業の小学校教員は師範学校で1年間学習した後、職場で1年間の実習を行う。実習を終えた教員は師範学校で卒業試験を受ける。合格者は師範学校の卒業証明書が授与され、正式教員となる。1996年、省政府は「民弁教員問題解決5年計画（草案）」を制定し、民弁教員に対する学歴教育の規模を拡大し、年間約3万人の民弁教員がこうしたルートを通して正式教員となった[28]。

　第二に、小・中・高等学校教員を対象とする研修を施した。省政府は、まず「小学校教員研修教育方案」を作り、研修内容、教育計画と教育指導要領を定め、教材研究方法、授業研究、授業方法などについて研修会を開いた。また、2005年には新課程教育の実施に対応させるために、省教育庁は全省の小・中・高等学校教員を対象に課程研修を施し、5年間にわたって約14万人の教員に「山東省基礎教育新課程資質合格証明書」を授与した。

　第三に、放送大学、夜間大学と独学制度などの多様な方法を用いて現職教員の資質を高めようとした。省は放送大学の開設と夜間大学の開設により、現職教員に対する教育を実施した。また、インターネットを利用して、教育課程データベースを作り、児童研究、総合実践活動設計と指導などの学校現場で話題となる課題を取り上げ、議論または分析を行って教員の対応力を強化した。また、独学制度を利用して、独学を通して師範大学などの卒業証明書を受けるよう教員に対して奨励を行った。

　こうして、教員の学歴充足率は徐々に上昇し、2000年には小・中・高等学校教員の学歴充足率は、それぞれ98.9％、86.6％、71.2％となった。2003年、山東省は従来の「3段階の養成体制」を「2段階の養成体制」に転換することを決め、小学校教員の最低学歴水準は以前の師範学校卒業レベルから専科レベルへと引き上げられた。しかしながら、教員の学歴水準は依然として十分なレベルとはいえなかった。

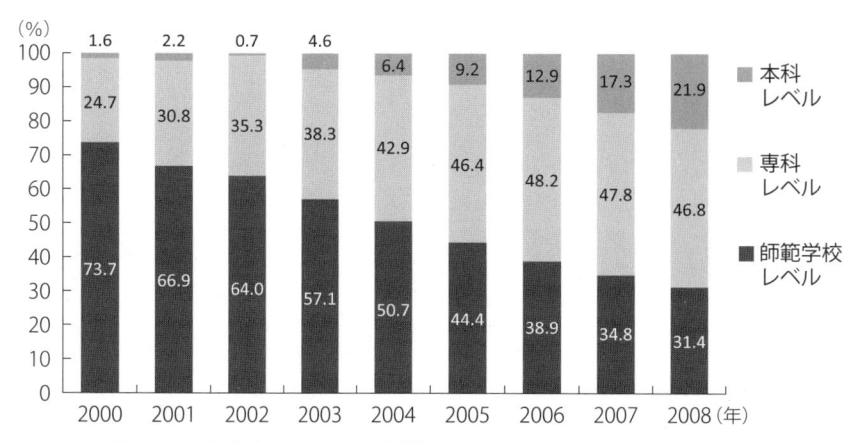

図3-5 山東省における小学校教員の学歴状況（2000～2008年）

注：算出する際に、小数第4位を四捨五入するために、合計が100％にならない年もある。
出典：山東省教育庁十二五教師教育総合改革方案研究チーム（2010）「山東省教師建設教師教育改革調査報告」p.3に基づき筆者作成

年	師範学校レベル	専科レベル	本科レベル
2000	73.7	24.7	1.6
2001	66.9	30.8	2.2
2002	64.0	35.3	0.7
2003	57.1	38.3	4.6
2004	50.7	42.9	6.4
2005	44.4	46.4	9.2
2006	38.9	48.2	12.9
2007	34.8	47.8	17.3
2008	31.4	46.8	21.9

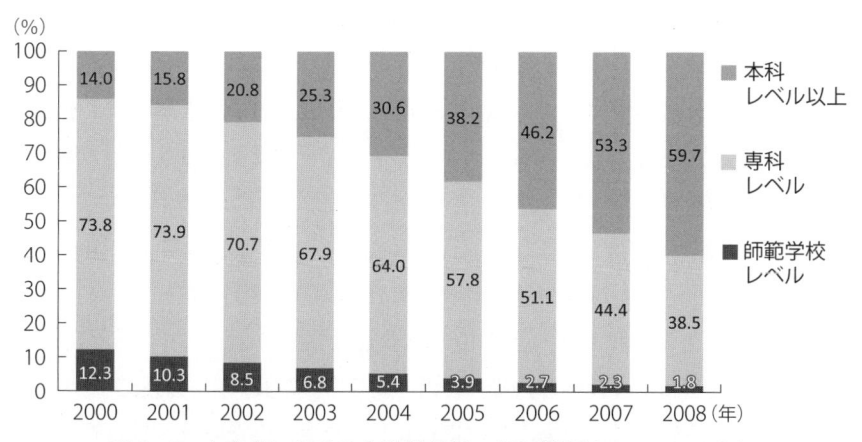

図3-6 山東省における中学校教員の学歴状況（2000～2008年）

注：図3-5に同じ。
出典：山東省教育庁十二五教師教育総合改革方案研究チーム（2010）「山東省教師建設教師教育改革調査報告」p.4に基づき筆者作成

年	師範学校レベル	専科レベル	本科レベル以上
2000	12.3	73.8	14.0
2001	10.3	73.9	15.8
2002	8.5	70.7	20.8
2003	6.8	67.9	25.3
2004	5.4	64.0	30.6
2005	3.9	57.8	38.2
2006	2.7	51.1	46.2
2007	2.3	44.4	53.3
2008	1.8	38.5	59.7

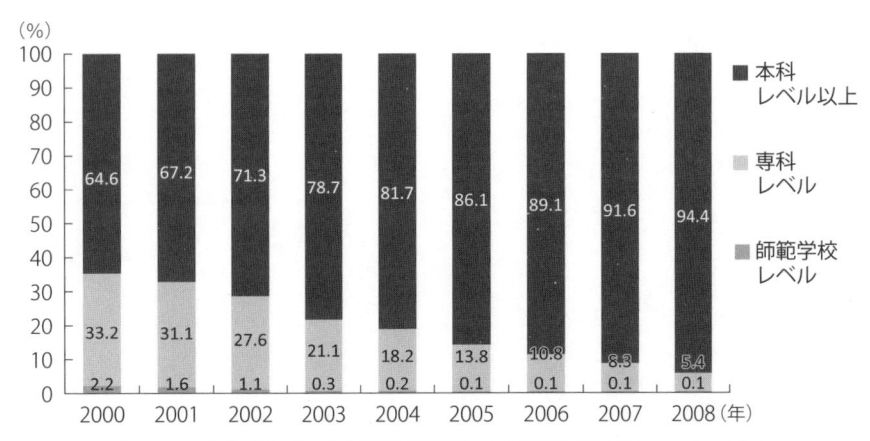

図3-7 山東省における高等学校教員の学歴状況（2000〜2008年）

年	本科レベル以上	専科レベル	師範学校レベル
2000	64.6	33.2	2.2
2001	67.2	31.1	1.6
2002	71.3	27.6	1.1
2003	78.7	21.1	0.3
2004	81.7	18.2	0.2
2005	86.1	13.8	0.1
2006	89.1	10.8	0.1
2007	91.6	8.3	0.1
2008	94.4	5.4	0.1

注：図3-5に同じ。
出典：山東省教育庁十二五教師教育総合改革方案研究チーム（2010）「山東省教師建設教師教育改革調査報告」p.5に基づき筆者作成

まず、大学を卒業した小学校教員数は依然として少ない。図3-5に示したように師範学校卒業の小学校教員数は減少し、替わりに、専科レベルと本科レベルの小学校教員が増加している。これは小学校教員の学歴水準の向上を意味する。だが、2008年現在、本科レベルの小学校教員数は総教員数の21.9％で、依然として少数である。

それに、図3-6と図3-7に示したように、中・高等学校教員には国家規定の専科レベルと本科レベルの学歴水準を満たさない教員が存在している。中学校教員のなかでは本科レベル以上の卒業者数は59.7％を占めている一方で、師範学校卒業レベルの教員もいる。また、高等学校教員の平均的な学歴水準が高い一方で、そのうち、国家規定の本科レベルを満たさない教員もいる。

また、地域によって、教員の学歴水準には格差が存在している。沿海部の青島市と内陸部の菏澤市には明らかに格差が拡大している。表3-3に示したように、2000年には2市の小学校教員の学歴水準は師範学校卒を主とした。2000年以降、2市の教員学歴水準が改善されているが、青島市における小学校

表3-3 2市における小学校教員の学歴状況（2000〜2007年） (%)

年	青島市			菏澤市		
	師範学校	専科レベル	本科レベル	師範学校	専科レベル	本科レベル
2000	66	29	2	83	17	0
2001	62	34	3	76	23	1
2002	59	36	4	72	26	1
2003	53	40	6	69	28	2
2004	42	45	10	64	33	2
2005	38	47	14	58	39	2
2006	34	46	20	51	45	3
2007	30	42	27	45	50	5

注：国家規定の学歴水準を満たさない教員と大学院レベルの学歴を持つ教員が統計データに反映されていない。ゆえに、年ごとの比率合計が必ずしも100％になるわけではない。
出典：山東省統計局編（2001〜2005）『山東統計年鑑』中国統計出版社、山東省教育庁十二五教師教育総合改革方案研究チーム（2010）「山東省教師建設教師教育改革調査報告」p.28に基づき筆者作成

　教員の学歴水準が著しく向上した一方で、菏澤市における教員の学歴水準の変化は緩やかである。2007年現在、青島市における本科レベルの小学校教員は27％を占める。だが、菏澤市における本科レベルの小学校教員は5％に留まっている。中・高等学校教員の場合も同様の地域差が存在している。

　これは各地域の経済発展状況に関連する一方で、各地域における教員供給の状況と密接な関係をもつ。なぜなら、各市の教員は基本的に地元の高等師範系学校において養成されるからである。たとえば、1990年代後半以降、青島市と濰坊市は師範高等専科学校における小学校教員養成を実施しはじめたが、菏澤市の場合は師範学校における小学校教員の養成に依存してきた。また、済寧市では曲阜師範大学の教員養成が拡充され、いち早く教員の学歴高度化を実現させた。省庁所在地の済南市においては、師範大学以外の総合大学では教員養成教育が実施されている。小・中学校教員の中には、本科レベルの学歴をもつ者が7割以上を占めている。

第5節
1990年代以降における高等教育改革と高等師範系学校の変化

1 高等教育をめぐる改革策

(1) 経費問題について

　1980年代、高等教育の投資主体は唯一国家であった。そのうち、省政府所管の地方大学の教育経費は国家財政と省財政の予算に依存してきた。第2章で述べたように、国全体の政策として1990年代以降、高等教育の市場化が提唱されたなかで高等教育の投資体制は変わりはじめた。1991年9月、山東省教育委員会は「山東省教育事業"八五"計画と10年企画」を制定した。本計画は経済発展における教育の優先地位及び「科教興魯」(科学教育の発展は山東省の経済の振興を促進する)の教育方針を打ち出した。高等教育については、社会主義の現代化の建設に適応する高等教育の体制を作り、安定的な発展を求めた。

　教育経費の不足について、1995年には多様なルートによる教育経費の増加が唱えられた。1997年、教育経費を増加する具体施策が作られた。まず、国家財政予算以外に、省政府と市政府は地方教育予算を増加した。次に、高等教育の授業料徴収制度の実施により、学生からの納入金も教育経費の重要な収入となった。最後に、2000年から大学は商業銀行からローンを借りられるようになった。同年、全省の高等教育機関は銀行から6億元を借り、その資金は主に学生宿舎などの施設設備の建設に使われた[29]。

(2) 管理方法について

　1992年10月、省政府は「関于高等教育加快発展深化改革為経済建設服務意見」を公布した。省政府が提唱した権限委譲(中国語原語：権放一格)によって、高等教育機関の自主権限が拡大された。大学運営、専攻設置、学生募集及び大学教員の職階についての評価などの権限が政府から高等教育機関に委譲された。具体的には次の通りである。

大学運営については、大学の管理層のみならず、教職員の発言権が強調され、大学の一般教職員の積極性を高めようとした。専攻設置については、省政府に統一的に管理された専攻設置・調整の権限が各高等教育機関に委譲された。学生募集については、国家統一的な学生募集計画の枠内で高等教育機関は一定数の自費生、委託育成生[30]を募集できた。大学教員の職階については、本科大学は副教授（日本の准教授に相当する）の資格を審査・授与する権限をもち、自主的に副教授を招聘できるようになった。

　1996年、省政府は「山東省教育事業"九五"計画与2010発展企画」を制定した。そこで、従来の計画経済体制のもとで作った管理手法についての改革を行うことが明言された。さらに、2001年、教育行政部門の職能を変更して政府が大学を作って管理する体制を改革し、大学の自主権限を拡大し、大学に自立的に運営させるようになった。

（3）　学生募集について

　1980年代、山東省においては大学生募集数を統一的に分配する制度が実施されていた。教育水準の異なる市にある高等学校は他の市の高等学校と競争し、大学進学率を高めなければならなかった。そして、各市における競争はますます激しくなる。激化した競争状況を改善するために、1990年、省政府は大学生募集数を各市へ分配するようになった。具体的には以下の通りである。

　①　専科レベルでは、中央政府と省政府所管の専科学校は各市1989年の実際の学生募集状況に基づき、学生募集計画を作る。市政府所管の専科学校は理工系、農医、文史、外国語などの専攻の学生募集は基本的には同市からで、芸術と体育専攻の学生募集数の約8割は同市から募集し、残りの2割の学生は他の市から募集する。

　②　本科レベルでは、まず、1987～1989年における各市の学生募集数の平均値を1990年の各市での学生募集計画の基数とする。次に、1989年の各市での学生募集数を参照したうえで、1990年、全省における学生募集の総数と各

市の経済発展と人材需要状況に合わせて学生募集数を各市に分配する。

また、山東省は中央政府の高度な統制からある程度自由に学生を募集することを試みた。1992年の「高等教育深化改革意見」は学生募集についての改革を強調し、将来の大学は多様なレベルと形式を以て人材を養成することと唱えた。同意見に基づき、1993年、山東省は中央政府の統一的な学生募集計画以外に、独自の学生募集数を設けた。だが、省による独自に募集する学生はすべて私費生であり、卒業後、各自で就職する。

(4) 卒業生の就職について

卒業生の自主就職が行われるようになった。1990年、省政府は従来の分配方法を改善し、供給側である大学と人材需要側の両方から意見を聞き取りながら、職場に大学卒業生を分配するようになった。1992年以降、省政府は少数である優秀な卒業生を職場に分配し、残りの大多数の卒業生に各自で就職させるようになった。1992年の就職状況を見ると、卒業生と企業の間には双方向の選択が実現し、卒業生の自主就職が進められた。

1995年には、約90％以上の大学卒業生が自主就職を行った。大学が学生を推薦する権利、企業が人材を選択する権利及び卒業生が仕事を選択する権利が確実に確保された[31]。こうして、大学卒業生の分配制度は徐々に人材需要に応じる就職指導制度へと転換した。

2 高等教育構造の調整と高等教育規模の拡大
(1) 社会発展に対応する専攻設置と調整

1990年、省政府は高等教育機関をより一層経済と社会の発展状況と人材需要に適応させ、教育の質を高めるために、専攻設置に関する「山東省普通高等学校専攻設置暫定」を公布した。それは全部で13項目によって構成され、専攻設置の基準と必須条件が定められた。

まず、高等教育機関は新たな専攻を設置するときに、次のような4つの条件

を満たさなければならない。①社会には5年以上の安定的な需要が必要である、②人材育成の目標に相応しい教育計画と教材がある、③国家規定に相応しい大学教員が在籍している、④授業用の教室、実験室と実習場所などの設備を備える。

1992年、省政府所管の各大学には新たに専科レベルの150専攻と本科レベルの47専攻を増設した。それらは各大学が自主的に実施したもので、実用性の高い内容であった。

同時に、限られた財政予算をもって、科学研究の水準と高等教育の質を高めるために、山東省における重点学科・実験室の選定が行われた。重点学科・実験室に選ばれたものは教育予算が増額され、さまざまな優遇政策が受けられる。1995年、省政府は審査委員会を立ち上げ、重点学科・実験室を申請した大学を対象にして審査を行った。全省は重点学科27学科と重点実験室15カ所が選ばれた。2006年に、重点学科数は100カ所になった。

2004年、省政府は「関于実施人材強省戦略・強化人材工作意見」において、大学が自主的に市場需要に応じて専攻設置と調整を行うようにと唱えた。2010年、省教育庁は省の経済と社会発展に関する専門家の意見に基づき、専攻設置の調整意見を各大学に提出した。それは35専攻について増設が必要で、63専攻の増設が適切で、66専攻の増設が適当ではないことを明記した。その後、全省では専科174専攻と本科123専攻が増設及び調整された。こうして、社会のニーズに適応できる高等教育の専攻構造が作り出されるようになった。

(2) 高等教育機関の配置調整と高等教育規模の拡大

1990年代初期においては高度な人材の社会的需要は高くはなかった。こうしたなかで、山東省は主に学生募集数の拡大及び専攻の増設と調整を通して人材需要に対応してきた。1990年代後半以降、経済発展に伴って各地域は優秀な人材に対する需要が急増した。従来、少数の経済発達都市を中心に大学を作り、エリート養成を行ってきた高等教育の構造は地域の経済発展と人材需要に

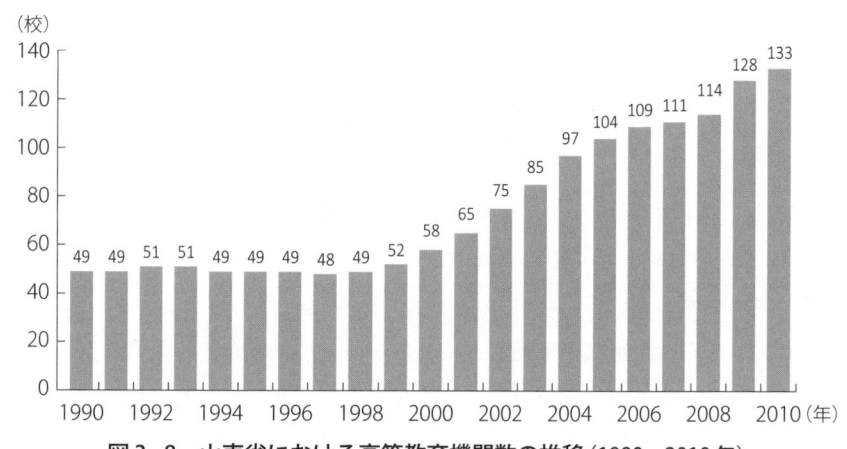

図3-8　山東省における高等教育機関数の推移（1990〜2010年）
出典：山東省統計局編（2011）『山東統計年鑑』中国統計出版社に基づき筆者作成

十分対応しきれなかった。そこで、2000年以降、高等教育機関の配置調整が行われ、山東省の高等教育機関数は図3-8に示したように増加した。以下、山東省における高等教育機関の配置調整と規模拡大に関する諸政策を具体的に分析する。

　1995年、省政府は高等教育機関の配置調整について調査及び分析論証を行い、高等教育機関間の連合、連携、合併を推進した。さらに、1996年の省教育工作会議においては、当省の高等教育の発展方式を従来の規模拡大方式から教育の質を高める方式に転換するように求め、経済発達地域と経済発展途上地域の高等教育機関の配置問題について議論を行った。1998年、省教育庁は高等教育機関が未設置の地域において高等教育機関の増設を認め、新たに3校を設立し、3校の設立申請を許可した。

　1999年、省政府は「高等教育改革深化意見」を発表し、省全体の高等教育機関の配置状況を踏まえ、大学を設置しない地域に大学を創設する必要性を提言した。2000年、元山東大学など3校が合併して新たな山東大学となった。同年、他の高等教育機関においてもそれぞれ統合と名称変更が行われた。

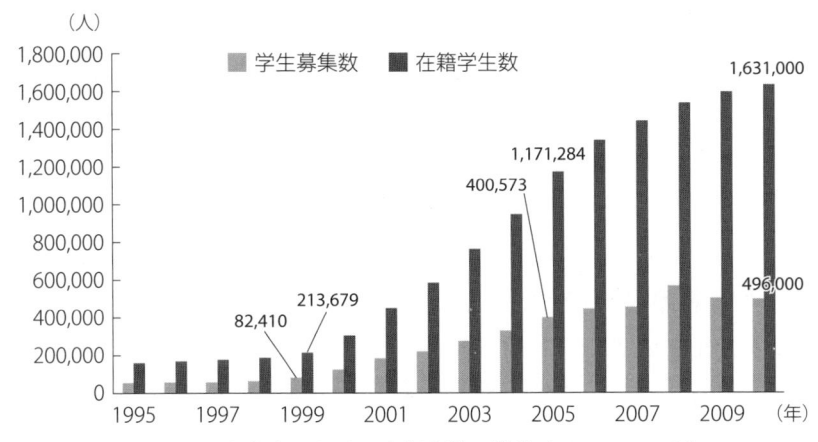

図3-9 山東省における大学生数の推移（1995～2010年）
出典：山東省統計局編（2011）『山東統計年鑑』中国統計出版社に基づき筆者作成

　2001年、高等教育機関をより合理的に配置させるために、省政府は「山東省高等職業学校設置暫定方法」を公布した。同方法は、高等教育機関が設置されていない地域あるいは高等教育機関数が少ない地域においては、職業学院の設置によってその地域の高等教育の発展を促進することと定めた。同年、10校の職業学院が設置され、約20校の中等職業学校がそれぞれの高等教育機関に統合された。

　2002年、青島海洋大学が中国海洋大学に名称変更したのをはじめとして、他の5校が昇格あるいは移行をし、9校の高等職業学院が作られた。こうして、高等教育の規模拡大が重要な課題として取り上げられた。図3-9のように、1999年以後の5年間で高等教育機関の学生募集数が3倍増しになり、2005年、大学の在籍学生数ははじめて100万人を突破して117万人になった。2010年には山東省における大学の学生募集数は49万6千人で、在籍学生数は163万人になった。

　こうして、高等教育の規模が急に拡大され、従来高等教育が未設置の地域では、新たな高等教育機関が短期間で作り上げられた。同時に、専科レベルの学

校（日本の短期大学に相当する）が続々と本科大学へと昇格し、単科大学が総合大学へと移行することによって、高等教育の規模の拡大が促進された。しかしながら、近年高等教育の質に関する問題が指摘されるようになった。それに対応し、省政府は「規模を安定し、管理を強化し、教育の質を高める」スローガンを打ち出した。しかし、教育内容の改革は十分に進んでいるとはいえない。

3　高等師範系学校における変化

　第2章で記述したように、高等教育制度改革と教員養成制度改革が同時進行で進められたことによって高等師範系学校は改革課題に直面した。山東省においても同様の課題に直面し、省として独自の施策で対応した。それによって、高等師範系学校には以下のような変化があった。

　第一に、高等教育機関の配置調整を受け、師範高等専科学校は一般大学への昇格を図った。1990年代前半には山東省にある一般大学はほとんど済南市、青島市、泰安市と煙台市に集中し、経済発達市のみに大学が集中していた。一方で、それ以外の13地級市は一部には師範高等専科学校あるいはその他の単科大学のみが設置されていた。1995年以来の高等教育機関の配置調整政策に基づき、それらの多くの各市政府は師範高等専科学校と連携し、師範専科学校の昇格を促進した。こうして、2009年末までに、師範高等専科学校9校は相次いで一般大学に昇格し、他の非教員養成系専攻を設置するようになった。

　第二に、高等教育の規模拡大政策に影響され、多くの師範学院は名称変更を経て総合大学へ移行した。従来、山東省には総合大学以外に、理工系学院、医科学院、師範学院と財政経済学院などの単科大学が本科大学として整備されて専門人材を養成してきた。1990年代後半以降、高等教育の規模拡大政策に影響され、各大学は地域の人材需要に応じて学生募集数を拡大した。こうしたなかで、もともと文理学科を有する師範学院はそれらの幅広い専門分野を活用して多様な非教員養成系専攻を増設し、学生募集数を拡大して総合大学への移行を実現した。

第6節
小括——教員養成の実態と高等師範系学校の変化

1 山東省における教員養成の課題

　1980年代後半以降、9年制義務教育の推進に伴って教員不足問題は一層深刻化した。この問題を解決するために、省及び各市政府は積極的に教員養成を拡大し、不適格の教員に対して研修を行った。こうして、山東省の各市においては師範高等専科学校が設置された。それは教員養成教育と現職教員研修を行う主力となった。1990年代以降、こうした施策によって教員不足状況は徐々に改善され、教員の学歴充足率は上昇した。

　しかし、今後10年間、定年による退職教員の増加と基礎教育規模の拡大が進むことが見込まれ、山東省における教員の需要は増加することが明らかである。さらに、経済状況が悪い地域における教員不足は深刻であるために、山東省における教員の量的確保は依然として必要である。また、中央政府は教員学歴水準の高度化を提唱するなかで、山東省はその施策を強く推進した。しかし、教員の学歴水準は依然として低い。1980年代後半以降、大量の民弁教員は短期間の研修を受け、師範学校卒業レベルと認められて正式教員になったが、このように短期間の訓練では必ずしも十分な力量を備えているとは言い切れない。

　こうしたなかで、基礎教育には受験教育から資質教育への改革が進められた。従来、学校現場においては教員中心主義であったものの、「育人為本（人間を育てることを基本にする）」の基本理念が導入された。教員は知識を学生に伝達するだけではなくて、教材に適する教え方で教え、正しい世界観・人生観・価値観をもち、社会的責任感・創造の精神・実践的能力の形成に努めなければならない。教員にとって、専門的な教育理念、教員の倫理・道徳、専門的知識と専門的能力などが必要とされる。教員養成を実施する大学にとっては、どうすれば資質教育に対応できる教員を充分に養成できるかが重要な課題になる。

2　高等師範系学校の「昇格」と「移行」

　1990年代以降の経済発展は著しく、各地域の人材需要は増大した。多様な人材を多く養成するために、省政府は高等教育機関配置の調整と学校規模の拡大に取り組み、各市政府は積極的に高等教育機関の設置に力を入れた。こうしたなかで、高等師範系学校は人材需要に応じて多様な専攻を設置した。同時に、自主財源の確保が求められた高等師範系学校はより多くの学生を募集するように学校規模の拡大にも取り組んできた。そうして、高等師範系学校は各市政府からの支持を受けて次々に大学への昇格と総合大学への移行という変化を遂げてきた。この変化は、高等師範系学校が地域社会の需要と基礎教育、教員養成教育または高等教育の改革の影響を受けて進行した。それは、第1部で検討した中国全体の動向と連動するものである。中国において「大学における教員養成」への改革が省・地域レベルで急激に進められたことを意味している。

　しかし、上述のような高等師範系学校の変化をみると、もともと内陸部に集中する師範高等専科学校は一般大学に昇格するケースが6割を占め、経済条件の良い地域に設置された4割の師範学院は総合大学に移行している。このような変化は省政府と市政府の政策意図と連動する以外に、どのような背景のもとでどう行われたのか。異なる経緯で形成された大学においては教員養成がどのように実施され、地域の教員需要に対してどのような影響を与えているのか。山東省の地域状況を踏まえ、経済と教員需要が違う内陸部と沿海部に着眼して、内陸部にある師範高等専科学校から一般大学へ昇格する事例と沿海部にある師範学院から総合大学へ移行する事例から、この問いに迫ってみようと考える。

注
1）山東省地方史誌編『山東年鑑（2011年）』山東省情資料のデータによる。
2）山東省情資料人口部分「1950〜1988年山東省出産人数と出産率表」
　http://sd.infobase.gov.cn/bin/mse.exe?seachword=&K=a&A=76&rec=7&run=13
　（最終閲覧日：2012年8月16日）により筆者算出。
3）山東省統計局が2011年5月11日に提出した「山東省2010年第6次全国人口

調査主要数値公報」による。
4) 中華人民共和国国家統計局局長馬建堂「第6次全国人口普査主要数拠発布」2011年4月28日　http://www.stats.gov.cn/tjfx/jdfx/t20110428_402722238.htm
（最終閲覧日：2013年8月23日）
5) 省内の国内総生産額と1人当たりの生産額を4省で比較すると、以下のようになる。山東省：25,326億元、27,148元、広東省：29,863億元、32,142元、江蘇省：24,738億元、32,985元、浙江省：17,633億元、35,730元。また、人口数は、山東省9,309万人、広東省9,304万人、江蘇省7,550万人、浙江省4,980万人。
6) 山東省地方史誌編『山東年鑑（1987年）』山東省情資料小中・幼児教育と特殊教育
http://sd.infobase.gov.cn/bin/mse.exe?seachword=&K=d00&A=1&rec=125&run=13
（最終閲覧日：2012年8月21日）
7) 教員が不足する場合、当該する学校は保護者から徴収した財源で給与を支払う教員を雇用することがある。その教員を民弁教員という。一般的に民弁教員の給与は正式の教員の給与よりはるかに安い。
8) 山東省地方史誌編『山東年鑑（1987年）』山東省情資料師範教育
http://sd.infobase.gov.cn/bin/mse.exe?seachword=&K=d00&A=1&rec=124&run=13
（最終閲覧日：2012年8月24日）
9) 1986年9月に山東省教育庁は省所管の高等教育機関の以下の12重点学科を選出した。山東工業大学の機械製造工芸と設備、電力システムとオートマチック、金属材料と熱処理；山東農業大学の農学、野菜学；山東師範大学の中国言語文学、歴史学、生物学；曲阜師範大学の数学、中国言語文学；青島医学院の医学；山東中医学院の中医学。
10) 分類上、学部と同等である。しかし、規模は学部より小さい。
11) 学生総数の約10％を占めた優秀な学生が評価され、二等奨学金が授与される。年間奨学金の額は350元である。
12) 学生総数の約5％を占めた成績優秀かつ思想道徳優秀な学生に授与される。年間奨学金の額は400元である。
13) 政治教育、中国言語学、歴史、英語、数学、物理、化学、音楽、美術の9つの専攻を指す。
14)「義務教育の実施を準備する段階」「初等教育段階の義務教育を実施する段階」「初等教育段階の義務教育を実現し、中等教育段階の義務教育の実施を準備する段階」「中等教育段階の義務教育を実施する段階」「中等教育段階の義務教育を実現し、教育成果を高める段階」
15) 山東省地方史誌編『山東年鑑（1991年）』山東省情資料教育-基礎教育

http://sd.infobase.gov.cn/bin/mse.exe?seachword=&K=d00&A=5&rec=136&run=13
（最終閲覧日：2013 年 8 月 23 日）
16）9 年制義務教育を実現した自治体は省教育委員会に審査の申し込みを提出し、省教育委員会は評価基準に沿い、自らその自治体における 9 年制義務教育の普及状況に関する情報を収集して評価結果を出す。
17）第一は、中学校において総合労働技術教育を実施することである。第二は、各中学校は学生の趣味・愛好に応じて美術、音楽、体育などの特殊学級を作ることである。第三は、学生の志望及び保護者の意見に基づき、高等学校に進学しない学生を対象にして職業技術教育を実施することである。第四は、地域経済の発展状況に応じて職業中学校を設立し、農村地域に初級・中級レベルの技術人材を養成することである。
18）山東省地方史誌編『山東年鑑（2001 年）』山東省情資料教育−総述
http://sd.infobase.gov.cn/bin/mse.exe?seachword=&K=d00&A=15&rec=97&run=13
（最終閲覧日：2012 年 8 月 29 日）
19）普通高等学校、普通中等専門学校、職業高等学校と職業中等専門学校を指す。
20）異なる課程については種類を分けてそれぞれに指導を行い、地域の特徴と子どもの学習状況を考慮しながら、安定的に改革を実施することである。
21）山東省地方史誌編『山東年鑑（2011 年）』山東省情資料教育−基礎教育
http://sd.infobase.gov.cn/bin/mse.exe?seachword=&K=d00&A=25&rec=179&run=13
（最終閲覧日：2013 年 8 月 23 日）
22）山東省地方史誌編『山東年鑑（1991 年）』山東省情資料教育−概述
http://sd.infobase.gov.cn/bin/mse.exe?seachword=&K=d00&A=3&rec=141&run=13
（最終閲覧日：2013 年 8 月 23 日）
23）山東省教育委員会（1989）「山東省中等師範、職業学校、中小学等学校教職工編制標准表（試行）」
24）1990 年から毎年 20 世帯の教育世帯を選出し、省政府は表彰・宣伝をする。この 20 世帯の教育世帯は各学校及び地域教育部門により選出してから省政府に推薦する。選出された教育世帯には、一家族 3 世帯が教育に携わるといった世帯や、辺鄙な農村地域において夫婦 2 人で何十年も教育に貢献してきた世帯、また、一族 7 人が教職に就く世帯などがあった。
25）《国務院関于頒布「国務院関于安置労弱病残幹部暫定方法」〈国務院関于工人退職暫定方法通知〉》（国務院発 [1978]104 号）資料によれば、男性満 60 歳で、女性満 55 歳で、持続的な在職期間は満 10 年の教員が退職する。
26）山東省統計局編『山東統計年鑑（2011 年）』によると、2007〜2010 年の出産児数は 104 万人から 111 万人に増加している。そして、山東省人口変動予測図によれば、この人口増加傾向が今後 10 年続く。

27）山東省政府「山東省教師教育総合改革方案」附文献1「山東省小中学校教員需給、育成規模（2011～2020年）」pp.5-16
28）山東省地方史誌編『山東年鑑（1997年）』山東省情資料教育-基礎教育
http://sd.infobase.gov.cn/bin/mse.exe?seachword=&K=d00&A=11&rec=153&run=13
（最終閲覧日：2012年9月8日）
29）山東省地方史誌編『山東年鑑（2001年）』山東省情資料教育-高等教育
http://sd.infobase.gov.cn/bin/mse.exe?seachword=&K=d00&A=15&rec=97&run=13
（最終閲覧日：2012年8月29日）
30）地方自治体または一般企業が学生育成の契約を大学と結び、大学に授業料を支払い、自ら選んだ者を大学に入学させ、学習させる。その選ばれた学生は委託育成生と呼ばれる。
31）山東省地方史誌編『山東年鑑（1996年）』山東省情資料教育-高等教育
http://sd.infobase.gov.cn/bin/mse.exe?seachword=&K=d00&A=10&rec=153&run=13
（最終閲覧日：2012年8月29日）

第4章

師範高等専科学校から一般大学への昇格における教員養成教育の変化
―A大学の事例分析―

第1節
事例校の概要及びデータ収集の方法

1　A大学の所在地X市

　山東省の内陸部にあるX市は、他の省と隣接し、双方の窓口として、古くから地域の中心の町として発展した地級市[1]のひとつである。X市には5つの市轄区と1つの県級市[2]があり、面積は約5,000km^2、人口は約400万人である。X市は内陸資源を多く有するために、省の石炭、建材、電力や化学工業の基地として計画経済時代には、山東省及び全国に豊富なエネルギー資源を供給した。

　しかし、2000年以降、エネルギー資源の枯渇に伴い、産業構造を転換しなければならなくなった。その後は、新しい時代を迎えるための新興産業、特に電子産業、製薬、石炭化学をはじめ、新型の産業技術を発展させてきた。こうした産業構造の転換のもとで、同市の人材育成も重要な変化を必要とした。

　新たな人材需要の拡大はX市の基礎教育の急速な発展を促してきた。1997年、X市は国家による9年制義務教育の普及に関する審査に合格し、質の高い9年制義務教育の実施に取り組みはじめた。2003年当時、全市の小・中学校の入学率はそれぞれ99.7%と98.8%で、中学卒業生の高等学校進学率は58.8%になっていた[3]。高等学校進学率の拡大とともに大学進学を希望する者の数

も増大している。

しかしながら、2004年3月時点で、山東省内にある33校の本科大学のほとんどは済南、青島、泰安と煙台の4市に配置されており、X市を含む省内の西南部地域には本科大学が設置されていなかった。そのため、X市の優秀な高等学校の卒業生はほとんどX市以外の大学に進学していた。卒業後、X市に戻ってきた大学卒業生は総数の20％にも達していない。とりわけ、X市の産業発展にとって一番需要が多い電子産業、製薬及び化学産業部門の高度専門人材は基本的に地元に戻ってこない。高度専門人材が必要なのに、それを育てる大学がないX市は厳しい高度専門人材の不足問題に直面していた[4]。この現状を改善するために、X市政府は「人材登用」の優遇政策を遂行したが、効果は上がらなかった。

こうしたなかで、X市は、国家が提唱した「生産、学習、科学研究一体化」の発展モデルを実施できない状態であった。また、人材や科学研究の実力不足により、産業構造の転換すら推進できなかった。2003年当時、X市の大学卒の学歴を有する者は全人口の2.3％で、全省平均の3.3％を下回っていた[5]。X市の5カ年計画によると、2007年にX市の主要産業は本科レベル以上の人材8千人以上、基礎教育に携わる本科レベル以上の人材約1万人が必要であった。その他の産業部門の人材需要を含めて計算すると、少なくとも3万人の高度専門人材の育成が必須とされた。

このような状況のもとで、X市の行政と市民は本科大学の設置を強く望んでいた。本科大学の設置はX市の経済発展を促進し、本科大学をもっていない省の西南部地域の歴史に変化を及ぼし、省全体の高等教育機関の配置に重大な影響を与える[6]と予測された。

2 A大学の歴史

A大学の前身はX師範高等専科学校である。同校は1977年にはじめて専科学生を募集し、1984年6月、名称が正式にX師範高等専科学校（以下、X校と

略す)となった。1998年9月、X校、X教育学院とX放送大学の3校統合の改革案が作られ、翌年の3月改革案が省人民政府に認可された。その後、X校はX教育学院とX放送大学を併合し、学生の修業年限を3年に改編した。当時は、中学校教員の養成を主とする教員養成系専攻の専科課程のみで、在籍学生数は約3,000人の小規模学校であったものの、教員養成の質において省教育庁から高い期待を寄せられていた。

2004年5月に、市の協力のもと、X校は高等師範系学校から一般大学に昇格した。一般大学への昇格を皮切りに、本科課程をはじめて設置し、地方の経済と社会の発展に有用な人材を育てるようになった。その後、A大学は本科課程の教育をメインに専科課程の教育も兼ねる普通高等教育を実施すると同時に、社会人向け高等教育と遠隔高等教育も展開してきた。

近年、A大学の教育と学校管理の水準は高く評価され、「X市優秀貢献団体」「山東省思想政治先進大学[7]」「山東省道徳教育優秀大学」などの称号を与えられている。また、12年にわたって省政府に省文明大学と評価され、16年にわたって教育部に全国大学生社会実践活動先進大学と評価された。

3 A大学の現状

2010年現在、山東省における本科大学は計48校で、その内、A大学を含めて師範高等専科学校から本科大学に昇格した大学は9校ある。既述のように、A大学はX市内唯一の普通全日制の公立本科大学で、学校経費はX市財政から支出される。同大学は共産党委員会の指導の下での校長責任制を実施し、校長1人と各担当副校長4人、共産党紀律委員会書記1人を管理組織の核心とし、表4-1に示す管理運営部門と教育組織部門を設置している。

A大学の在籍学生数は、全国の24省から入学してきた12,000人余りである。教職員は988人で、そのうち、専任大学教員は653人である[8]。その内訳は教授と准教授及び高級技術者合わせて258人、学位別では、修士以上の学歴をもつ教員が388人である。表4-1に示したように、A大学には文学、理学、

表4-1　A大学における管理運営部門及び教育組織部門（2010年）

管理運営部門	総務室 （党委員会室、校長室）	教育組織部門	中国言語文学系
	紀律委員会		政治法律と歴史学系
	監督審査処		
	審理会計処		外国語系
	組織部		
	宣伝部		数学と情報科学系
	団組織委員会		
	学生工作処		物理と電子工学系
	学生募集就職処		
	人事処		化学化工系
	教務処*		
	科学技術処		生命科学系
	国際合作交流処		
	計画財務処		観光と資源環境学系
	国有資産管理処		
	後勤管理処		体育系
	基礎建設処		
	保衛処		音楽系
	発展企画処		
	教職工会		美術系
	図書館		
	定年工作処		計算機科学系
	档案館		
	実験室管理処		財政経済学系
	生涯学習教育学院 （放送大学）		
	教学評価処		教育技術と伝播系
	インターネットと現代教育技術センター		国際学院
	大学新聞編集部		

注：＊-A大学における処は日本の大学組織の部に相当する。例えば、教務処は教務部に相当する。
出典：A大学総務室（2010）「2010年高等教育統計表」に基づき筆者作成

法律学、工学、管理学、教育学、歴史学の7つの学科に関連する14系と1国際学院が設置されている。専攻に関しては、35本科レベルの専攻（うち、教員養成系専攻14専攻、非教員養成系専攻21専攻）と34専科レベルの専攻（うち、教員養成系専攻13専攻、非教員養成系専攻21専攻）を設けている。

　学校の敷地は66.7haで、校舎建築面積は30万㎡である。大学の図書館建築面積は16万㎡で、図書館蔵書は108万冊である。また、同大学は積極的に国際教育交流を展開し、韓国マサン大学、オーストラリア南オーストラリア州の職業技術・教育学院、ロシアのボシビルスクの技術大学、フランスのナンター大学[9]などの10校と姉妹校提携をした。

4　データ収集の方法

　本章では、A大学における師範高等専科学校から一般大学へ昇格の過程と教員養成の変化を明らかにする。ここで取り扱う事例に関するデータは、主として2011年4月の大学訪問調査による文書資料及びインタビューによっている。

　収集した文書資料は、X校時代の大学教育に関する文献（1999～2003年）、「学校年鑑（2000～2004年）」「学校基礎資料報告表（2000～2004年）」「教学計画書（2000～2004年）」、各学系の「発展状況報告書（2000～2004年）」、昇格に関する申請資料と「X校からA大学への昇格報告書」、市政府の関連議事録である。また、A大に昇格後の「学校年鑑（2005～2008年）」「学校基礎資料報告表（2005～2007年）」、A大学の管理運営に関する文献資料（2004～2006年）、「教学計画書（2005～2010年）」「大学発展企画（2004～2010年）」「校長工作報告（2002～2010年）」などである。

　X校の2000～2004年の教学計画書、A大学の2005～2010年の教学計画書の収集・分析を踏まえて、中国言語文学系と外国語系を選定した。ここで、この2系を選定する理由を述べる。第一は、A大学の改革前後の教員養成の実態を解明できる。14系のうち、この2系は改革以前に設置され、大学の改革を経て教員養成を実施しつつあるが、非教員養成系専攻も増設された系である。

表4-2　インタビュー調査の基本データ

分類	対象	所属	職務	調査時期
管理担当者	M教授	科学研究処	処長	2011年4月25日
	L教授	教務処	処長	2011年4月25日・27日
	S教授	中国言語文学系	系書記*	2011年4月26日
	G教授	中国言語文学系	系長	2011年4月26日
	C教授	外国語系	系長	2011年4月26日・27日
授業担当者と一般職員	Z氏	教務処教務課	一般職員	2011年4月25日
	Y講師	中国言語文学系	教員養成系専攻教員	2011年4月27日
	J講師	中国言語文学系	教員養成系専攻教員	2011年4月27日
	W講師	外国語系	教員養成系専攻教員	2011年4月27日
	H講師	外国語系	教員養成系専攻教員	2011年4月27日

注：調査実施の時間順　*－各系のなかに入っている共産党組織の役職である。

　この2系についての調査から、非教員養成系専攻の増設が教員養成系専攻に対する影響及び教員の認識と対応の変化を見出すことが可能だと考える。第二は、系の規模が大きく、豊かな教員養成の実績を有する。14系のうち、これらの2つの系は他の系と比べて大規模であり、学内では重要な位置にある。また、小・中・高等学校には中国語教科と英語教科の教員需要が多く、長い間にわたってこの2系は地域に大量の教員を育成してきた。2系についての調査を通して、教員養成カリキュラムと学生数の変化を解明でき、「教員の専門的力量」についての考え方を把握できる。

　それから、2系の教員養成系専攻のカリキュラムの変化について重点的に分析するとともに、教員養成系専攻の教職員に予備調査を行った。文書資料の分析結果と予備調査の結果に基づき、A大学の管理担当者と授業担当者及び一般職員に対して面接インタビュー調査（表4-2参照）を実施した。

　本研究で分析対象とするA大学は、第2章と第3章で論じた中央と省の教育政策を受け、X市政府の主導のもとで、師範高等専科学校から一般大学へ昇格した事例である。A大学についての実証研究を通して、「昇格」という形で「大学における教員養成」への改革がどう進められ、そこでの教員養成はどの

ように変化したのか解明することが可能といえよう。

第2節
師範高等専科学校から一般大学への昇格の背景と経緯
1 昇格の政策背景及び展開過程
(1) 政策背景

　大学合併を含む高等教育体制の再構築を奨励し、高等教育の改革を促進するという国の意向を受け、1999年、省政府は省全体の高等教育機関の配置状況を踏まえ、大学未設置の地域に大学を創設する必要性を提言した。各市においていくつかの高等教育機関が併存している場合は、ひとつの大学に統合・昇格させることと、大学未設置の市においては新たに大学を設置するよう定めた。

　一方、教員養成教育の水準を高めるために、中央政府は一般大学が小・中学校教員の養成に参入することを奨励し、条件を備えた地区では小・中学校の教員の学歴要件を専科と本科レベルに引き上げることを決定した。こうして、非教員養成系専攻の卒業生や社会人でも、教員資格検定、試験、認定などによって教師資格証明書を取得して教職に就くことができるようになった[10]。中央政府の政策に従い、2003年、省政府は従来の「3段階の養成体制」を「2段階の養成体制」に転換することを決めた。

　以上の中央と省の教育政策を受け、X市政府は地域経済の発展及び住民のニーズを踏まえ、市内唯一の高等教育機関であったX校を大学に昇格させることに力を入れた。

(2) 昇格に関する準備過程

　1999年、X校は教育学院・放送大学との統合及び3年制への改革を実施すると同時に新たな改革に取り組み、「2001～2005年X校事業発展計画」を策定した。それは「2001～2005年の5年間はX校に総合性地方大学を創設する重要な時期であり、全面的に昇格を推進し、多機能、多専攻、多学科の建設を

促進する」と記した。2001年6月、市政府は「X市人民政府A大学設立計画決定」を公布し、A大学を設立する必要性を論じたうえで、市政府が資金投入と政策優遇によりA大学の建設を促進することを決定した[11]。その後、A大学の設立実施案[12]を打ち出した。

まず、A大学を設立する必要性についての認識を拡大する必要があった。A大学の設立は市共産党委員会・市政府にとって、市の全面的な社会・経済の発展を促進する振興策である。高等教育の発展を促進することは、X市が経済、文化、科学技術を発展させて、都市化を進めるために不可欠であると同時に、基礎教育を発展させて教育資源をより合理的に活用するためにも必要であるとされた。具体的には、次の4点である。

第一に、高等教育の発展はX市の経済モデルの転換を促進する原動力となる。第1節で述べたように、2000年以降、X市においては工業構造の転換が行われている。工業構造の転換は科学技術人材の増加と一般労働者の資質の強化を必要とする。高等教育の発展は技術発展と社会進歩の原動力となり、経済モデルが転換する基礎である。

第二に、高等教育の発展はX市の経済発展の新たな成長点となる。高等教育は公教育である一方、市場属性をもつ知識産業でもある。高等教育の規模拡大とレベルの上昇によって、関連する産業の発展が促進され、新たな社会投資と消費領域が作られる。

第三に、高等教育の発展は、X市により多くの資質の高い人材を育成し、市民全体の文化水準を高めることに資する。大学は地域出身の大学生を育成するだけでなく、ほかの地域から資質の高い人材を集め、市全体の人口の文化的資質を高めることになる。

第四に、高等教育の発展は市民の所望に応える。X市民は高等教育を受ける願望が強いことと、X市が提供できる高等教育資源が足りなかった現実は大きな矛盾である。高等教育の発展を促進することは、実際に市民の需要を満足させることである。

こうして、大学の設置に関する具体的な実施案が打ち出された。X市は、全体的な目標として、2003年にはA大学の建設準備に関する施策を提示し、2006年までにA大学を優秀な本科大学に昇格させ、2010年に収容定員1万人を達成させる。具体的には、以下のとおりである。
① 所要資金の投入について
　A大学への昇格には2.5億元が必要とされる。X市の実情に基づき、A大学の建設目標を達成させるために、多元化の資金投入システムを作る。まず、商業銀行からの借入れを利用する。それに対し、財政予算から毎年500万元を借入れの利息として商業銀行に支払う。その後、元金の返済は主に大学の徴収金から支出する。大学の厚生サービスを民営化し、社会に向け資金を募集する。優遇政策を通して、資金の節約を確保する。例えば、都市建設費、都市計画管理費、消防施設費用、建築土地企画費、土地造成調整費、建設騒音汚染対策費など23項目の行政費用が半額免除される。
② 大学の建設規模と敷地について
　A大学の建設をX市の都市計画の一部と位置づけ、X校の敷地に、新たに24万m^{2}の校舎を建設する。2001年末までに、A大学の建設計画の全体構想と2002〜2003年の具体的な校舎の建設目標を達成する。校舎建設は市計画委員会が担い、土地購入費と校舎建設費用は市財政局が負担する。
③ 大学の学科建設と大学教員の募集について
　学科の建設を強化する。教員養成教育をはじめとして、非教員養成教育、職業技術教育と成人教育を兼ね、多学科の本科大学にする。A大学は、全省に向けて中等教育機関の優秀な教員を育成し、地域経済の発展に資質の高い人材を育成する。社会需要に応じて、専攻の調整を行い、伝統的な専攻を改編し、製薬、企業管理と国際経済貿易などの新たな専攻をできるだけ多く増設する。教育の質を確保するために、優秀な大学教員を確保する。まず、有用な人材を登用するために、優遇政策を打ち出し、優れた教育・研究環境を用意する。次に、現職の大学教員に研修を受けさせ、教育と研究の能力を高める。

(3) X校からA大学への昇格過程

　上述の実施案に基づき、2001年10月にA大学設立準備委員会が開かれ、A大学の設立に取り掛かった。その後、市政府がA大学の設立をめぐり、市長参与の専門会議が2回開かれ、A大学の設立が市の人材需要問題及び経済発展に資する効果を分析した。そのうえで、「A大学設立論証報告」を制定し、2002年6月28日に「X市人民政府A大学設立申請[13]」を山東省人民政府に提出した。2003年1月15日、省政府が市政府の申請に対する審議を通し、A大学の設立に関するすべての責任をX市に委任するとともに、A大学の設置の所要資金をX市により整備する[14]ことを決定した。

　決定に従い、X校はX市の各部門と協力し、基礎設備の建設、学科・専攻の設置と教職員の配置を進めたうえで、X師範学校、X経済学校を統合した。2003年4月、市政府は省人民政府に「A大学設立評価審議申請書」を提出し、X校を母体とした大学の設立準備を終え、本科大学の設立標準を満たす[15]ことを報告した。それと同時に、山東省政府からの評価を申請した。2003年6月、X校は山東省大学設置評価委員会を迎え、A大学設立に関する評価を受けた。

　後に、市政府は評価委員会の設立準備に関する意見により、A大学設立を促進する通知[16]を出した。それは、学校建設用地をさらに13.7ha拡張し[17]、土地使用費を国家規定の最低金額で納めること、校舎建設の費用問題、教員の優遇招聘制度、財政問題[18]などを明確に記した。2003年8月8日、省政府は評価委員会の評価結果に基づき、A大学の設立を認め、教育部にA大学設立案を提出した[19]。翌年5月、X校が中国大学設置評議委員会からA大学の設立に関する評価を受け、教育部によるA大学の設立許可[20]を受けた。

2　大学理念の変化

　X校は設立されて以来、20年間にわたって、優秀な中学校教員の養成を人材育成目標にしてきた。表4-3に示したように、1997年から1999の教員養

表4-3 X校における卒業生状況(1997～1999年)　　(人)

専攻	1997年卒業生数	1998年卒業生数	1999年卒業生数	3年間計
中国言語文学教育	90	125	131	346
政治思想教育	48	43	49	140
歴史教育	—	38	41	79
英語教育	139	84	84	307
数学教育	169	101	114	384
物理教育	38	43	39	120
化学教育	33	44	35	112
生物教育	36	43	37	116
地理教育	35	39	37	111
体育教育	46	49	52	147
音楽教育	27	30	33	90
美術教育	30	29	31	90
計算機科学教育	—	37	41	78
合計	691	705	724	2,120

出典：X校教務処(2003)「卒業生統計」に基づき筆者作成

成系専攻13専攻の卒業生数は計2,120人であった。そのうち、3分の2以上の卒業生がX市の中学校に勤務し[21]、中等教育機関の中堅教員になっている[22]。だが、1999年の3校合併をきっかけに、X校は「社会経済の発展に相応しい実践力をもつ質の高い新型人材を育てる[23]」ことを打ち出した。

2000年以降、X市における人材需要はさらに増えた。そのなかで、X市は本科大学の設立を促すために、X校向けの優遇策を決め[24]、A大学設立準備委員会を設置して昇格手続きを進めた。昇格の準備期にあったX校は、「2005年までに経済建設と社会発展需要に適応した学科及び専攻を設置し、教員養成系専攻をはじめ非教員養成系専攻と高等職業教育専攻を増設し、普通高等教育、成人高等教育、職業高等教育の協同的発展を遂げる大学になる[25]」ことを目標に掲げた。

2004年5月、X校は中国大学設置評議委員会から昇格許可[26]を受け、本科大学となった。昇格後、A大学は「専科教育から本科教育へ・教員養成教育か

表4-4 昇格前後における教育組織部門の変遷(1977〜2010年)

創設年	統合直後 (1999年)	昇格直前 (2004年)	現在 (2010年)
1977	中国言語文学系 (養成1[*1]、非1[*2])	中国言語文学系 (養成1、非2)	中国言語文学系 (養成1、非3)
1980	政治教育系(養成2)	政治法律と歴史学系[*3] (養成2)	政治法律と歴史学系 (養成2)
1978	英語教育系(養成1)	英語系(養成1、非1)	外国語系[*5] (養成1、非3)
1978	数学教育系 (養成1、非1)	数学と情報科学系[*3] (養成1、非1)	数学と情報科学系 (養成1、非1)
1978	物理教育系 (養成1、非1)	物理と電子工学系[*3] (養成2、非1)	物理と電子工学系 (養成1、非5)
1977	化学教育系(養成1)	化学化工系[*3] (養成1、非1)	化学化工系 (養成1、非5)
1983	生物教育系 (養成1、非1)	生物系(養成1、非1)	生命科学系[*6] (養成1、非4)
1984	地理教育系(養成1)	観光と資源環境学系[*3] (養成1、非1)	観光と資源環境学系 (養成1、非4)
1988	体育教育系(養成1)	体育系(養成1、非1)	体育系(養成1、非1)
1992	音楽教育系(養成1)	音楽系(養成1、非1)	音楽系(養成1、非2)
1990	美術教育系(養成1)	美術系(養成1、非1)	美術系(養成1、非3)
2000		計算機科学系[*4](非1)	計算機科学系(非6)
2002		財政経済学系[*4](非3)	財政経済学系(非4)
2002		教育技術学系[*4](非1)	教育技術と伝播系[*7] (養成2、非2)
2010			国際学院[*4](非1)

注:*1-教員養成系1専攻を指す。*2-非教員養成系1専攻を指す。*3-2002年、名称変更。*4-増設した系である。*5-2004年、名称変更。*6-2007年、名称変更。*7-2005年、名称変更。
出典:学長事務室編(2000)『S師範高等専科学校2000年鑑』、学長事務室編(2005)『A大学2005年鑑』、A大学教務処(2010)『2010年教学計画』に基づき筆者作成

ら非教員養成教育へ・基礎教育の発展を促すことから経済社会の発展を進めることへ」と従来の理念を修正して本科大学への針路を明確にした[27]。こうして、省の西南部地域ではじめての本科大学が創設され、省政府は省全体の高等教育機関の構造調整に相応しいと評価した[28]。

3 昇格後における系・専攻の変化

統合直後の1999年、X校は表4-4に示したように11学系の普通高等教育の教員養成系12専攻と非教員養成系4専攻。それ以外に、成人高等教育と遠隔高等教育向けの非教員養成系6専攻を設置した[29]。普通在籍学生数2,500人、成人教育在籍学生数は5,496人に上った[30]。

1999年、X校5届第3次教職員代表大会における学長工作報告には、「積極的に条件を作り、計画的に非教員養成系専攻の規模を拡大する」ことを唱え、2000年度に普通高等教育と成人教育を合わせて非教員養成系専攻を18専攻まで増やす[31]ことを設定した。具体的な目標としては、「2000年までに、修業年限3年制の普通高等教育の教員養成系12専攻と非教員養成系5専攻、成人高等教育の非教員養成系10専攻、高等職業技術教育2専攻を設置し、さらに中国言語文学教育専攻と数学教育専攻等の2〜3専攻を本科課程の専攻に昇格させる」と決定した。

2001年9月10日にX校が作成した専攻設置計画[32]には主に2点を巡って次のように述べられている。第一に、重点専攻の創設を強化する。第二に、地方の経済文化発展の需要に応じて学科構造を調整し、非教員養成系専攻を新たに設置する。2002年度には非教員養成系専攻と教員養成系専攻の設置比率を6対4に変更した。2004年の昇格直前には、X校は表4-4に示した14系、29専攻をもち、その内訳は、教員養成系13専攻と非教員養成系16専攻であった[33]。それ以外に、成人高等教育の18専攻を設けた[34]。

2004年5月、X校が師範高等専科学校から一般大学に昇格し、X市の地方の経済と社会の発展に有用な人材育成を目指すようになった[35]。2010年現在、表4-4に示したように、14系と1国際学院が設置されている。系の変化は、次のような特徴をもっている。

① 多様な人材を育成する。設置した系は文学、理学、法学、工学、管理学、教育学、歴史学の7つの学科に関連し、多様な人材を育成できるようになっている。

表4-5 昇格前後における学生数の変化(2001～2007年)

学生数(人) \ 年度		2001	2002	2003	2004	2005	2006	2007
新入生	教員養成系	1,007	1,438	2,250	1,933	1,240	449	455
	非教員養成系	567	962	1,371	1,888	1,983	2,861	3,234
	合計	1,574	2,400	3,621	3,821	3,223	3,310	3,689
卒業生		732	1,089	955	1,817	2,150	2,454	3,271
在籍学生		3,569	4,875	7,181	9,255	10,019	11,278	10,437

出典：X校、A大学(2001～2007)『普通高等学校統計報告』に基づき筆者作成

② 教員養成教育から非教員養成教育へと重心を移行している。各系は名称変更を通して、X校時代の教員養成教育の色を薄め、非教員養成教育に重点を置くようになっている。

③ 新設された系の学生定員が急速に拡大している。2000年以降増設した計算機科学系、財政経済学系と教育技術と伝播系の規模が急速に拡大している。

専攻設置に関しては、教員養成系14専攻と非教員養成系44専攻が設置されている。昇格後、教員養成系専攻の増設は1専攻(幼児教育専攻)だったのに対して、非教員養成系専攻は28専攻が増設された。既述のように、産業構造の調整を行っているX市は、特に、電子産業、製薬、石炭化学や財政経済の高度人材に対するニーズが大きくなった。こうしたなかで、A大学は機械設計と製造専攻、電子工学と自動化専攻、インターネット工学専攻、応用化学専攻、食品科学専攻、財務管理専攻などの非教員養成系専攻を設置した。

専攻の規模に関しては、大学全体から見れば、昇格後の教員養成系専攻の規模は縮小する傾向がある。表4-5に示したように、2004年の昇格をきっかけに、A大学における教員養成系専攻の学生募集数は大きく減少している。一方で、2001年に学生募集を始めた非教員養成系専攻は2007年に3,234人へと増加した。

こうした系・専攻の変化から、大学昇格によって、大学全体における教員養成の位置づけが変化したことが見られる。昇格後、A大学においては非教員養

成系専攻の増設と非教員養成教育の実施を充実させる一方で、教員養成教育を計画的に縮小させている。この変化から、既述の大学理念の変化に合わせて、A大学における教員養成の位置づけの低下傾向を推測できる。

第3節 一般大学昇格後における教員養成カリキュラムの変化

1 教員養成系専攻における本科カリキュラムの特徴

　A大学の教員養成系専攻のカリキュラム設置は、概ね一般教養課程、教科専門教養課程、教職専門教養課程と実践活動課程という4つの領域に分けられる。表4-6は、中国言語文学教育専攻が2002年の入学生を対象に、制定した授業計画である。4つの課程によって全体の教育課程が構成され、学生は在学する3年間に2,256時間の授業を受ける。

　しかしながら、大学への昇格に伴い、修学年限は3年間から4年間へと延長された。そのことは教員養成教育の内容構成にどのような変化をもたらしたのか。中国言語文学系と外国語系の教員養成系専攻の教授・学習計画の分析から、それぞれの課程の変化を解明した。そこで、両系の教員養成系専攻における本科カリキュラムについては次の4つの特徴が明らかになった。

表4-6　中国言語文学教育専攻2002級課程計画

種類	課程	一般教養課程	教科専門教養課程	教職専門教養課程	実践活動課程*	総計
必修	授業時間数	708	1,068	172	—	1,948
	割合（%）	31.4	47.3	7.6	—	86.3
選択履修	授業時間数		308		—	308
	割合（%）		13.7		—	13.7
計		708	1,376	172	—	2,256

注：*-本課程は主に軍事訓練、社会実践、教育見学・実習、卒業教育、文献検索及び卒業論文設計によって構成され、一部の実践活動課程の実施期間は冬休みあるいは夏休みである。X校においては実践活動課程が一般教養課程、教科専門教養課程、教職専門教養とは別扱いにされ、その実施時間数が授業時間数にカウントされていない。
出典：X師範高等専科学校教務処（2002）『2002級専攻教学計画』p.19

(1) 一般教養の拡充

一般教養について次の4点が明らかになった。

第一にいえることは、一般教養科目数の増加である。昇格前、中国言語文学教育専攻の一般教養科目は英語（ⅠⅡⅢⅣ）、パソコン文化基礎（ⅠⅡ）、体育（ⅠⅡⅢⅣ）、思想道徳、法律基礎とマルクス主義基本原理・毛沢東思想概論・鄧小平理論概論の5科目であった。英語教育専攻の一般教養科目はパソコン文化基礎（ⅠⅡ）、体育（ⅠⅡⅢⅣ）、思想道徳、法律基礎とマルクス主義基本原理・毛沢東思想概論・鄧小平理論概論の4科目であった。

昇格後、2専攻の一般教養科目数ともに9科目に増大した。中国言語文学教育専攻において設置された一般教養科目は思想道徳修養と法律基礎、マルクス主義基本原理、毛沢東思想と中国の特色ある社会主義理論体系概要理論、中国近現代史綱要、形勢と政策（1～8）、大学英語（ⅠⅡⅢⅣ）、大学体育（ⅠⅡⅢⅣ）、パソコン文化基礎及び大学生職業発展就職指導である。また、英語教育専攻において設置された一般教養科目は思想道徳修養と法律基礎、マルクス主義基本原理、毛沢東思想と中国の特色ある社会主義理論体系概要理論、中国近現代史綱要、形勢と政策（1～8）、中国言語文化学、大学体育（ⅠⅡⅢⅣ）、パソコン文化基礎及び大学生職業発展就職指導である。

第二は、総授業時間数に占める一般教養科目時間数の割合の増加である。一般教養科目数が増えたのみならず、その総授業時間数に占める割合も増加している。図4-1に示したように、2001年には、中国言語文学教育専攻の一般教養科目時間数の割合が25.6％であったが、2004年の大学への昇格時に、一般教養科目の授業時間数の割合は一気に36.6％へと増加した。その後、大学における授業時間数の調整を経て、一般教養科目の授業時間数が減っても、総授業時間数に占める割合は30.0％以上である。英語教育専攻では、2001年、総授業時間数に占める一般教養科目時間数の割合は16.0％であったが、大学へ昇格した2004年時点で、一般教養科目の授業時間数の割合は23.7％へと増え、一時期は減少したものの、2008年から再び増加し始め、それ以降3年連続で

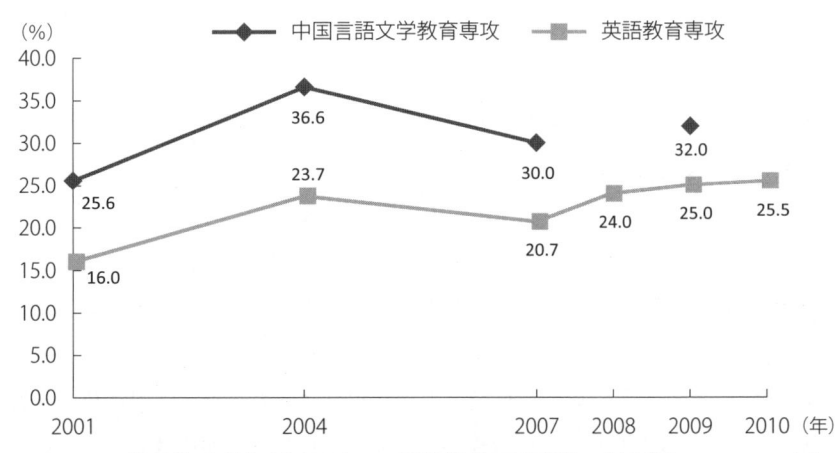

図4-1　教員養成系専攻における一般教養科目時間数の割合*（2001～2010年）

注：*－総授業時間数に占める一般教養科目の授業時間数の割合を指す。2002年、2003年、2005年、2006年と2008年の一部のデータは収集できなかったために、図に反映されていない。
出典：X師範高等専科学校教務処（2001）『X校2001級専攻教学計画』、A大学教務処（2004、2007～2010）『2004級 2007～2010級本科専攻教学計画 0』に基づき筆者作成

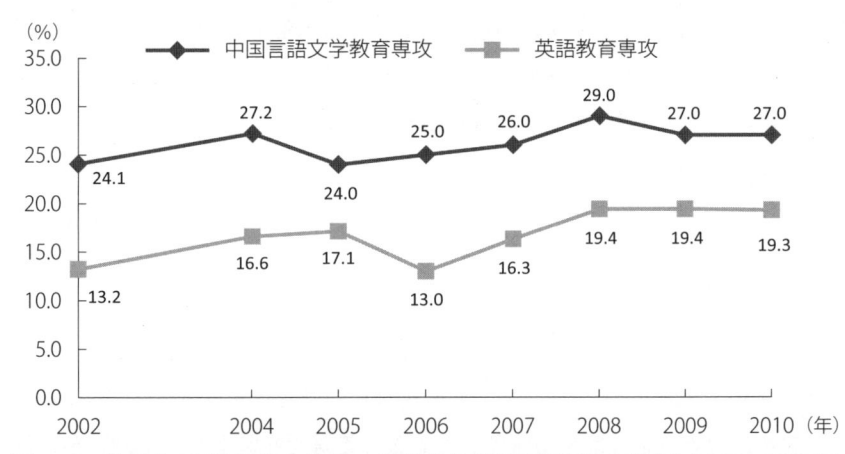

図4-2　教員養成系専攻における一般教養必修科目単位数の割合*（2002～2010年）

注：*－総単位数に占める一般教養必修科目の授業単位数の割合を指す。2003年のデータは収集できなかったために、図に反映されていない。
出典：X師範高等専科学校教務処（2002）『X校2002級専攻教学計画』、A大学教務処（2004～2010）『2004～2010級本科専攻教学計画』に基づき筆者作成

増加した。

　第三は、総単位数に占める一般教養必修科目単位数の割合の増加である。図4-2に示したように、2002年には中国言語文学教育専攻において設置された一般教養必修科目の単位数が総単位数に占める割合は24.1％であった。2004年の昇格時に、その割合は急増し、27.2％となった。2005年には一旦元に戻ったものの、2006年以降再び増加傾向が強まり、近年にはその割合は常に27.0％を維持している。また、2002年には英語教育専攻において設置された一般教養必修科目の単位数は13.2％であった。中国言語文学教育専攻と同様に、2004年に16.6％まで急増し、さらに2005年には17.1％となった。2006年に一時急減しているように見えるのは、一部の科目を一般教養の選択履修科目に変更したためである。2007年以降には、選択履修科目が再び必修科目と

表4-7　A大学における本科カリキュラムの一般教養選択履修科目の設置状況（2005年）

領域	カリキュラム名	単位数	授業時間数
教育素質	思惟方法と言語表現	2	38
	標　準　語	1	19
	書　　道	2	38
	多媒体課件制作*	2	38
人文素質	現代世界経済と政治	2	38
	言　語　学　通　論	2	38
	心　理　衛　生	2	38
	英　語　選　修	2	36
	中　国　文　化　概　論	2	38
科学素質	科　学　技　術　概　論	2	36
	大　学　撮　影	2	36
	科　学　と　社　会	2	36
体芸素質	音　楽　鑑　賞	2	36
	芸　術　編　結	2	36
	形　体　と　健　美	2	36

注：*-マルチメディアコースウェアの制作である。
出典：A大学教務処（2005）『2005級本科専攻教学計画』に基づき筆者作成

され、2008年以降には、その割合が19.0％強の水準を維持している。

　第四は、全学共通履修科目としての素質課程（一般教養選択履修科目に相当する）の新設である。素質課程の設置原則は、その地域の基礎教育が教員の資質能力に対する要求に応じなければならないことである。素質課程の構成は地域の社会、経済、文化と教育発展の需要に対応し、教育素質、人文素質、科学素質と体芸素質の4領域に分けられ、通常第5～6学期に開講され、学生の知識領域を広げ、職業技能を強化し、科学文化素質を高め、文理系の相互学習を促すことを目指している。

　教学計画表の分析によれば、各系において素質課程が設置されたのは2004年である。大学は学生が同時に4領域から少なくとも10単位（1科目を約36時間履修して2単位の取得）を選択履修することとしている。しかしながら、各系

表4-8　A大学における本科カリキュラムの一般教養選択履修科目の設置状況（2010年）

領域	カリキュラム名	単位数	授業時間数
教育素質	教学設計理論と実践	2	34
	現代教育理念と教師基本技能訓練	2	34
	現代教育技術	2	34
	多媒体課件制作	2	34
人文素質	現代世界経済と政治	2	34
	中国十大文化精神	2	34
	墨子研究	2	34
	紅楼夢研究	2	34
科学素質	創新学	2	34
	数学発見の歴史と思想	2	34
	自然科学概論	2	34
	多媒体作文とホームページの制作	2	34
体芸素質	映画芸術鑑賞	2	34
	体育舞踊	2	34
	バドミントン	2	34
	健康形体	2	34

出典：A大学教務処（2010）『2010級本科専攻教学計画』に基づき筆者作成

においては資質教育を領域に分けたものの、具体的なカリキュラムを設けていないことが多かった。例えば、中国言語文学教育専攻の教学計画表には一般教養選択履修科目という項目があったが、実際の科目名は示されていなかった。そして、取得する単位数も大学の規定より少なく、4単位を選択履修することとした[36]。

表4-7に示したように、2005年には一般教養選択履修科目として設置されたカリキュラムが明示された。しかし、その一部は従来設置されていた一般教養必修科目や教職専門教養科目のカリキュラムとの重複が存在していた。例えば、人文素質の英語選択履修科目は一般教養必修科目である大学英語と類似し、教育素質領域の標準語、書道は教職専門教養科目の標準語と書道に重複した。それ以降、重複が調整され、2010年現在、一般教養選択履修科目は表4-8に示した通りである。

(2) 教科専門教養の強化

教科専門教養については、主に次の2点をめぐって強化が図られた。

ひとつは、専攻の教科選択履修科目数(以下、教科選択科目と略す)の増加である。教員養成系専攻の選択科目は専攻特色科目と専攻関連科目で構成され、主に教科内容に関する基礎知識を強化し、学問水準の向上を狙いとする。表4-9に示したように、中国言語文学教育専攻の教科選択履修科目では教科に関連する科目数が2001年の10科目から2004年の22科目に、英語教育専攻では2001年の10科目から2004年の20科目に増えた。

新たに設置された教科選択履修科目から、中国言語文学教育専攻は教育の内容が従来に比べ、豊かになったことが明らかである。欧米文学や現代文学に関する知識内容を充実し、学生の学問知識・学習範囲を広げる狙いが見られる。同様に、英語教育専攻は応用文作文、欧米文化入門、文体学と語用学などの科目を増設しているが、それは学生の専門知識を広げる狙いだろう。また、英語教育専攻においては増設した教科選択履修科目は、教員養成系専攻の範囲を超

表4-9 中国言語文学系・外国語系教員養成系専攻における教科選択履修科目の設置状況

中国言語文学教育専攻（時間数*1）		英語教育専攻（時間数*1）	
2001年教科選択科目	2004年教科選択科目	2001年教科選択科目	2004年教科選択科目
比較文学（36）	古代文論（36）	英語中国語翻訳（52）	新聞選読（38）
美学（24）	欧米文論（36）	英米文学（52）	文体学（36）
公務文章作文（42）	欧米美学史（36）	第二外国語（52）	語用学（38）
科学研究論文作文（28）	常用文体作文（40）	貿易英語（24）	第二外国語（38）
紅楼夢研究（36）	科学研究論文作文（20）	言語学（52）	英語語彙学（38）
台湾・香港散文研究（36）	閲覧学（36）	語彙学（52）	インターネット読書（36）
中外演劇研究（24）	中外演劇研究（36）	英米新聞選読（52）	科学技術英語（38）
魯南作家研究（42）	映画芸術鑑賞（36）	英米散文選読（52）	ビジネス英語（36）
映画芸術鑑賞（28）	映画文学（36）	高級通訳（52）	応用文作文（38）
映画文学（28）	比較文学（36）	高級翻訳（52）	心理言語学（38）
文化言語学*2	90年代小説研究（36）		秘書英語（38）
言語交流*2	新時代小説発展史（36）		観光英語（36）
修辞研究*2	台湾文学史（36）		英語文学作品読書（44）
謬誤と詭弁研究*2	台湾・香港散文研究（36）		欧米文化入門（38）
漢字学*2	現代女性作家研究（36）		英語検定法（36）
講演と弁論*2	紅楼夢研究（36）		英語新聞作文（36）
	歴史散文研究（36）		英語修辞学（38）
	魯南作家研究（36）		言語学習理論（36）
	墨子研究（36）		国際貿易実務（38）
	『論語』研究（36）		就職指導（12）
	大衆文化研究（36）		
	中国古典美学（36）		

注：*1-該当科目の授業時間数を指す。*2-学年ごとに開講されるわけではないので、該当する科目は実際に2001年には開講しない。翌年には前年度開講された一部分の科目と入れ替え、開講する予定である。
出典：X師範高等専科学校教務処（2001）『X校2001級専攻教学計画』、A大学教務処（2004〜2010）『2004〜2010級本科専攻教学計画』に基づき筆者作成

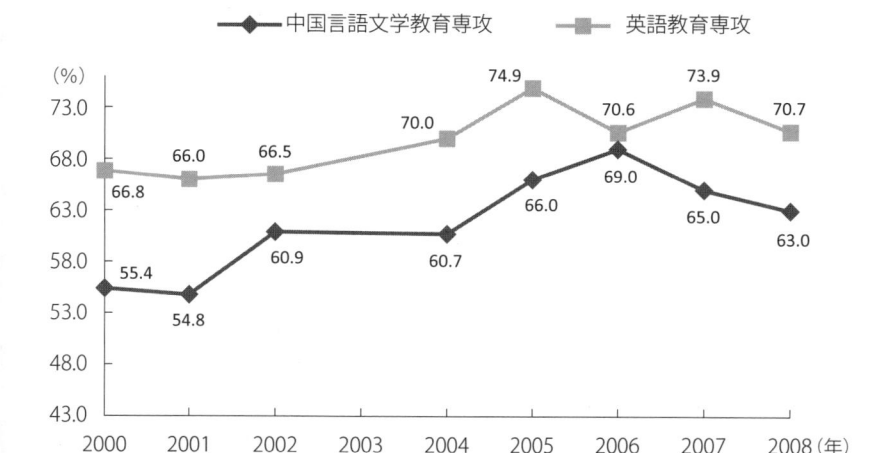

図4-3 教員養成系専攻における教科専門教養科目の授業時間数の割合(2000〜2008年)
注：＊-総授業時間数に占める教科専門教養授業時間数の割合を指す。
出典：X師範高等専科学校教務処（2000〜2003）『2000〜2003級専攻教学計画』、A大学教務処（2004〜2008）『2004〜2008級本科専攻教学計画』に基づき筆者作成

えた科目が多数ある。科学技術英語、ビジネス英語、観光英語、秘書英語と国際貿易実務などの増設は教員養成系専攻の学生に非教員養成系専攻の専門知識を提供し、就職の幅を広げる意図が考えられる。一方で、将来英語教員となる者に、より子どもの学習特徴を理解させるために、心理言語学、英語検定法と言語学習理論も増設されている。

2つめは、総授業時間数に占める教科専門教養科目時間数の割合の増加である。図4-3に示した通り、中国言語文学教育専攻では教科専門教養の授業時間数の割合が2000年の55.4%から2004年に60.7%に増え、2006年には69.0%まで増加し、以降も60.0%以上を占めている。また、英語教育専攻では教科専門教養の授業時間数の割合は2000年の66.8%から2004年の70.0%に増え、2005年には74.9%まで増加し、それ以降は70.0%以上の割合を維持している。また、図4-3によれば、両専攻においては、教科専門教養科目時間数が一旦増えた後で、それぞれ減る傾向が見られる。つまり、両専攻はともに、

教科専門教養科目時間数が過度に増加しないようにその授業の時間数を調整していると考えられる。

(3) 教職専門教養科目の位置づけの低下

　一般教養と教科専門教養がいずれも拡充される一方で、教職専門教養の位置づけは低下している。

　ひとつは、カリキュラム上の位置づけの変化である。昇格前、教職専門科目は教員養成系専攻向けの必修科目として独立していた。それは主に教育学、心理学、教員授業用語[37]、書道、現代教育技術によって構成されていた。だが、昇格後、一部の教職専門教養科目は専攻選択科目に変更され、他の選択履修科目と同じカテゴリーに移された。

　表4-10に示したように、昇格前、中国言語文学教育専攻の教職必修科目は

表4-10　昇格前後における教職専門教養科目の設置状況

専攻	教員養成系専攻	昇格前（2002年）	昇格後（2009年）
中国言語文学教育専攻	科目（単位数）	教職必修科目：教育学(2)、心理学(2)、教員授業用語(1)、書道(1)、現代教育技術(4)、教法Ⅰ・Ⅱ・Ⅲ(6)	必修科目：教育学(2)、心理学(2)、中国言語教授・学習論(3) 選択履修科目：教育思想(2)、教育設計理論と実践(2)、現代教育技術(2)、現代教育理念と教師基本技能(2)
	必修時間数*	280	119
英語教育専攻	科目（単位数）	教職必修科目：教育学(2)、心理学(2)、教員授業用語(1)、書道(1)、現代教育技術(4)、中学校英語教師技能Ⅰ・Ⅱ(4)	必修科目：教育学(2)、心理学(2) 選択履修科目：英語教授・学習論(2)、英語教育史(2)、教育設計理論と実践(2)、教育思想(2)、現代教育技術(2)、現代教育理念と教師基本技能(2)、新課程論(1)
	必修時間数*	244	68

注：＊-教職専門教養科目の必修時間数を指す。
出典：X師範高等専科学校教務処(2002)『2002級専攻教学計画』、A大学教務処(2009)『2009級本科専攻教学計画』に基づき筆者作成

教育学、心理学、教員授業用語、書道、現代教育技術、教法Ⅰ・Ⅱ・Ⅲの6科目だったが、昇格後の必修科目は教育学、心理学、中国言語教授・学習論の3科目となった。同様に、英語教育専攻の教職必修科目は教育学、心理学、教員授業用語、書道、現代教育技術、中学校英語教師技能Ⅰ・Ⅱの6科目だったが、昇格後の必修科目は教育学と心理学のみとなった。

一方で、昇格前の必修教職科目は選択履修科目に変更された。中国言語文学教育専攻の選択履修科目は教育思想、教育設計理論と実践、現代教育技術、現代教育理念と教師基本技能である。英語教育専攻の選択履修科目は英語教授・学習論、英語教育史、教育設計理論と実践、教育思想、現代教育技術、現代教育理念と教師基礎技能、新課程論である。しかしながら、このような科目は選択履修科目として、学生全員がそれを履修することは保障できない。

2つめは、教職専門教養科目の必修時間数の減少である。昇格前、教員養成系専攻の必修教職科目は6科目だったが、昇格後2〜3科目に減少した。表4-10に示したように、中国言語文学教育専攻と英語教育専攻の教職専門教養科目の必修時間数はそれぞれ280時間から119時間へ、244時間から68時間へと削減された。

(4) 教育実践活動の増加

他方で、教務処が作成した規程には、「実践は理論的知識の教育成果をもとに実践能力を高める科目とされ、各専攻は実践科目を設置しなければならない[38]」と定められた。また、『2004級本科課程専攻教学計画』は以前教育課程計画の一部分とされていなかった実践科目を教育課程計画の一部分と位置づけ、その履修を通して取得できる単位数を定めた。各専攻は実践活動課程を必修科目として設置し、その履修が学生の卒業要件と見なされる。表4-11に示したように、中国言語言語文学教育専攻に設置された実践活動課程の実施期間は18週となり、単位数は15単位で、全単位数の9.2%を占める。

2010年現在、中国言語文学教育専攻の実践活動課程には軍事訓練（2週間）、

表4-11　中国言語文学教育専攻2004級本科課程構成

課程種類		授業時間数・単位数及び割合			
		時間数	割合(%)	単位数	割合(%)
必修課程	一般教養科目	977	36.6	44	27.2
	専攻基礎科目	554	20.7	35	21.6
	専攻専門科目	708	26.5	44	27.2
選択履修	一般教養科目	72	2.7	4	2.5
	専攻選択科目	360	13.5	20	12.3
実践活動課程*		18週	—	15	9.2
計		2,671	100	162	100

注：＊-本課程は18週間にわたって実施され、単位数は15単位である。しかし、実践活動課程の実施期間は授業時間数にカウントされていない。
出典：A大学教務処（2004）『2004級本科専攻教学計画』に基づき筆者作成

大学管理（1週間）、社会実践（4週間）、教育見学・実習（8週間）、卒業教育（1週間）、文献検索（2週間）及び卒業論文設計（6週間）が含まれる。教育見学・実習は教員養成系専攻の必修科目として、従来の6週間（6単位）から8週間（8単位）に増やされたものである。社会実践科目（インターンシップ）は新設された科目であり、各専攻の必修として、冬休みあるいは夏休みに6週間（2単位）実施されることになった。

2　教員養成系専攻における専科カリキュラムの特徴

　大学への昇格に伴い、修学期間は3年間から4年間に延長された。しかしながら、A大学の場合、本科大学となったものの、同時に一部の系では3年制の専科レベルの教員養成系専攻が残され、ごく一部だが、3年間の教員養成プログラムが未だ実施されている。同じ3年制のもとで、昇格前の教員養成カリキュラムからどのような変更が行われているかに注目してみたい。

(1)　総授業時間数の減少

　ここで、先ず注目したいのは3年制教員養成系専攻に入学した学生が履修す

(時間) ━◆━ 中国言語文学教育専攻 ━■━ 英語教育専攻

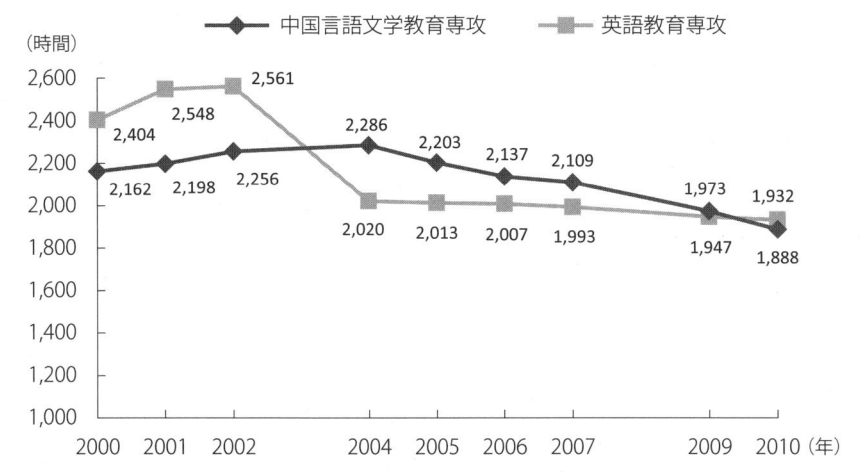

グラフデータ:
- 2000年: 中国言語文学教育専攻 2,162、英語教育専攻 2,404
- 2001年: 2,198、2,548
- 2002年: 2,256、2,561
- 2004年: 2,286、2,020
- 2005年: 2,203、2,013
- 2006年: 2,137、2,007
- 2007年: 2,109、1,993
- 2009年: 1,973、1,947
- 2010年: 1,888、1,932

図4-4 教員養成系専攻における専科カリキュラムの総授業時間数（2000～2010年）
注：2003年、2008年のデータは収集できなかったために、図に反映されていない。
出典：X師範高等専科学校教務処（2000～2002）『2000～2002級専攻教学計画』、A大学教務処（2004～2007、2010）『2004～2007級、2010級専科専攻教学計画』に基づき筆者作成

る授業の最低総時間数[39)]（以下、総授業時間数と略す）の減少傾向である。

図4-4に示したように、2000～2004年までには中国言語文学教育専攻の総授業時間数は2,162時間から2,286時間へと増加した。しかし、昇格後、その時間数は減少しつつあり、2010年の総授業時間数は1,888時間となった。また、英語教育専攻は2000年から2002年までの総授業時間数それぞれ2,404時間、2,548時間、2,561時間であったが、2004年には一気に2,020時間へと減少した。一般大学へ昇格したものの、専科レベルの英語教育専攻の総授業時間数は減り続け、2010年の総授業時間数は1,932時間となった。

教務処処長L教授によると、昇格後すべての専科専攻の総授業時間数が削減された理由は、学生に自由に時間を使わせるからであるという。しかしながら、中国言語文学系長G教授によれば本科レベルの専攻を増設したことによって授業担当教員が不足することになったために授業時間数を減らすことになったのだという。

(2) 一般教養の拡充

一般教養の拡充については、主に次の傾向が見られる。

ひとつは、総授業時間数が減少傾向にある一方で、一般教養の総授業時間数に占める割合は増加している。中国言語文学教育専攻の一般教養授業時間数の割合が2000年の25.4％から2010年の29.0％へと上昇した。同様に英語教育専攻の一般教養授業時間数の割合も、2000年の23.0％から2010年の25.8％まで増加した。

2つめは、全学共通履修科目としての一般教養選択履修科目の新設である。本科学生向けの課程と同様に、専科学生向けの素質課程は教育素質、人文素質、科学素質、体芸素質の4領域に分けられる。一般教養選択履修科目は第2学年の第2学期と第3学年の第1学期に開講され、学生が同時に4領域から少なくとも4単位（1科目を34時間履修して2単位の取得）を選択履修しなければならない。2007年から選択履修の取得単位数は6単位へと増え、さらに2009年からの取得単位数は少なくとも8単位と規定された。

表4-12　専科学生向けの一般教養選択履修科目の設置状況（2010年）

領域	カリキュラム名	単位数	授業時間数
人文素質	現代世界経済と政治	2	34
	中国十大文化精神	2	34
	墨子研究	2	34
科学素質	数学思考方法	2	34
	創新学	2	34
	自然科学概論	2	34
体芸素質	健康形体	2	34
	体育舞踊	2	34
	映画芸術鑑賞	2	34
教育素質	教育設計理論と実践	2	34
	Authorware課件制作	2	34
	現代教育技術	2	34

出典：A大学教務処（2010）『2010級専科専攻教学計画』に基づき筆者作成

2010年に設置された一般教養選択履修科目は表4-12に示した通りである。一般教養選択履修科目は具体的な知識内容より、もっと一般的な基礎知識を学生に学習させるようになっている。例えば、人文素質領域においては中国の文化精神と現代世界の経済と政治を設置している。科学素質領域においては創造性の発揮・活用を意識する創新学と自然科学を総括する自然科学概論を設置している。そして、教育素質においては新たに教育設計理論と実践が増設され、ICTの活用を重視する現代教育技術も設置されている。

(3)　**教科専門教養の維持**

　教科専門教養の実施状況を見れば、その授業時間数が総授業時間数に占める割合が基本的には維持された状態である。中国言語文学教育専攻において設置された教科専門教養科目の授業時間数が総授業時間数に占める割合は、2001年には63.3％で、2010年には63.0％であった。また、英語教育専攻の場合では、昇格前教科専門教養の時間数の割合は68.9％で、2010年には67.8％であった。

(4)　**教職専門教養の縮小**

　具体的には以下の2点がある。

　第一は、教職専門教養科目の授業時間数の減少である。従来、教職専門教養科目は教員養成系専攻の専科レベルの必修科目として設置され、その内訳は、教育学、心理学、教員授業用語、書道及び現代教育技術である。昇格後、教員養成系専攻の教職専門教養科目は以前と同じであるが、授業時間数に関しては、図4-5に示したように中国言語文学教育専攻の場合では2000年の208時間から2010年の153時間へ、英語教育専攻の場合では208時間から167時間へと減った。

　第二は、総授業時間数に占める教職専門教養の授業時間数の割合の減少傾向である。図4-6に示したように、2000年中国言語文学教育専攻の教職専門教

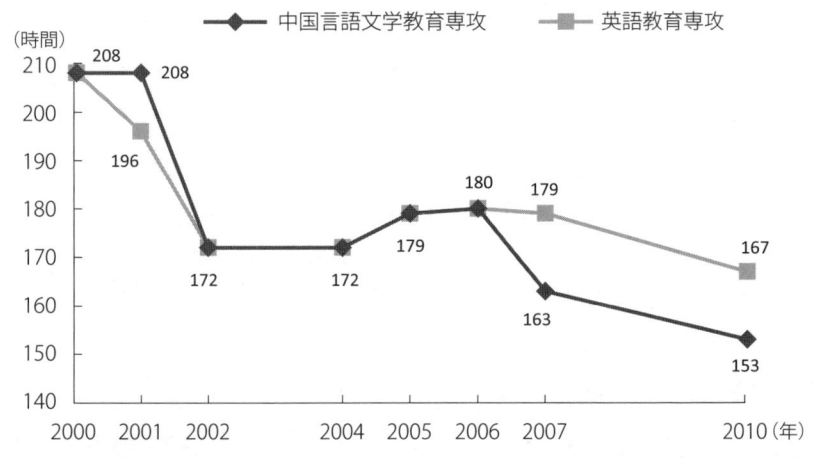

図4-5 教員養成系専攻における専科カリキュラムの教職専門教養科目履修時間数（2000〜2010年）

注：2003年、2008年、2009年のデータは収集できなかったために、図に反映されていない。
出典：X師範高等専科学校教務処（2000〜2002）『X校2000〜2002級教学計画』、A大学教務処（2004〜2010）『2004〜2007級、2010級専科専攻教学計画』に基づき筆者作成

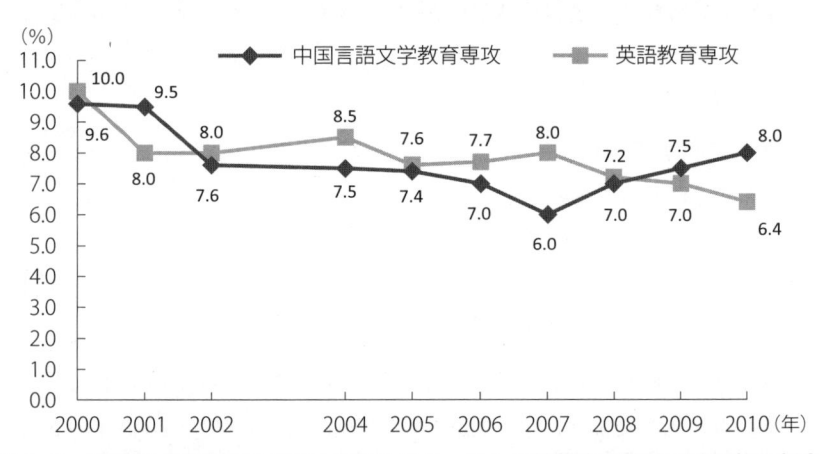

図4-6 教員養成系専攻における専科カリキュラムの教職専門教養の時間数の割合＊（2000〜2010年）

注：＊－総授業時間数に占める教職専門教養時間数の割合を指す。2003年のデータは収集できなかったために、図に反映されていない。
出典：X師範高等専科学校教務処（2000〜2002）『X校2000〜2002級専攻教学計画』、A大学教務処（2004〜2010）『2004〜2010級専科専攻教学計画』に基づき筆者作成

養の授業時間数の割合は9.6％であったが、それ以降は割合が減り続け、2007には6.0％となった。2007年以降は、その割合が漸増しているが、8.0％に留まっている。英語教育専攻の場合では、教職専門教養の授業時間数の割合は2000年の10.0％から2010年の6.4％へと減った。両専攻における教職専門教養の授業時間数の割合がいずれも減少傾向にある。

第4節 一般大学昇格後における大学教員の意識と対応の変化

　以上のように急激な変化を迫られたA大学において、長年、教員養成教育に取り組んできた教員は昇格の際に何を重視して、実際にどう対応したのだろうか。本節は、A大学の改革前後の内部状況を知る管理職と教員養成に関わる授業担当者及び職員を対象にしたインタビュー内容を分析し、管理職と一般教職員が大学昇格をどのように受け止めたのか、その意識を解明し、教職専門教育の観点からA大学における教員養成教育の実態がどのように変化したか、教員養成教育に携わる大学教員はどのような課題を感じているのかを次の6点に整理した。

1　専攻設置と人材育成の目標の変化とそれに関する意識変化

　中学校教員養成を目的としていたX校が一般大学へ昇格することは、新たな課題への対応を必要とした。教務処長のL教授は「我が大学が師範高等専科から大学への昇格を果たすに当たっては、2つの課題がある…以前（大学の専攻）は全部教員養成系専攻だったが、今は50以上の専攻があり、そのうち教員養成系専攻は15専攻もない。師範の特色も維持したいが、より重要な課題は本科レベルの学生の育成と大学規模の拡大である」と語った。

　大学教育の全体的な計画及び実施を総括する教務処は、本科大学としての水準維持や非教員養成教育の拡大を強く意識し、教員養成教育の質をどのように高めるかを考えることは困難になっていったことがうかがわれる。

また、昇格に伴って教員養成教育から非教員養成教育への重点の移行が図られた。中国言語文学系書記Ｓ教授によれば、「本科大学になった後、理学と工学は急速に発展している。新設した専攻は教員養成と全然関係がない。文系のなかには非教員養成系専攻の発展が著しい一方で、廃止された教員養成系専攻が多く、残っても僅かだ」という。昇格によって、教員養成系専攻が計画的に削減されてきたことが明らかである。
　上述のような重点の移行の実態に対して、管理職はどのように受け止めたのだろうか。科学研究処長Ｍ教授はＡ大学における人材育成状況とＸ市における人材需要状況の関係について以下のように述べた。
　「Ｘ校時代、学生に対する教育をより重視していた…現在、我が大学は『地方応用型特色大学』で、大学の重要な機能はＸ市の発展に貢献し、応用型人材を育成する。応用型人材は、つまり、地域の経済発展の需要に相応しい人材である。目下、Ｘ市は主に３点をめぐって新たな都市戦略を立てている。それは煤炭化学工業、機械製造業と観光業である。だから、大学も関連産業の人材をたくさん育成しなければならない。教員養成系専攻は大学教育の重点ではなくなった。」
　地域経済の発展に貢献しなければならないことを迫られた大学は人材育成の目標を変えた。多くの管理職は科学研究、地方経済の発展に必要とされる質の高い学生の育成という大学目標を強く意識するようになった。しかし、管理職のなかには教員養成教育の重要性を意識しても、良い対策を打ち出すことができず悩みを抱える教員もいる。
　例えば、中国言語文学系長Ｇ教授は「教員養成教育が重要だと思っている。伝統のある中国言語文学教育専攻は大学優秀専攻に選ばれたが、さらに省優秀専攻になることは考えられない。いくら頑張っても無理だ。なぜかというと、現在の人材育成方針では地方経済の発展に必要とされる非教員養成系専攻が優先的に選考対象となるからだ」と話した。
　昇格後における大学の経営理念・教育理念の変化は教員養成教育の規模縮小

を促すだけでなく、教員養成教育の質にも大きな影響を与えている可能性が窺える。A大学においては教員養成教育に情熱を傾け、質の高い教員養成教育を実現したい大学教員の努力や成果を正当に評価できない実態が明らかである。教員養成教育に関心をもつ大学教員はこうした環境に置かれており、孤軍奮闘にも限界があると考える。

2　「授業・教育」から「科学研究」への関心の重点の移行

　昇格後、管理層は新たな教育理念と人材育成目標に沿って大学として高いレベルの科学研究をしなければならないことを意識してきた。例えば、教務処長L教授は「本科大学になったから、研究水準を高めなければいけない」と言った。科学研究処長M教授は「科学研究と大学教育は緊密な関係をもつ。大学の科学研究力が高くなると、今後我が大学も大学院レベルの教育を実施できる」と話した。このような強い意識のもとで、科学研究処をはじめにA大学は全校の教職員たちに科学研究を重視させる工夫をした。

　科学研究処長M教授は次のように述べた。

　「まず、重点学科を建設することである…大学は科学研究能力の高い優秀な人材を登用し、研究施設を整備し、研究費の予算を拡大する。次に、若手の大学教員の学歴水準と研究能力を高めることである…最後に、大学は地元の企業、実業家と連携し、地方政府などと共同的に研究プロジェクトを作っていくことである。」

　一方で、管理職は科学研究水準の向上によって大学教育の質を高めることを望んでいる。教務処長L教授は「教育をしなくても良いということではなくて、研究を通して教授・学習を促進することだ」と話した。科学研究処長M教授は「高い科学研究力は大学教育の進歩を保障している。例えば、我々が高等教育改革についての研究をすることは、資質の高い学生の育成につながる」と言った。外国語系長C教授によれば、「大学は科学研究を重視すると、学生にも科学研究に親しむチャンスを提供できる。我が系は教員が研究をするときに、

学生にも参与させる」という。

　さらに、C教授は科学研究を授業・教育に活用させる方法を次のように説明した。

　「授業中、学生の研究理念と研究意識を強め、彼らに研究の流れを理解させる。こうして、最後に卒業論文を書かせる…科学研究の考え方を授業に導入できる。例えば、研究型授業方式である。教員は学生にテーマを出し、テーマに関わる課題を解決するための研究グループを作り、それぞれの結論を提示してから議論を深める。」

　一般教職員も科学研究水準を高めることが非常に重要だと理解している。中国言語文学系Y講師は「教育のなかで生じた課題はやはり研究を通して解決しなければならない。その研究成果を授業現場に適応させる。研究と教育は車の両輪の如くお互いに促進する関係だ」と語った。外国語系H講師は「昇格後、たくさんの教員は研修を受けに行った。自分の教育のレベルを高めるだけではなくて学術的な視野をさらに広げた。こうして、授業力と研究力をともに高めた」と話した。これらの発言から、従来授業・教育に専念していた大学教員は研究の重要性を認識したうえで、科学研究と教育の重要な関係を意識するようになったことがわかる。そして、授業力と研究力の両立の必要性を認識しているといえよう。

　しかし、教員が科学研究水準を高めることに関心を向けるようになるにつれて、授業・教育への関心が低下しつつある実態も見える。中国言語文学系書記S教授によれば、「先日、科学研究表彰大会を開いたばかりだが、多数の教員が受賞した。一方で、授業改革をしようとする教員は少ない。我が系は昇格した当時、長い時間をかけて授業改革について教育会議を開いたが、効果がなさそうだった。また、ある教員は授業に興味がなく、教授になったら研究に没頭する」という。Y講師は「以前、私たちは教育や授業づくりを重要視したが、現在は研究により力を注いでいる」と話した。

　大学側は教育・授業と科学研究の両立を提唱しているにもかかわらず、なぜ

このような実態が生じたのだろうか。S教授の次のような発言からその原因を探ることができる。

「大学は知名度を早く上げたいし、大学教員は早く成果を作りたい。それは教育によって早く実現できることではなく、科学研究の成果によって早く実現できる…従来の授業モデルを変えるには、時間が掛かるし、面倒くさい…大学教員は新たな授業形式を構想・実現することに対して積極性がない、大学も特に要求していない。授業内容や授業形式については評価しにくいのが現実だ…研究論文を発表するほうが客観的で、積極的に取り組むほど成果が出るし、高く評価され、大学や政府から資金援助をもらえる。理工系は企業と連携して研究成果を実業化できる。文系はたくさんの論文を発表する。」

ここから、2つの要因が見出される。まず、大学は科学研究と授業・教育の両立を打ち出し、科学研究の水準を評価する指標のみ明確に打ち出した一方で、授業・教育を保障する仕組みを作り上げていなかった。こうした環境に置かれた大学教員は授業・教育から科学研究へと関心の重点を移す傾向にある。次に、成果主義が強くなる大学において教員は研究力を高めなければ認められない実態が明らかである。こうした科学研究に対する指向性の偏りは教員養成教育のための授業改善に結びつきにくいと考えられる。

3　教職技能の重視から学習能力・創造力の育成重視への転換

従来、中学校教員養成を主目的としていたX校では、教職技能を重視した。中国言語文学系Y講師によれば、「教員としての教職技能訓練を徹底的に行った。例えば、板書、教案、書道、標準語トレーニングを実施した。教員としての基本資質を備えなければならない…教職技能や教職意識が非常に重要視された」という。そして、当時の教職技能重視型の教育は良い実績をあげ、高く評価された。「90年代の卒業生たちは教職能力が非常に高く、採用校からも高く評価された。現在、X市の中・高等学校の国語教員のほとんどは我が校の卒業生だ。皆は学校の中堅になっているし、省・市級優秀教員に選ばれる教え子も

いる。当時の『師範性』教育は非常に良かった」とY講師が語ってくれた。

　しかしながら、A大学の管理職は教職技能を重視する教育について疑問をもっている。教務処長L教授は「従来、教職技能を重視する教育を実施してきた。だが、それで基礎教育の発展に対応できるのか。従来の『三字一話』の教職技能だけではなく、それ以外のことも考えるべきだ。例えば、教育方式の変化だ。授業中に研究的な内容を設定し、学生に議論させて、学生自身の学習力を高める」と話した。基礎教育における受験教育から資質教育への転換を踏まえ、教員養成教育にも自主学習力と創造力が求められてきたことを示していると考えられる。

　こうして、現在A大学においては学習能力・創造力の育成を重視した教育が実施されるようになった。Y講師は次のように述べた。

　「現在、学生の学習力と創造力を大事にしている。大学へと昇格し、我々の人材育成目標も変わったし、育て方も当然違う…学生が卒業後かならず教員になるわけではないから、まず学生の学習能力を育成することが重要だと思う。より多くの選択履修科目を設置し、すべての学生に向け、より基本的な資質能力を高める必要がある。例えば、独自に考える力や自分で勉強する力が必要になる。そのために、単なる教職知識の学習だけでは時代遅れで、一般教養の増加を通して学生の視野と知識を広め、創造力を豊かにし、さまざまな校内活動と社会実践の展開により、学生の自主学習力を育てるという認識が強まった。」

　だが、教職技能の重視から学習能力・創造力の育成重視への転換を批判する管理職もいる。外国語系長C教授は「大学は卒業生の大学院への進学率を重視する。大学院への進学率は大学教育の水準を評価する基準となっている。より多くの卒業生を名門校の大学院に進学させることは我が大学の教育水準を示す良い方法だ。このためには、まず学生の学習力を高める」と述べたうえで、A大学においては「教職技能の育成は足りない…教師資格証明書の取得に必要とされる教育学、心理学と教科教授法を必修科目として設置しているだけだ」と話した。

教職技能を重視するかあるいは学習能力・創造力の育成を重視するかについての議論は一般教員のなかにも存在している。外国語系W講師は「教員養成系専攻の学生を教えるときには意識的に教育者の立場に立ち、分析を行う。そして、自分の言葉使い、板書と授業態度などに気をつけている」と、授業を実施するときに教員養成系専攻と非教員養成系専攻の区別を意識している。

　だが一方、W講師は学生の学習能力を高めることがより重要だと話した。なぜなら「昇格後、資質の良い学生と悪い学生の間には大きな差が存在する…だから、やはり基本的な学習能力を高めることは重要だ」からである。

　昇格後、A大学においては学生の学習能力・創造力の重要性が提唱されている。しかし、教員養成系専攻においては教職技能の育成と学習能力・創造力の育成が対立項と見なされている。この問題について異なる観点をもつ管理職もいれば、迷いながら教壇に立つ一般大学教員もいる実態が明らかである。

4　教科専門教養科目の学習意欲と質の強化

　昇格後、中国言語文学教育専攻と英語教育専攻は、教科専門教養科目の授業時間数を増やし、教科専門教養に関わる選択履修科目を増設した。また、大学教員も教科専門教養の強化に努めている。教務処長L教授は「現在、大学は教科専門教養を強化しないといけない」と話した。中国言語文学系書記S教授は「出身地も違うし、受けた基礎教育も異なる、多様な価値観をもつ学生の興味を、どのように自分の専攻学習に向けさせるかを工夫しながら、教科専門教養の強化を進めた」と語った。なぜA大学においては教科専門教養が強化されているかについて、中国言語文学系書記S教授は以下のように説明した。

　「2005年に、大学は入学定員を急拡大し、資質に恵まれない学生も入学するようになった…特に、X校は本科大学となり、地元の高校生にとって、以前より人気度が高くなった…大学もたくさんの学生を募集したかったので、募集定員数を増やした。大学に入学する合格ラインを下げ、入学金を増額する方法を使った…結局、大学生の量と質ともに大問題になった。現在は少しずつ改善さ

れ、統一的な合格ラインと入学金で入学計画を作った。しかし、新たな問題ができた。本科大学となったので、全国向けの学生募集をはじめた。同じ合格ラインで入学してきた学生も出身地によって資質には大きな差がある…貴州省や甘粛省などの内陸省から入学してきた学生は確かに資質が低い…こうしたなかで、一部の学生たちは学習の意欲を失い、学業を放棄した。」

中国言語文学系Y講師によれば、「急増した入学生の中には、何を勉強したいかも分からない学生が多くなった…今の学生はこの教科が好きというよりは大学の学歴がほしいだけだ…興味がない学生に無理やりに教えても、効果はない。だから、このような学生に対しては、まず教科専門教養に対する興味をもたせる。彼らにこの専門は何であるか、そこからどのような知識を獲得できるか、将来どのような役に立つかを全部話す」という。また、英語教育を担当するW講師は「英語教育専攻の学生に向けても翻訳・通訳を強化している。英語教育専攻の第2、3学年には英語専門の質を高める新聞解読、欧米諸国概況などの授業を実施する」と話した。

上述のような発言から、昇格後、学生資質の低下が問題視され、教科専門学問の追究を通して学生の学習力を育成することの必要性が高まった。大学は学生募集数の急速な拡大を図るために、資質の低い学生さえ入学させた。だが、本科大学となったA大学は学生の資質を高めないと、大学教育の資質を保障できない。こうして、大学教員は教科専門教育の強化を通して学生の学習意欲を高めることに力を入れている。

一方で、昇格後、A大学は卒業生の就職状況を考慮して教科専門教養を強化する意図も窺える。教員養成カリキュラムにおける教科専門教養の強化について、中国言語文学系長G教授は以下のように説明した。「我々は教科専門知識の基礎を重視する…堅実な教科専門知識を把握できれば、学生は教員にならなくても就職できる。当然、教職に就くことを提唱し、教職課程も設置し、実践教育も実施する。学生に選択の自由も与える…教員養成系専攻の学生でも他の領域で就職できるような教科専門知識を習得させる。」

また、教務処長 L 教授によれば「豊かな教科専門知識が必要である。例えば、数学教育専攻の学生なら、数学だけではなく、理系に属する化学や物理の知識も全部修得しないといけない。さまざまな選択履修科目を開講し、学生により多くの知識を学ばせる。こうして、学生は今後の就職先が広げられる」という。

　中国言語文学系書記 S 教授は教員養成系専攻の学生の将来、教員としての資質の問題を意識している。「教員養成系専攻の学生だから、卒業後教壇に立つだろう。彼ら自身の資質が低いのに、どのように子供たちを教えるのか。学生を指導するときには、強く感じる…(学生の)考え方が幼く勉強嫌いで、教えた理論知識も理解できないし、基本的な知識能力も低い。これから教員になる学生たちが作った授業指導案は誤字ばかりで、彼らの授業指導案を読めば読むほど、頭が痛くなる。そして、このような学生を実習校に行かせても、実習校から文句を言われるし、本当に困った」と話した。

　管理職と一般教職員ともに教科専門教養の強化が学生の将来を広げる方法であると強く認識していることが明らかである。そして、社会に必要な優れた人材を育成するために、学生たちの学習意欲と教科専門教養の質を高めようと努めている。

5　理論との結合が軽視されている実践への傾斜

　教科専門教養が強化されると同時に、教科内容を学校現場で教える経験も重要視されるようになった。教務処長 L 教授によれば、「我が大学は基礎教育の発展状況に基づき、教員養成をしている。私たちは、現在の学校現場はどのような教員が必要とされているかを研究した。そして、実践力のある教員が非常に人気があることはわかった…現在の実習時間は 8 週間であるが、それは学級担任と教科担任を含む。しかし、まだ少ないと思うので、これからは半年間の実習に行かせるほうが良いだろう」という。

　また、中国言語文学系書記 S 教授は実践力の重要性について、「(教員養成系

専攻)学生の実践能力をより重視している。(教科専門教養)理論知識を活用する力が必要だ。それは実践能力だ。学んだ知識をどのように教育活動のなかで活かすか。理論から実践への転化が非常に難しい。重要な知識をどのように選別するか、どこがポイントであるのか、何を子どもたちに理解させ、説明しなければならないか…どのように子どもたちに理解させるかは高度な教えの技である。だから実践を通して身につける」と話した。

しかし、実習の実施状況は充分とはいえない。L教授は「(実習に関して)大学は特に何もしない。各系は責任をもって学生に実習させている…系によって異なるが、教員養成教育を重視する系は力を入れて実習の面倒をみる」といった。この点について、中国言語文学系長G教授は「大学は地方の教育行政部門とうまく連携できていないので、実習校は実習生を受け入れたがらない。実習生が来ると、学校の正常な教育計画を壊す恐れがあるからだ」と話した。S教授によれば、「実習時間は短いし、1カ月間の実習で1回の授業しかできない…実習校は実習生を受け入れない。大学は全体を挙げて積極的に実習校と連携しないと、1系だけでは実習校と実習の協定を結びにくい」という。

さらに、理論知識と実践を結びつける授業が実施されていない実態も明らかである。中国言語文学系長G教授は、学生の実践能力を高めるために、実習前の学内訓練を以下のように紹介した。「実習前、中・高等学校で授業をした経験者に学生を指導させる。授業準備や授業方法などについて、理論知識と結合した実践授業をする…しかし、現在は軽視されている。大学教員は中・高等学校の現場を良くわからないし、どのようなテキストを使っているかも把握していない状況だ…担当できる大学教員が少ない。実習校に学生を預けて実践を増やせば大学教員の負担増にはならない。」

また、20年間教授法を担当した外国語系長C教授は、「理論と実践を結合した授業が必要だといっても、担当教員はその方法について積極的に議論していない。教職理論の関連科目を削減して教育実習を増やしたにすぎない」と指摘した。同様に、中国言語文学系J講師は、「実践能力をどのように育てるか、

それは大学の授業ではやりにくい。例えば、子どもたちとのコミュニケーション能力について、授業で練習できるのはせいぜい1〜2回で、実践は主に授業外の学生たちの実践活動に任すしかない」と話した。

一方で、さまざまな困難が存在しているなかで、一部の大学教員は実践活動を重視し、実行している。S教授によれば、「中国語教員を養成するため、教員としての『聞く、話す、読む、作文』能力は何より重要である。だから、学生の実践能力を高めるための実践活動科目を開講し、実践能力を高める学生団体を奨励する。例えば、記者団、劇団、読書会など…授業のときには実践を重視するやり方もある。作文の授業には理論と実践と結合する議論や授業案教育をやっているし、学生も自分でちゃんと授業案を作っている」という。

また、学生が実習に行く前に、できるだけ実習前指導を行う大学教員もいる。外国語系W講師は、「実習前、まず授業指導案の指導を行う。学生が案を作り、教室で練習をする。その練習状況を見て不足点を指摘し、英語の発音、授業作りと授業態度の問題などについて重点的に説明する」と語った。

上述のような発言によって、A大学における実践のみへの傾斜とそこで生じた課題が窺える。大学側は教員としての実践力を重要視し、実習時間の延長を計画している。また、教員も実践活動の重要性を認識している。しかし、教員は実践と理論が結合する授業ができない。なぜなら、実習を指導する授業時間が保証できないことや授業を担当する教員は実践と理論を結合する必要性について十分に意識していないからである。こうして、理論と実践を結合する授業内容は大学教員によって、差が生じる。

6　教員自身の負担感の増大
(1)　学問的水準の高い授業への圧力

昇格は授業の学問的水準を高める必要性をもたらした。教務処長L教授は「昇格は、修業年限の3年から4年への延長によって、教育内容の増加だけではなく、教育に対する考え方、特に学生を教える教員の意識の変化を必要とする。

教員養成教育から非教員養成教育への変化は教員たちに大きなプレッシャーにもなるだろう」と語った。

　実際に、教員の発言からも専攻科目の増設が教員の負担を増したことは明らかである。中国言語文学系J講師は従来中国言語文学教育専攻の基礎中国語科目を担当していたが、現在は新設の非教員養成系2専攻の科目も担当している。J講師によれば、「科目名は同じだが、内容と教材が異なるので、毎日の授業準備だけで精一杯だ。とりわけ、新教材を使用するから、授業案をゼロから作成するために、非常に時間が掛かった」という。H講師は「専科から本科に昇格して、教材が変わったために、教員はそれに対応しなければならない…大学も系もこの点については非常に厳しい。我々も危機感が強くなった。今、1回の授業をするための準備時間は約1日かかる。本科生を教育するためには、より幅広い知識と、より豊かな考え方を提示しなければならない」と語った。

(2)　学生の生活全体に関心を向ける必要性の高まり

　既述のように、昇格後学生募集数の拡大に伴い、多様な学力水準の学生が入学したことにより、多様な学生への対応が必要になった。実際に「学力の低い学生に通常の学力を身につけさせることでも倍以上の精力が必要だ」と外国語系H講師は話した。また、中国言語文学系Y講師によれば、「作文授業の仕事量が非常に多い。学生の質が違うために、丁寧に宿題の面倒をみなければ、どのような文章を書いてくるのか本当に恐ろしい。全員の作文をすべてチェックすることで疲れる」という。

　また、従来は不要だった生活上のケアを必要とする学生の数も増大した。中国言語文学系長S教授によれば、「今の学生は本を読むのを好まず、暇さえあればインターネットでチャットするかゲームをする。特に、現在パソコンが普及したので、図書館へ行く学生はどんどん減った。地方大学の学生は国家重点大学や省重点大学の学生と違い、存在する問題も異なる。大学はしっかり学生管理をしないとだめだ」という。

こうした状況のなかで、中国言語文学系は学生の学習意欲と学習能力を培い、新カリキュラムに適応させるために、担任制以外に学生カウンセリング制を実施している。それは教員1人が約10人の学生を担当し、授業以外に学生の日常生活の指導を行う制度である。「このレベルの大学は学生の実情を考えなければならないし、これからの課題も頭に入れないといけない…大学生が卒業した後の就職問題、仕事に適応できるかどうかの問題だ。最近の入学生は自分のことについてもしっかり考えられない…彼らの立場に立って、相談に乗り、彼らが自立できるようにしなければならない…学生の間違った思想や考え方を直すために、系主任から一般の教員まで時間を掛けている。学生の心理上、精神上の問題に対して、油断はできない。」とS教授は語った。
　中国言語文学系Y講師は「学生の資質は以前より大きく下がった。でも、教員養成系専攻の学生はこれから子どもを教える『教書育人』(正確な知識を伝授し、立派な人間を育成する)の仕事に就く可能性が高い。このような学生の価値観、人生観及び教育思想を正さないと、将来の子どもたちに影響を与える。だから、授業以外にもきちんとケアしてあげないとだめだ」と言った。また、外国語系H講師は「英語教育専攻の学生たちの教職意識を強め、教員としての覚悟と責任感を育成するために、普段我々大学教員は注意している…我が大学の教員はみんな教育に熱心だから、教員は学生の勉強だけでなく、生活または心理の面もみている。今、外国語系の教員は自分への連絡方法を学生に公開し、随時相談を受けるようにしている」と話した。
　一方で、学生の生活全体にまでケアをしなければならない教員は負担を感じている。S教授によれば、「昇格後は、授業と科学研究以外に、さらに学生の管理をすることで、仕事の量はどんどん増えている。大学は3つの責務を背負い、どれもしっかりとしなければならないが、明確な目標を出せない。だから、教員も戸惑いながら、3つの仕事をしている。仕事の量は増える一方だ」と語った。外国語系H講師は「昇格に伴い、研究と授業の負担が大きくなり、どのようにして良い教員養成教育をするか考える時間もない」と語った。同系

W講師は「多忙のなか、どうやって良い授業をすれば良いのか。最終的には個人の責任感に委ねられている」と話した。

昇格後、本科大学としての水準を保つために、大学は研究、教育と学生管理の3つの面すべてを強化する必要に迫られている。一方で、大学は教職員の増員を制限しているため、限られた教員で多くの業務を遂行しなければならない。また、教員養成系専攻の教員は、将来教員になる学生の教職意識を重視し、できるだけ学生の人生観、価値観と教育思想を指導しようしている。そのために、教員養成系専攻の教職員は他の専攻より負担が大きくなっている。こうして、教員には過大な負担がかけられており、結果として教育の質的向上は阻害されている状況にある。

第5節
小括——A大学における教員養成教育の変化

以上の事例分析から、教員養成教育の変化はどう捉えられるのか、次のようにまとめることができる。

第一は、大学教育の基礎を成す一般教養の強化である。短大レベルであるX校のカリキュラムには、幅広い一般教養は十分に備えられていなかった。しかし、大学を目標として改革されたA大学のカリキュラムでは、本科レベルの教育にせよ、専科レベルの教育にせよ、第3節で述べたように、教員養成系専攻と非教員養成系専攻の違いを問わず、一般教養が強化された。多様な学問分野をもつ大学として、幅広い一般教養を備えたカリキュラムを構成することが可能になったと考えられる。それは大学教育の一環として教員養成を行うということで重要な意義をもつといえる。

第二は、教科専門教養の学問水準を高める志向性の強化である。第3節で述べたように、本科大学へ昇格したA大学は「専科教育から本科教育へ」と教育の重点を移行した。本科教育に相応しい学問水準が求められ、教員は科学研究への関心を高めた。教員養成教育においても、第3節のデータ及び第4節の

インタビュー内容で示したように、教科専門教養の水準、学生の教科専門教養科目の学習意欲と質の向上に力を入れている。つまり、大学教育としての学問的教養の深化が重視されたと考えられる。

　第三は、教職専門教養における実践活動の偏重である。第3節での分析から教育実習の時間数が大幅に増大したことは明白である。ところが、養成期間が1年間延長されたにもかかわらず、教職の理論に関わる教職専門教養の授業時間数は削減された。必修であった教職専門教養の半分以上は選択履修科目とされ、教職専門理論の十分な履修は保障できなくなった。そして、専科課程の教育における教職専門教養の縮小も明らかである。しかも、第4節のインタビューから、カリキュラムの変更に際して教職専門教養における理論と実践の関係について十分に考慮されたとは考えられない。

　A大学における教員養成カリキュラムの変化を総合的にみれば、一般教養と教科専門教養が拡充・強化された一方で、教職専門教養においては実践活動である教育実習の時間数が増大したが、教育学を中核とする教職専門教養の理論部分は大きく縮小した。大学として一般教養と教科専門教養の拡充が図られたことは当然だとしても、教員養成教育においては教職専門教養の軽視ともいえる傾向がみられる。とりわけ、理論と実践の関連づけが配慮されていないことは、問題だと考える。

　ただし、幅広い一般教養科目の充実と教科専門教養の強化を求めるなかで、授業方法に変化が生じつつある。例えば、第4節で述べたような科学研究を授業・教育に活用する授業方法の改善などである。昇格に伴って、大学としての教育水準の向上が模索され、教育の内容や方法の改善が行われていると考えられる。それは、高等教育の拡大と大学卒業生の進路の多様化のなかで、学生の学力水準をいかに確保するかの問題として位置づけられると同時に、教員養成教育にとっても非常に重要な課題であると考える。なぜならば、「教員の専門的力量」の土台の育成に際しては、幅広い知識教養を基盤としながら、各教科の専門的知識を備えることが必須だからである。

また、A大学は昇格過程で、「社会経済の発展に相応しい実践力をもつ質の高い新型人材を育てる」という人材育成目標を掲げた。そして、教員養成においてそうした人材育成を図るにあたり、教科内容を学校現場で教授する経験を重視し、「基礎教育の発展状況に基づき、実践力のある教員を養成する」という意識をもつ管理職及び大学教員が多数いることは明らかである。つまり、教員養成教育に関心をもつ大学教員は学校現場が求める「教員の専門的力量」の土台の育成を意識している。

　さらに、教員養成教育に携わる教員へのインタビュー結果から、意識的に教員養成系専攻に在籍する学生の教職意識を強化している。それは、将来、一教員となる者が正しい価値観、人生観及び教職に対する高い道徳意識と責任感を重視することを意味する。高等師範系学校から一般大学に昇格したA大学においては、教員養成教育を実施する際に「教書育人」という伝統的な教育思想が継承されていると考える。このような教育思想は、教員養成教育のカリキュラムとしては反映されにくいが、「教員の専門的力量」を支える非常に重要な一要素になると考える。

　だが一方、「教員の専門的力量」の土台を育成するために、教科専門教養と教職専門教養の統合はより重要である。この観点からみると、教員養成カリキュラムの中核たるべき教職専門教養を充実させる策はとられず、学校現場での実習時間を増やすにとどまっている。なぜそうなったのだろうか。

　国家レベルの高等教育改革と教員養成改革を背景とし、本科大学の創設を強く求めるX市の意向を受けてX校は大学となった。地域住民と行政は市内唯一の大学に多様な期待を寄せた。第2節で述べたように、A大学が、「教員養成教育から非教員養成教育へ・基礎教育の発展を促すことから経済社会の発展を進めることへ」という理念を掲げたのはそうした期待に応えるためであった。新専攻の設置、系組織の再編、カリキュラム改革において、それは大きく影響している。また、第4節のインタビューから、「X市の経済発展に貢献し、地方産業が求める人材を育成する」という考え方がA大学に強く浸透したこと

が明らかである。そのため、A大学における昇格は、必ずしも教員養成教育の質的向上を積極的に進めた結果とはいえない。こうしたなかで、大学の教授組織も教育の質を評価する仕組みも非教員養成教育に傾き、一部の大学教員の個人的努力のみに頼れば、「教員の専門的力量」の土台の育成は容易には実現できないだろう。

　A大学と類似した環境のもとで師範高等専科学校から大学に昇格した例は少なくない。中国においては「大学における教員養成」はそのような昇格によって広く実現したといえる。教員養成における教科専門の学歴水準が高められ、多様な専門分野をもつ大学のなかで教員として必要とされる豊かな人間性も育成される可能性が開かれたと考えられる。一般教養と教科専門教養の強化は、国家的な基礎教育改革である資質教育課程の実施に求められる教員の新たな専門的力量の育成にとって非常に重要な意義をもつ。しかし、仮にそうだとしても、現実にはそうしたシナリオを阻害する状況が生じている。

　高等教育の大衆化が進み、大学への進学率が急上昇するなかで、学生の募集規模を急激に拡大したA大学には、従前よりもむしろ質の低い学生が入学するようになり、入学者の学力的水準は下がった。そのため、学生の学力不足を補い、学習意欲の向上や生活習慣問題の解決などに対応しなければならなくなった。「教員の専門的力量」の土台を育成しようとする大学の努力は大きな矛盾を抱えざるを得ない状況に置かれている。さらに、2010年現在、A大学の学生数は12,000人であるのに対して、専任教員は653人である。市場原理のもとで、大学は学生募集の拡大を優先する一方で、教職員の増員を厳しく制限してきた。先述のように、教員は負担増を強いられており、研究と教育の質を高めることは難しい。

　A大学の事例によれば、昇格を通して成り立った「大学における教員養成」においては「教員の専門的力量」の土台を保障することには多くの課題が存在している。「教員の専門的力量」の土台を育成しようという大学内在的な存在より、外在的な要素が大きく作用する実態が明らかである。大学は限られた資

源を以て、大学としての学問水準の強化と非教員養成教育の実施を優先している。大学組織もそれを促す仕組みとして構成されている。

注
1) 1983年11月5日に制度化され、地区から地級市への改編が行われた。地級市はその内部都市部の何倍もの面積を有する農村部を内包しており、厳密な意味での市とは定義を異にする。地級市は地区の後身であり、下部に市轄区・県・自治区・旗・自治旗を管轄し、また県級市を代表管轄している。
2) 中華人民共和国の行政区画の単位で「県」と同じ区分にある市である。中国においては1980年代以降、工業化の発展と都市化の推進に伴い、大多数の「市」が県を廃して置かれた。
3) 山東省教育庁 (2004)「創設A大学論証報告」『X師範専科学校申辦A大学材料』p.9
4) 山東省教育庁「創設A大学論証報告」『X師範専科学校申辦A大学材料』によると、X市の主要産業である石炭産業、建材業、化学工業の従業員数はそれぞれ18万人、8万人、4万人である。そのうち、専門技術者が9千人弱で、全従業者の3.0％に過ぎない。
5) 山東省教育庁 (2004)「創設A大学論証報告」『X師範専科学校申辦A大学材料』p.7
6) 山東省教育庁 (2004)「山東省高等学校設置評議委員会専門家A大学の創設に関する論証意見」『X師範専科学校申辦A大学材料』pp.25-30
7) 中国語原語は「山東省党建和思想政治工作先進高等学校」である。
8) A大学教務処編 (2010)『2010級本科専攻教学計画』p.1
9) フランス語原語はUniversité de Nantesである。
10) 荘明水 (2001)「師範教育の改革」小島麗逸・鄭新培編著『中国教育の発展と矛盾』御茶の水書房、p.126
11) X市人民政府事務室2001年6月16日X政府発布2001第106号X市人民政府文件による。
12) 中国共産党X市委員会事務室2001年6月22日発布2001第5号中国共産党X市委員会事務室文件による。
13) X市人民政府発布2002第39号文件による。
14) 魯政2003第30号文件 (2003年1月15日)「山東省人民政府X市政府のA大学設立方案を同意する決議」による。
15) X市人民政府発布2003第20号文件による。
16) 2003年7月25日にX市人民政府発布2003第65号文件による。

17）X師範高等専科学校の全体発展計画に基づき、X市の都市建設計画の一部として当校現有の建設用地以外に全部で66.67haを将来の建設用地にする企画をした。
18）A大学設立に必要な総資金額は約2.4億元（約30億円）である。第一期の財政予算は8,000万元で、先ず5,500万元を支給する。X師範高等専科学校は商業銀行から1.5億元を借入れ、財政予算から毎年500万元の利息を支払う。市財政から特別会計予算計画を作り、毎年学生1人当たり2,500元の予算を充てる。また、以降3～5年以内の学校基礎建設費や特別会計については市財政局により、具体的な予算計画を2003年8月末までに作成する。
19）山東省教育庁「X師範高等専科学校からA大学設立関連資料」2004年3月と山東省人民政府事務室魯政字2003第316号「山東省人民政府X師範高等専科学校をA大学に改編させる申請」による。
20）教育発展函(2004)第140号（2004年5月17日）「教育部X師範高等専科学校がA大学に編成することを同意する通知」による。
21）X校教務処「専攻設置一覧表」「例年卒業生数統計」2003年7月により筆者算出。
22）X校学生処(2001)「X校2001年卒業生就職工作報告」p.1
23）学長事務室編(2000)『X師範高等専科学校2000年鑑』p.4
 以下、脚注を付けないデータの出典はすべてX師範高等専科学校とA大学の大学年鑑である。
24）X市人民政府事務室X政府発布(2001)第106号2001年6月16日X市人民政府文件「資金投入・政策優遇によるA大学の建設促進」により筆者整理。
25）学長事務室(2002)「2001～2005年X校事業発展計画」『X校2002年鑑』pp.8-14
26）教育発展函(2004)第140号「教育部X師範高等専科学校がA大学に編成することを同意する通知」2004年5月17日による。
27）学長事務室(2005)「2006～2010年A大学事業発展計画」p.5
28）省教育庁(2004)「X師範専科学校申辦A大学材料」pp.25-30
29）「2001～2005年X師範高等専科学校専攻発展計画」の学科専攻設置現状報告により、合併後の1999年度に設置された普通高等教育の教員養成系専攻と非教員養成系専攻は以下のとおり、中国言語文学教育、政治思想教育、歴史教育、英語教育、数学教育、物理教育、化学教育、生物教育、地理教育、体育教育、音楽教育、美術教育、秘書とオフィスオートメーション、計算機応用と維持、応用電子技術、生物技術の16専攻である。成人高等教育と遠隔高等教育の非教員養成系専攻は以下のとおり、法律、英語、財務会計、計算機応用、科学工程と工芸、観光とホテル管理の6専攻である。

30) 前掲 学長事務室編『X 師範高等専科学校 2000 年鑑』p.1
31) 前掲 学長事務室編『X 師範高等専科学校 2000 年鑑』pp.7-10
32) 学長事務室編（2002）「2001～2005 年 X 師範高等専科学校専攻発展計画」『X 師範高等専科学校 2002 年鑑』pp.14-18
33) X 師範高等専科学校（2004）「A 大学創設申請情況報告書」
34) X 市人民政府事務室（2002）「X 市人民政府 X 師範高等専科学校の昇格に関する論証報告書」
35) 学長事務室編（2009）『A 大学 2009 年鑑』p.1
36) A 大学教務処（2004）「中国言語文学教育専攻本科 2004 級教学計画表（Ⅰ）」『2004 級本科課程専攻教学計画』p.35
37) 標準語をベースにした学校における教員用語である。子どもを対象にする際に、より順調に子どもとコミュニケーションが取られると考えられ、設置された科目である。
38) A 大学教務処（2004）「A 大学 2004 級 4 年制本科課程専攻教学計画に対する指導意見」『2004 級本科課程専攻教学計画』p.7
39) 卒業するために、学生が在学期間中で履修しなければならない最低の授業時間数である。それは学生の入学年度と所属する学系によって変わる。例えば、図 4-4 に示す 2000 年度に外国語学系に入学した学生が 3 年間で履修する最低の総授業時間数は 2,404 時間であった。同じく、2000 年度に中国言語文学系に入学した学生が 3 年間で履修する最低の総授業時間数は 2,162 時間であった。

第 5 章

師範学院から総合大学への移行における教員養成教育の変化
―B 大学の事例分析―

第 1 節
事例校の概要及びデータ収集の方法

1　B 大学の所在地 Y 市

　B 大学は山東半島東部に位置する沿海都市 Y 地級市にある。Y 市には市轄区と県級市[1)]があり、人口は約 696 万人（2010 年）である。Y 市は対外経済開放都市であり、産業都市としても急成長してきた。1990 年代以降は外資投資の増加によって、経済発展が著しい。また、交通の便、環境の良さなどによって、以前から観光地として知名度が高い。

　2005 年現在、同市は「全国都市総合力ベスト 50」、「全国都市投資環境ベスト 40」に名を連ね、GDP は 250 億ドルで、経済成長率は 17.6％で、全国の沿海開放都市のなかでは高い経済成長率を維持している。70 余の国・地区からの投資は 1 万件に及び、世界のベスト 500 社や著名多国籍企業の 53 余社が Y 市に投資している。

　全体的な経済成長を保つと同時に、Y 市は積極的に市内の産業構造を再編し、省の重要工業基地に指定され、積極的に新技術に関連する産業の発展を促進してきた。同市は機械、IT 電子、鉱業をはじめとして、冶金、建材、化学、医薬品などの産業を重点的に発展させ、高い技術力をもつ優秀な人材を登用している。また、第三次産業が発展し、2010 年現在、農業、製造業、サービス業

の構成比率は7.3対57.8対34.9である。

　高い経済成長率を保つY市の教育水準は省内屈指である。Y市の9年制義務教育はすでに2006年に全面的に実施され、2010年現在、中学校卒業生の進学率は100％で、そのうち、51.6％の生徒は普通全日制高等学校に進学している[2]。2010年現在、Y市には小学校509校、在籍児童数25.6万人、専任教員2万人以上、中学校248校、在籍生徒数26.6万人、専任教員2万3千人以上、高等学校51校、在籍学生数10.5万人、専任教員8,356人である。それ以外に、特殊教育学校9校があり、在籍者数は930人、専任教員277人である。現在、Y市における教員学歴充足率はほぼ100％で、さらに小・中学校教員の学歴向上施策を講じている[3]。

　また、基礎教育の水準が高いY市には17校の高等教育機関があり、在籍学生数は15万人である。その内訳は、普通本科大学9校、普通専科大学（職業技術大学を含む）7校、軍事大学1校である。9校の本科大学のうち、B大学を含む総合大学は3校で、医科大学1校、農林大学2校、財政経済系大学1校、文理科大学2校である。

2　B大学の歴史

　B大学の前身は、1958年に創設された師範専科学校で、1961年にキャンパスの移動により学校の名称がY師範高等専科学校に変更された。山東省東部地域の唯一の教員養成の高等教育機関として、中学校教員の養成を行っていた。1984年に本科大学へと昇格し、Y師範学院（以下、Y校と略す）に改名した。当時、8つの学部14学科で、高等学校教員の養成を含め、山東省沿海部唯一の本科レベルの高等師範系学校として、基礎教育段階の教員養成教育の主力となった。

　1984年、中央政府はY市を含む山東省のいくつかの市で「教育改革実験区」を指定し、さらに、1985年以降Y市は9年制義務教育の実施を宣言した。当時、Y校は「基礎教育に向け、中等教育機関の優秀な教員を育て、『師範性』

を強める」との理念を確立し、地域の教員養成を担当しながら、「教育改革実験区」の実験プロジェクトに参加した。そのうち、「地域の教育実験区の建設を強化する意見」を制定し、基礎教育の人材需要を満たすための専攻を設置した。また、農村地域における基礎教育に向け、そこでの教育に対応できる教員を育成するために、授業内容について改革を行った。

　1995年、Y市などの周辺地域は9年制義務教育の普及を中央政府の基準より5年早く完成した。1997年、Y市の基礎教育の実験成果が全国に宣伝され、Y校はY市の基礎教育改革の協力機関として中央政府に表彰された。

　1984～2006年までの22年間に、Y校は7万人の大学卒業生を輩出した。その内、54,000人の卒業生は山東省、とりわけ省の東部地域の中・高等学校で教員として活躍している。また、統計によれば、2007年にはB大学の所在地の地方における中・高等学校の教員数は45,000人で、そのうち、23,000人がY校の卒業生で、全体の51.1％を占めた。中・高等学校の校長は1,179人で、そのうち、Y校の卒業生は529人である。教職に就いた卒業生のなかで、全国優秀教員などとして表彰された者は32人、省の優秀教員などとして表彰された者は179人、市の優秀教員などとして表彰された者は4,149人にのぼる[4]。このように、前身のY校は、この地域の教員養成機関として長年にわたって優れた実績を認められてきた。

　また、Y校が2004年に地域の中・高等学校の校長・教頭を対象に実施した「Y校卒業生に対する評価アンケート」によると、学校現場においてはY校卒業生に対する評価がかなり高いことがわかる。表5-1にあるように、調査対象校の85.3％はY校の教員養成系専攻の卒業生が高度な専門基礎理論知識を備えていると評価し、真面目な仕事態度に対しても高く評価した。このような調査を通して、Y校は学校現場が卒業生に対する満足度を把握し、それに基づいて教員養成教育の改革を行った。

　2004年にY校は卒業生を対象にしたアンケートを行い、社会人となった卒業生の大学への評価を把握した。そのうち、90％以上の卒業生はY校の総合

表 5-1　Y 校出身教員に対する学校からの評価（2004年）　　　　　　　　　　(%)

項目	高い	やや高い	普通	低い
職　業　道　徳	82.3	17.0	0.7	0.0
真面目な仕事態度	83.8	14.8	1.4	0.0
高度的な専門基礎理論知識	85.3	10.8	3.9	0.0
仕事への創意工夫	77.7	14.3	6.2	1.8
協　同　精　神	79.7	14.7	5.6	0.0

出典：B 大学 (2007)『本科教育水準自己評価』p.81 に基づき筆者作成

　教育水準を高く評価していた。とりわけ、教育施設、授業水準は 95.6％ が「良い」と答えている。それ以外に、教員の資質が高いと評価した卒業生は 94.0％、科学研究レベルもかなり高いと評価した卒業生は 93.2％、教育管理制度や学生管理制度が良いと評価した卒業生は 85.0％ 以上であった[5]。

　第 2 章で記述した教育制度改革の影響のもとで、1990 年代後半以降、Y 校にも非教員養成系専攻が設置され、教員以外の多様な人材を育成するようになった。その後も、Y 校の本科大学としての全体的な教育水準は高く評価されている。1997 年と 2001 年にそれぞれ山東省本科教育に対する評価と山東省普通高等教育機関における本科教育の質的評価を受け、優秀であることが評価された[6]。また、1998 年には大学院も開設され、2005 年には教育修士専業学位研究生[7] の養成をはじめた。

　2006 年、Y 校は B 大学と改名し、21 学院（日本の学部に相当する）53 本科学科、10 専科学科となり、また 34 専攻においては大学院レベルの教育を有し、経済学、法学、教育学、文学、歴史学、理学、工学、農学、管理学など 9 つの分野を有する総合大学に移行した。

3　B 大学の現状

　B 大学は省教育庁が所管する総合大学で、敷地は 142.3ha で、校舎建築面積は 82.6 万 ㎡ である。大学の固定所有資産は 11.3 億元で、省レベルの重点実験

表5-2　B大学における管理運営部門及び教育組織部門（2011年）

管理運営部門		教育組織部門	
	学校総務室		文学院 （中国語辞書研究センター）
	紀律委員会		
	統一戦略部		歴史文化学院 （中国思想文化研究院、地方文化研究院）
	審理会計処		
	組織部		外国語学院
	宣伝部		
	団組織*1委員会		政治と行政学院 （マルクス主義学院）
	学生工作処		
	社会科学処		教育科学院 （教師教育研究院）
	人事処		
	教務処*2		法学院
	科学技術処		商学院 （地方発展研究センター）
	国際合作交流処		
	財政経理処		数学と情報科学院
	国有資産管理処		
	後勤会社		物理と光電工学院
	後勤処		化学と材料科学院
	基礎建設処		
	保衛処		地理と企画学院
	発展企画処		生命科学学院
	教職工会		
	図書館		食品工学院
	定年工作処		情報と電気工学院 （ソフト開発研究所）
	大学院処		
	校友工作事務室		菌物科学と技術研究院
	生涯学習教育学院（放送大学）		
	国際交流学院		交通学院
	現代教育技術部		土木工学院
	大学新聞編集部		体育学院
	車技術実習センター		芸術学院

注：（　）は該当学院における併設された研究機関である。*1-中国共産党による指導のもと14歳から28歳の若手エリート団員を擁する青年組織である中国共産主義青年団の略称である。*2-B大学における処は日本の大学組織の部に相当する。例えば、教務処は教務部に相当する。
出典：B大学ホームページ2011年版「機構設置」と「学部設置」に基づき筆者作成

室などは19カ所ある。また、図書館の蔵書は208万冊で、電子図書298万種類を有する。2011年現在、同大学は文学、理学と工学を中心とし、在籍学生数約28,600人で、そのうち、大学院生1,300人、本科課程と専科課程の学生合わせて26,500人、外国人留学生774人である[8]。

　表5-2に示したように、2011年現在B大学は19学院を設置し、66専攻の本科課程をもつ。それは文学、理学、工学、経済学、管理学、法学、教育学、史学、農学及び芸術学の10分野を含む。66の専攻の内、中国言語学専攻、歴史学専攻、化学専攻、生物科学専攻、中国言語文学専攻の5つの専攻は国家レベルの重点専攻である。また、7専攻は省の重点専攻と選定されている[9]。

　管理運営に関しては、共産党委員会の指導のもとでの校長責任制を実施している。党委員会書記1人、副書記1人、校長兼党副書記1人と各担当副校長5人、共産党紀律委員会書記1人を管理核心とし、表5-2に示したような管理運営部門を構成している。同大学は専任教員1,401人を有し、そのうち、教授は169人、副教授は385人である。学位別では、博士号をもつ教員は332人、修士号をもつ教員は629人で、地方大学として高い学歴水準の教員を多く有する[10]。また、国務院及び山東省政府に選ばれた優秀な教員が36人である。

　B大学は教育の国際化のため、積極的に国際交流活動と留学生教育に取り組んでいる。同大学は、留学生教育が実施できる大学として国家教育委員会が指定した200校の大学中の1校である。私費留学生以外に、「中国政府奨学金」「孔子学院奨学金」「山東省政府奨学金」が授与された国費留学生を受け入れている。それと同時に、中国語水準試験（HSK）とビジネス中国語水準試験（BCT）を行う資格をもつ。留学生教育だけではなく、同大学は韓国、日本、アメリカ、ロシア、カナダ、フランス、オーストラリアなどの12カ国の61大学・機構と友好交流協力関係を作り、とりわけ、日本とアメリカの4つの大学と共同教育を行い、「2年＋2年[11]」「3年＋1年」「3年＋2年」モデルの人材育成を実施している。

4 データ収集の方法

本章では、山東省における師範学院から総合大学に移行したB大学の教員養成の変化を明らかにする。ここで取り扱う事例に関するデータは、主として大学訪問調査によるインタビュー及び文書資料の収集によっている。

収集した文書資料はY校時代の「学校年鑑（1989～2005年）」「専攻設置企画（1995～2000年）」「教育企画書（1999～2005年）」「学科設立と発展企画（2000～2006年）」「教育管理規定制度（2004年）」「大学総合統計情報（2004～2006年）」Y校からB大学へ移行当時の申請資料と「B大学への移行報告書」、山東省教育庁の「B大学の移行についての審査報告書」などである。

また、移行後の「学校年鑑（2006～2009年）」「教育企画書（2006～2011年）」

表5-3　インタビュー調査の基本データ

対象	所属	職務	調査時期	場所
X教授	外国語学院	院長	2009年7月8日	東京
			2009年7月20日	B大学
Z氏	外国語学院	教学計画担当職員	2009年7月20日	B大学
W教授	教育科学院	副院長	2009年7月20・21日	B大学
			2011年4月18日	B大学
L教授	文学院	副院長	2009年7月21日	B大学
			2011年4月16日	B大学
C教授	文学院	教員養成系専攻教員	2009年7月22日	B大学
Y副教授	教育科学院	教員養成系専攻教員	2009年7月22日	B大学
A教授	教育科学院	院長補佐	2011年4月11日	B大学
B氏	発展企画処	大学発展企画担当職員	2011年4月13日	B大学
H副教授	教育科学院	教員養成系専攻教員	2011年4月14日	B大学
G副教授	外国語学院	教員養成系専攻教員	2011年4月16日	B大学
S教授	教務処教学科	科長	2011年4月18日	B大学
E氏	同窓会	校友工作担当職員	2011年4月18日	B大学
F教授	外国語学院	教員養成系専攻教員	2011年4月18日	B大学
D副教授	外国語学院	教員養成系専攻教員	2011年4月18日	B大学

注：第1回目の調査の実施時間順；副教授は日本の准教授に相当する。

「B大学専攻設置企画(2006～2010年)」「B大学学科設立企画(2006～2011年)」「本科専攻の教育水準評価基準、実施方法と結果(2007年)」「地方高等師範学院の総合化過程における問題と対策研究報告(2008年)」「本科教育における人材育成方策の改定(2009年)」「本科教育工作水準自己評価報告書(2007年)」「B大学教師教育総合改革方策(2009年)」「B大学教師教育授業改革方策(2009年)」「教師教育一体化の実践申請書(2009年)」「B大学教師教育基地申請報告(2009年)」「B大学教師教育発展企画(2009～2015年)」などである。

　まず、Y校の1999～2005年の教育企画書、B大学の2006～2011年の教育企画書の収集・分析を踏まえてB大学の2学部を選定し、それらの教員養成系専攻のカリキュラムの変化について重点的に分析するとともに、B大学の大学教員に予備調査を実施した。予備調査で得た情報に基づき、2009年の7月と2011年の3月の2回、教員養成に携わる教職員に電話または面接調査(表5-3参照)を実施し、結果を分析した。

第2節
師範学院から総合大学への移行の背景と経緯

1　移行の背景及び展開過程
(1)　移行の背景

　全国的な高等教育の急拡大を背景に、山東省は高等教育機関の配置調整及び基礎教育段階の学校教員の学歴高度化のための改革を実施した。その際、総合大学の数が少なく、その配置が省庁所在地の済南に集中しすぎることが問題視された。例えば、既述の通り、山東省の沿海部に位置するY市は、1990年代以降に経済が急速に成長し、さまざまな優秀な人材が必要となった。しかしながら、2000年当時、Y市には総合大学1校、経済系大学1校と高等師範系学校1校しかなかった。

　2003年、Y市のGDPは全国の沿海開放都市のなかで第7位にランクされた。省政府はY市の経済状況に基づき、省全体の経済発展を促進するために、Y

市を中心に製造業基地を設立することを決定した。しかしながら、人材の不足が大きな問題であった。2003年、Y市の非教員養成系専攻の大学卒業者人材は16,000人必要とされたが、実際には同年度の大学卒業者は6,000人で、充足率は38.0％に過ぎなかった。2003年以降、大学卒業者の需要は毎年10.0～15.0％増加したにもかかわらず、実際Y市の大学が年間に社会に送り出せる卒業生数は約2,000人であった。当時、市政府は、Y市の5年間計画を作成する際、高等教育規模の拡大を促進すること、及び市が多くの多様な人材を育成し、同市の経済発展を促進するうえで、総合大学の増設が必要だと指摘した。

また、経済状況が豊かなY市における基礎教育の水準は省内の他の地域より高い。2000年以来、毎年多くの高校生が大学入学統一試験を受け、大学進学希望者は増大した。こうした状況で、長年にわたって教員養成を目的としたY校は、大学の競争力を高めるために、総合大学への移行を決めた。同時に、Y市及び隣接する地域に、育成した多様な人材を送り出し、地域経済の発展にも貢献してきた[12]。

(2) 移行の展開

1995年、Y校は国が定めた「普通高等学校設置暫定条例」「普通高等学校申請名称変更規定」に基づき、大学内部の体制改革を進め、学部構成の調整をはじめた。規模拡大と同時に、教育水準を高めるために、学科増設と教員の資質向上に努め、総合大学への移行に必要な条件を整備した。1996年、省政府は移行に向けた準備状況を評価し、同校に対する優遇政策及び大学への予算拡大を決定した。2000年までに、Y校では主に3つの面で大きな変更が行われた。第一に、人材育成目標を従来の教員養成から社会経済の発展に必要な多様な人材の育成に転換した。第二に、専攻の設置状況を従来の単一的な教員養成系専攻から非教員養成系専攻への拡大を実現した。第三に、教育レベルを従来の本科と専科レベルを現在の本科と大学院レベルへと引き上げた。

こうした変更に当たり、省・市政府からも多くの支援を得た。2001年6月、

省高等学校設置委員会は総合大学への移行を目指すY校を視察し、大学の全体的な発展企画について意見を出した。翌年、Y市は「Y校の総合大学への移行に関する意見」を公布した。そこで、Y市政府は移行を全面的に支持することを表明し、Y校の現在の敷地周辺の土地を総合大学の建設用地として計画し、大学建設と基礎設備の面で優遇政策を提供することを約束した。同年、省教育庁は総合大学への移行を認定し、教育部にB大学の設立案を提出した。しかしながら、中央政府は地域の基礎教育の発展にとって高等師範系学校が非常に重要であると認識し、設立案を承認しなかった[13]。

こうした状況のなかで、Y校は、教育部から総合大学への移行を認められるために、移行に備え、大学内部での改革を進めた。それは次の3点をめぐる改革であった。

第一は、専攻を増設し、学生募集数を増大し、大学の規模を拡大する措置である。Y校はすでに設置した学科・専攻に基づき、社会のニーズに応じて「優位な学科を強化し、伝統的な学科を改造し、重点的な学科の発展を促進し、新たな学科専門を設置する」という原則に沿って、大学の教育資源をより積極的に活用した。2004年には、社会科学、人文科学、理科、工科と農科などの学科の40専攻を増設した。同時に、本科レベルの教育を大学教育の主体にし、全日制普通本科大学生の在籍学生数を拡大した。表5-4に示したように、2002年以降は定員数を超えた学生が入学し、毎年の入学生数は5,000人以上であった。移行直前の2005年には在籍学生数21,000人となった。

第二は、重点学科の建設を促進し、教育の質を高める措置である。移行するために、Y校は重点学科と発展条件が良い学科をさらに強化し、現在もっている教育資源を統合して新たに14学院を設立した。そこから、再び重点学科を選出し、うち、重点学科である中国言語文学学科が省教育庁にも省の重点学科として選抜された。また、全校60の実験室に対して評価し、そのなかの15実験室を省レベルあるいは全学レベルの重点実験室にして、その実験室向けの大学予算額を拡大した。

表5-4　移行前後における学生数の変化（2002〜2007年）

学生数（人）	年度	2002	2003	2004	2005	2006	2007
定員	教員養成系	2,115	2,335	1,740	1,660	5,480	5,820
	非教員養成系	2,360	2,925	2,920	3,380		
	合計	4,475	5,260	4,660	5,040	5,480	5,820
	山東省内	4,475	4,895	4,260	4,370	4,630	4,620
	山東省外	0	365	400	670	850	1,200
入学生		5,575	7,100	6,200	5,100	5,500	5,900
在籍学生		16,000	18,800	17,613	21,000	22,445	22,454

出典：Y校、B大学学務課（2002〜2007）「学生募集要項」に基づき筆者作成

　Y校は教育の質向上を目指して、授業管理を厳格化し、カリキュラムと授業改革を重視し、授業評価システムを新たに作った。授業評価を通して、39科目の優秀授業を選定した。また、教育の質を高めるために、大学英語教育と基礎情報教育を強化し、関連する多媒体言語教育センター、コンピューターセンター、視聴覚教育センターを設立し、教育の現代化を実現しようとした。

　第三は、教員の資質向上と科学研究の水準を高める措置である。優秀な教員を招くために、人事管理制度を改革し、競争原理を導入し、全教員と契約を結び直すことで、大学教員に危機感をもたせ、大学全体の効率化を図った。既述の学科・専攻を強化したうえで、重点学科をはじめ、大学全体の学問研究のレベルを高めた。授業料収入のうち、約3分の1の資金が研究費として使われ、2006年までの5年間に3,234万元が研究費に充てられた。それはB大学の歴史のなかで研究費の最上額であった[14]。

　準備を整えたY校は、2004年再び省教育庁に移行の申請書を提出した。同年3月に省教育庁は「省教育庁関于Y校移行報告」においてY校移行の必要性、Y校移行に備えた条件、Y校の大学発展の計画性の3点を論じ、教育部に許可を申請した。2005年4月に、教育部はY市の経済と社会発展にとってY校の総合大学への移行の必要性を認め、Y校の移行を承認し、正式な移行を

2006年4月と決定した。同時に、教育部はY校が総合大学へと移行しても、地域の教員養成を担うべきであると指示した[15]。

2 移行前後における学校組織の変化
(1) 専攻設置の多様化

Y校は山東省有数の高等師範系学校で、設立された当時、すべての専攻は教員養成系専攻[16]であった。1990年までに、教員養成をめぐって中・高等学校で設置する科目に関わるすべての教員養成系専攻を完備した。しかし、1991年以降の10年間に非教員養成系専攻17専攻と教員養成系専攻2専攻が増設された。この頃から、Y校は教員養成系専攻から、社会の人材需要に応じて非教員養成系専攻を適宜に増設しはじめた。

2000年からY校は移行の準備期に入り、「教員養成系専攻を改造し、関係性をもつ専攻を統合し、非教員養成系専攻の発展を促進する[17]」という専攻改革の原則のもとで、非教員養成系専攻の設置に力を入れた。表5-5は2001～2005年における専攻設置計画を示している。設置予定の26専攻は非教員養成系専攻24専攻と教員養成系専攻2専攻である。非教員養成系専攻は文学、農学、理学、工学、法学、管理学、歴史学などの学科領域にわたり、その多様性が明らかである。

専攻設置計画に基づき、2006年移行直前には、非教員養成系専攻が25専攻増え、多様な専攻が設置されていた。表5-6に示したように、全53専攻のうち、教員養成系専攻18を上回る35の非教員養成系専攻があった。非教員養成系専攻のなかでは工学10専攻、理学8専攻、文学6専攻がメインである。移行期間中に増設された専攻は約半数の47.0％を占める[18]。

移行後のB大学は、教職以外の幅広い分野の人材育成を目的とし[19]、2008年現在、計64専攻を設置している。そのうち、教員養成系専攻は19専攻、在籍学生数は5,000人で、在籍者数の5分の1にも満たない[20]。しかし、増設14専攻のなかに「小学教育」と「人文教育」という教員養成系2専攻があること

表 5-5　Y校における専攻設置計画（2001～2005年）

年度	専攻名称	所属学科	分類	コース
2001	運動訓練	教育学	養/非	
	水産養殖学	農学	非	
	ソーシャル・ワーク	法学	非	
	美術学	文学	非	視覚芸術
	音楽表現	文学	非	
	資源環境と都市計画	理学	非	
	高分子材料工学	工学	非	
2002	英語	文学	非	科学技術英語、国際貿易英語、観光英語
	教育技術学	教育学	養	
	応用心理学	理学	非	
	美術学	文学	非	
	中国言語学	文学	非	現代文秘、対外文秘、中国語情報処理、大衆伝媒
2003	ORC	理学	非	
	環境科学	理学	非	
	社会体育	教育学	非	
	美術学	文学	非	中国画芸術
	舞踊	文学	非	
2004	中国共産党歴史	歴史学	非	
	フランス語	文学	非	
	電子情報工学	工学	非	
	食品科学・工学	工学	非	
2005	情報管理と情報システム	管理学	非	
	通信工学	工学	非	
	作曲と作曲技術理論	文学	非	計算機音楽制作
	芸術設計	文学	非	計算機美術

注：分類列の「養」は教員養成系専攻で、「非」は非教員養成系専攻を指す。ORCは「Operation Research & Cybernetics」の略語である。
出典：Y校教務処（2000）「専攻構造調整意見」に基づき筆者作成

表 5-6　B 大学における本科レベル専攻設置状況（2006 年）

学科	総専攻数	教員養成系専攻		非教員養成系専攻		新設専攻*	
		専攻数	比率(%)	専攻数	比率(%)	専攻数	比率(%)
経 済 学	2	0	0	2	100	1	50
法　　学	3	1	33	2	67	1	33
教 育 学	7	5	71	2	29	4	57
文　　学	10	4	40	6	60	2	20
歴 史 学	1	1	100	0	0	0	0
理　　学	14	6	43	8	57	4	29
工　　学	11	1	9	10	91	9	82
農　　学	1	0	0	1	100	1	100
管 理 学	4	0	0	4	100	3	75
計	53	18	34	35	66	25	47

注：*-2001〜2005 年における新設された専攻を指す。
出典：B 大学（2007）『本科教育工作水準自己評価報告書』p.31 に基づき筆者作成

は注目に値する。「小学教育」は、以前、心理・教育学院教育学専攻に位置づけていたが、2008 年度に独立専攻になり、主に小学校の教員と管理者を養成する。「人文教育」は歴史・社会学院のなかに新設され、主に小・中学校の総合文化教育の教員を養成する。Y 校の時代は中・高等学校の教員養成のみだったが、移行を契機として B 大学においては初等教育の教員養成系専攻を設置したことが大きな変化である。これは、既述の Y 市が小学校教員の学歴水準を向上する施策と関係すると考えられる。

(2)　学部の改編と増加

　移行前後に、学部改編が行われた。図 5-1 のように移行前期に再編した系は計 15 系[21]（〇印）で、その後、系の規模拡大に伴いそれぞれ学院へと変更し、移行時の新設学院は 5 学院（●印）であった。2006 年の移行時点では 21 学院に増加し、各学院の規模はさらに急拡大した。21 学院のうち、教員養成系専攻を設置した学院は心理・教育学院や歴史・社会学院等の 14 学院（★印）である。

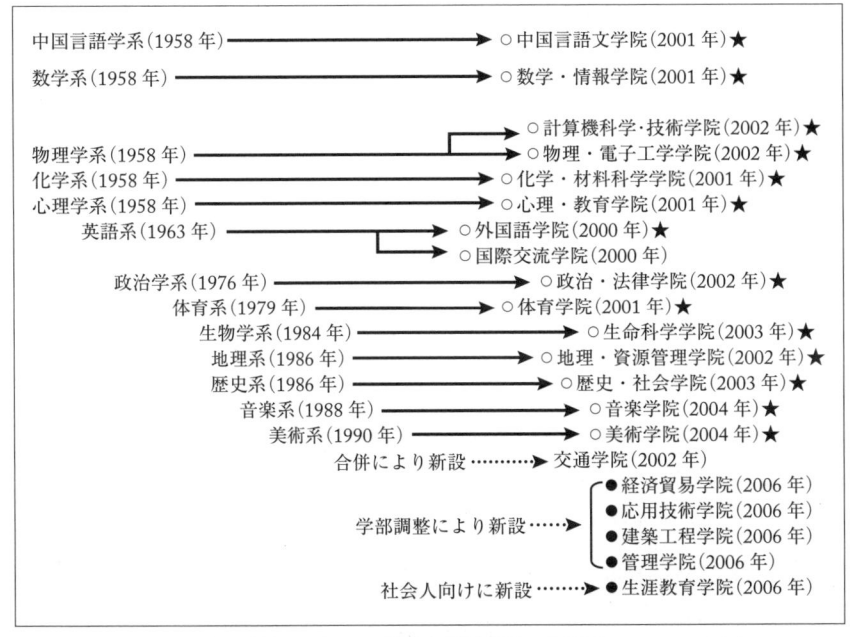

```
中国言語学系(1958 年) ──────────→ ○中国言語文学院(2001 年)★
数学系(1958 年) ──────────────→ ○数学・情報学院(2001 年)★
                                    ┌→ ○計算機科学・技術学院(2002 年)★
物理学系(1958 年) ─────────────┼→ ○物理・電子工学学院(2002 年)★
化学系(1958 年) ──────────────→ ○化学・材料科学学院(2001 年)★
心理学系(1958 年) ─────────────→ ○心理・教育学院(2001 年)★
英語系(1963 年) ──────────────→ ○外国語学院(2000 年)★
                                  └→ ○国際交流学院(2000 年)
政治学系(1976 年) ─────────────→ ○政治・法律学院(2002 年)★
体育系(1979 年) ──────────────→ ○体育学院(2001 年)★
生物学系(1984 年) ─────────────→ ○生命科学学院(2003 年)★
地理系(1986 年) ──────────────→ ○地理・資源管理学院(2002 年)★
歴史系(1986 年) ──────────────→ ○歴史・社会学院(2003 年)★
音楽系(1988 年) ──────────────→ ○音楽学院(2004 年)★
美術系(1990 年) ──────────────→ ○美術学院(2004 年)★
       合併により新設 ………→ 交通学院(2002 年)
                                  ┌●経済貿易学院(2006 年)
       学部調整により新設……→│●応用技術学院(2006 年)
                                  │●建築工程学院(2006 年)
                                  └●管理学院(2006 年)
       社会人向けに新設………●生涯教育学院(2006 年)
```

図 5-1 移行前後における教育組織部門の変遷(1958~2007 年)

注：○-移行前期に再編した系を指し、その後、大学組織の再編に伴いそれぞれ学院へと変更した。
　　●-移行時の新設学院は 5 学院を指す。★-21 学院の内、教員養成系専攻を設置した学院を指す。
出典：Y 校宣伝部(2003)「Y 校概況」、B 大学学務課(2007)「B 大学 2007 年学生募集要項」に基づき筆者作成

　こうした改編と増設によって、各学院の規模が拡大され、そのなかの専攻設置も多様になった。

　学院の増設過程では、研究分野間の競争と学生や社会のニーズとのさまざまな調整が行われた。2002 年当時、物理学系が再編を経て、物理学・電子工学学院に変更された。しかし、同学院において設置された計算機情報工学と計算機技術学は、数学・情報学院が設置する基礎情報工学と電子情報学の専攻内容と重複した。一方で、両学院においては上述の専攻は何れも新設したもので、関連する教員と実験設備が不足した。だが、情報学は新興学科であると同時に、人気専攻として大量の優秀な学生が受験すると予想された。したがって、両学

院ともに情報学を学院の重点学科として、教育と研究実力を強化するために、競って大学に研究経費を申請した。大学は内部の競争を収め、両学院の長所を活用するために、両学院の類似専攻を併合し、新たな計算機科学・技術学院を設置することを決定した。

経済貿易学院は政治・法律学院から分離して設置されたものである。政治・法律学院の前身は政治学系であり、2000年以降、政治教育学の学生募集定員を減らし、経済学の専門人材に対する社会需要に応じて経済学専攻を増設した。2002年、政治・法律学院に変更し、政治教育学、法学及び経済学の3専攻が設置された。2006年、経済学は政治・法律学院から分離し、経済学以外の貿易専攻を増設し、経済貿易学院となった。同様に、建築工程学院は地理・資源管理学院の専攻増設により、元学院から分離して設置されたのである。国際交流学院は韓国語専攻が外国語学院から分離して設置された学院であったが、それは韓国留学生の急増が主因である。その後、他国の留学生の増加により国際交流学院となった。

応用技術学院、生涯教育学院と管理学院は、何れも昇格後に新設した学部である。この3学部は近年社会的需要が大きく、就職しやすい専攻の新設によって増設された。応用技術学院は職業技術類専攻を重点にし、設置する専攻は道路・橋梁設計・管理、自動車電子技術、物流管理、食品加工技術等の実用性に優れた専攻である。生涯教育学院はY校の教員養成の特徴を活かし、教員研修を実施するための社会人向けの教育学院で、普通の短期研修班・職業訓練と違い、学歴を授与できる。管理学院は情報管理・旅行管理・公共事業管理等の最近の多学科性と総合性が強い専攻を設置する。交通学院の設置はY校と省交通学院の合併がきっかけとなった。

2006年以降、B大学は大学組織の改革を行い、大学と学院と学科・専攻の「三位一体」の管理体制を実施してきた。大学、学院、学科・専攻は責任者制で、それぞれの責任者はそれぞれ校長、院長、学科リーダーである。責任者の職能、責務及び仕事の目標が事前に設定され、それがヒト、モノ、カネの使用

権限に直接にリンクする。責任者の権限をより有効に活用させるために、各自の学院においては関連する規定を作る。学院を単位にして、学科・専攻の発展を促進し、教員の積極性と創造性を発揮させる。

移行後、リソースの効率的活用のため、継続的に学院の改編が行われている。そうして、2011年現在、文学院、歴史文化学院、外国語学院、政治と行政学院、教育科学院、法学院、商学院、数学と情報科学院、物理と光電工学院、化学と材料科学院、地理と企画学院、生命科学学院、食品工学院、情報と電気工学院、菌物科学と技術研究院、交通学院、土木工学院、体育学院、芸術学院の19学院(表5-2参照)が設置されている。

3　人材育成の目標と施策

2004年、総合大学への移行にあたって、「B大学は文科系の学問と理科系の学問を土台に、多学科・総合化・特色のある大学として、Y市の経済発展の人材需要に応じて、交通運輸、機械製造、電機情報、食品加工などの人材を積極的に育成する」ことを大学の発展計画[22]に明記した。その後、急速な経済発展に対応するための「応用型人材[23]」の育成を打ち出した。「学生を発展の中核とし、能力の育成を主にする。学生の才能に適応する教育方法で、社会の需要に応じて人材育成する。幅広い一般教養に基づいた専門教育の実施」を人材育成の指導方針とした。こうして、B大学はさらに具体的な人材育成方策を制定し、授業と教育課程の質を向上させ、学生の個性に合わせながら、彼らの資質能力を伸ばすことを目指した。

大学は各学院の自主性を尊重し、各学院は学科の特色と教育の特徴に基づき、全体の人材育成方針に違反しない限り、自主的に人材育成方策を作成することとした。各学院は主に学生の専門に関する基本的な理論的知識・技能、実践能力、創造力という3つの面を重視し、それを強化できる授業方法、教育課程、または教育計画を制定した。授業モデルの特徴は「理論教育と実践教育の結合」「専門教育と資質教育の結合」「学科教育と教員養成教育の結合」[24]である。

各学院の人材育成方策と教育計画の安定性を確保するため、学院が教育計画または授業内容を変更する場合、必ず大学の審査を受けなければならない。
　2003年に中国言語文学学院、心理・教育学院、数学・情報学院において、「学科分野で学生を募集し、段階別に分けて育成する」方式を実験的に行った。学生募集は学院単位で行い、最大2年間は学科統一的な一般教養と学科基礎教養の教育を行い、そのうえで、学生の興味と個性に合わせて専攻分けをすることとした。この実験結果に基づき、2006年以降はこの方式を全校に拡大した。そして、各学院の教育の特徴によって、多様なカリキュラムを施すことになった。
　人材育成方策の改革の一環として、教員養成教育の改革が行われ、「学科教育＋教員養成教育」という新たな教員養成教育が実施された。教員養成カリキュラムは学科類課程と教育類課程の2つの部分によって構成される。学科類課程は各学科の専攻課程を柱とし、教育類課程は基礎教育改革のニーズに合わせて作られた。独立的な教職専門教養課程として選択履修する。学生は理論と実践を含む教職専門教育の課程を履修し、すべての単位を取得した後に、教員養成系専攻の学生として卒業できる。
　地域社会に必要とされる多様な人材を育成する目標を達成するために、大学は2007年から全校におけるすべての本科レベルの教育専攻に対して「専攻設置評価」を行った。「評価」はB大学教務処と専門家評価の2つの部分で構成される。教務処評価は主に各学院の専攻の学生募集状況、卒業生の就職状況、学生の学習状況をめぐって評価を行う。専門家評価は他の大学の専門家によって文・理系に分けて評価チームを組み、専門知識に基づいて地方経済の発展需要、学科専門の特徴と将来性、その専攻の競争力及び今後の学生募集と卒業生の就職状況などの面で、B大学が設置している専攻に対して評価を行う[25]。
　全専攻がA、B、C、Dの4段階の評価を受けた。Aの専攻は拡大専攻とされ、学生募集計画を拡大し、資質の高い教員を拡充し、研究費の予算額を拡大し、さらに専攻内のコースを充実する。Bの専攻は普通専攻とされ、従来の学

生募集計画と研究経費の予算額を維持し、教員の全体水準を高めるようにする。Cの専攻は学生募集数を縮小して、専攻の教員は研修を経て他の専攻に編入するか、他の職務を担当するように処置する。Dの専攻はすぐに学生募集を停止する。評価の結果は、Aが24専攻、Bが24専攻、Cが4専攻であった[26]。Cの4専攻のうち、教員養成系専攻は教育技術学専攻と化学教育専攻の2つで、それぞれ専攻廃止と学生募集停止の措置が取られた。こうして、B大学が地方経済と社会発展に適応する力を強め、より多くの人材を育成できるよう措置を取った。

　人材育成方策が順調に実施されるように、人材育成方策と教育計画の執行・調整原則及びその権限を明確にするための規定として、「人材育成方策管理方法」「教育と管理工作規程」「教育と教育管理工作ガイドライン」が作られた。教育計画管理、課程管理、授業の履修及び受講生の管理をめぐって、全学統一の履修管理システムを作った。授業の質を高めるために、大学と各学院が連携を強め、組織的な保障システムを作り、授業担当教員の責任を明確にした。

　授業評価を厳密に実施するために、大学は監督・評価システムを作った。理論教育については主に専門家の評価及び学生の授業に対する評価から総合的に評価している。実践教育については実習現場の確認、実習生の懇談会、実験項目のチェックなどを通して評価している。卒業論文については、テーマ選定、中間発表・指導、卒論審査に対して評価を行い、卒業論文の水準を保障している。

第3節　総合大学移行後における教員養成カリキュラムの実施と特徴

1　教員養成の実施理念及び教育科学院の特設

　2006年、移行当時は、教育部と省政府から「B大学が引き続き教員養成教育を維持・強化し、地域基礎教育の教員養成・研修に努めなければならない」と指示された。それを受けて、B大学は地域社会の経済と基礎教育の発展に基

づき、教育を中心に、教員養成の特色を維持しつつ、教育改革を促進し、教育の水準を高めようとした。「教員養成教育の優勢を保ちながら、多くの学科がともに発展する」という中長期発展目標及び「教員養成教育を特色とした多学科・専攻システム」という学科・専攻企画目標を確立した。

さらに、教員養成においては確かな基礎的知識をもち、総合的資質が高い、創造精神と実践的指導力の育成を目指し、「教師教育の総合改革方策」と「教師教育授業改革方策」を策定した。両方策の実施にあたり、以下の5つの点で保障措置が取られた[27]。

第一に、教員養成に対する認識を高め、大学の全体的計画を作る。大学は教員養成教育の質を高めようと認識し、その改革を大学教育の改革の一環として位置づける。改革会議を定期的に行い、問題と課題を確かめながら改革案を修正し、効果的な実施に努める。

第二に、教育思想を転換し、新たな教員養成教育の理念を樹立する。教員養成教育を担当する教員、管理者と学生を招き、教員養成教育の理念に関する討論会を開く。教員養成教育の将来性、総合性と専門性及び教職の専門化の意味を検討し、「教員養成と教員研修を一体化する教師教育」理念を理解したうえで、どのように両者の結合を促進するかを大学内部で研究、実践する。

第三に、教員養成教育の水準を高める。教員養成改革を大学改革の重点として研究と実践を行い、積極的に省の教員養成教育の改革研究プロジェクトに参加する。大学の教育改革プロジェクトのなかで、教員養成に関する改革[28]を優先的に実施する。

第四に、教員養成教育に関する運営方法を見直す。改革後の教員養成教育は学院横断的に行われるため、教育資源の再分配、教育組織の改編、学生の専攻選択などに関連したさまざまな見直しが必要である。そのため、従来の運営体制及び組織を改革する。

第五に、教員養成教育の質を高めるための評価システムを作る。管理者、教員、学生が参与できる新たな授業評価システムと教員評価システムを作る。卒

業生と現職研修教員を対象とする調査を実施し、意見を求め、教員養成と研修のプログラムを改善する。

2007年1月に、B大学は省教育庁に「省級教師教育基地の設立申請」を提出し、以上のような新たな教員養成モデルを実施しはじめた。ところが、実際に総合大学への移行が行われると大学教育における非教員養成系専攻の比重が急速に大きくなり、従来大学で集中管理されていた教員養成は各学院に分散され、軽視される可能性がある。それを防ぎ、B大学は高い資質能力と専門性を備えた教員を養成することと、在職期間全体を通じて学び続ける教員を継続的に支援するために、教育科学院の設立を決定した。

教育科学院は従来の心理・教育学院を主体にし、各学院に分散された教育科学、学科教育学、現代教育技術、教員職業技能などの教員を再編した。教育科学院の設立を通して、全学の教員養成教育の管理を強化し、教員養成教育の資源を有効に活用し、健全な教員養成教育の体制を作ることが期待された[29]。

教育科学院は教育理論研究チーム、教育実践研究チーム、学科教育研究チームを有し、大学全体の教員養成を担当する以外に、地方教育行政及び現地の小・中・高等学校と連携を強め、在職教員の研修、地方教育行政への提言と教員養成教育に関する共同研究を実施する。2009年現在、教育科学院に所属する教員は64人で、そのうち、教育学技能総合訓練課程と教育実習指導教員は合わせて31人、心理学、教育学などの教職理論課程を担当する教員は21人、現代教育技術教育を担当する教員は12人である[30]。

2　教員養成教育モデルの多様化

従来は、どの専攻も「4年制」モデルであった[31]。教員養成系専攻の学生は入学直後から専攻に分かれ、専攻変更が原則的に禁止され、各専攻では自専攻と関連する限定履修科目のみ履修した。教員養成系専攻の学生は他専攻の科目履修ができず、他専攻の学生も教員養成教育を容易に受けられないため、「閉鎖制」の養成モデルともいわれる。移行後には、教員の資質向上の必要に応じ

て、新たな本科レベルの教員養成モデルと大学院レベルの教員養成モデルが作られた。それについて、教育科学院W副院長は「質の高い教員養成教育を保障するためには、先ず各学科の特徴に応じた多様な教員養成モデルが必要だ」と述べた。

まず、教員の技能教育と実践教育部分が不足している問題に対して、新たな「3年＋1年」などの教員養成モデルを作り出した。

「3年」は入学後3年間に学科専門教養を受ける期間を指す。この段階は基礎教養教育段階と専門教育段階を含む。基礎教養教育段階は1年半あるいは2年間で、学生は専攻に分かれず、学科分野で統一的に一般教養科目を学習する。この期間は学生に幅広い知識を身に付けさせるのが目的である。その後、学生は専攻を選択し、1年間あるいは1年半の学科専門教育を受け、学科専門論文を完成する。また、3年間の学科専門教育を実施すると同時に、教職専門教養を学習する。基礎教養教育段階においては教職を選択する意欲がある学生に向け、教員基本技能限定選択履修科目を設置する。関連する教員基本技能限定選択履修科目の学習は、その後学生が教員養成系専攻に入る条件とされる。

専門教育段階においては教員養成系専攻の学生に教育理論の必修科目を履修させる。「1年」は教員養成系専攻の学生に向け、教育科学院によって統一的に教職専門教育を実施する期間を指す。この1年間で、学生は教育理論、学科教育論と教育技能に関する高度な教職専門教養を受け、最後に、教育実習の経験を活かして卒業論文を完成する。

英語学科を例にその変化を見てみよう。2002年度の英語教育専攻と英語翻訳・通訳専攻の募集定員はそれぞれ115人と90人であった。両専攻の学生は入学後専攻別で科目を履修した。英語教育専攻の学生は4年間に22科目（41単位）の公共必修科目、5科目（10単位）の公共選択履修科目と33科目（98単位）の専攻科目を必修とし、それに、27単位の選択履修科目、教育実習と卒業論文を履修すれば、卒業できた。

一方、2006年度から各学部は専攻の特色により、「1.5年＋2.5年」式[32]ま

表5-7 英語教育専攻の科目分類と単位配分（2006年度）

課程名称	基礎教育課程		専門教育課程		実践能力と 総合資質育成課程		合計 単位
	公共基 礎科目	学科専門 基礎科目	専攻基 礎科目	教職科目	実践教 学科目	総合資 質科目	
履修科目数	22	21	12	13～15	7	7～*2	
単 位 数	33*1	56	31	20	16	19	175
履修学期	1～4学期		5～8学期		1～8学期		

注：*1-公共基礎科目中には必修科目が設置され、学生はそれを履修しないと卒業できないが、単位は認められない。*2-履修科目数は学生の選択履修科目により異なり、最低限の履修科目数は7科目である。
出典：B大学教務処（2006）『B大学本科専業人材培養方策』に基づき筆者作成

たは「2年＋2年」式[33)]というカリキュラムモデルのいずれかを選択できるようになった。入学後、学生は一般教養と学科共通科目を履修したうえで、教員養成系専攻を申請し、審査に合格した学生が教員養成系専攻に進級する。2009年度はさらに「3年＋1年」式が取り入れられた。

カリキュラムモデルの多様化により、各学部は自主的に教員養成を実施できるようになり、教員養成系専攻の学生にも非教員養成系専攻の学生と同様に一般教養と学科専門教養を学ばせた。2006年度から外国語学院は「2年＋2年」式を導入した。表5-7のように学生は入学後2年間「基礎教育課程」で一般教養と学科専門知識の89単位を習得する。第5学期からは志望専攻に入り、英語教育専攻、国際ビジネス専攻及び英語翻訳・通訳専攻の3分野に分かれる。英語教育専攻の「専門教育課程」は51単位である。4年間かけて履修する「実践能力と総合資質育成課程」35単位がそれらに加わる。

新カリキュラムモデルには基礎教育を通して学生の勉学意欲を引き出し、主体的に研究活動に取り組ませ、本人の希望に応じて専攻に進ませる。外国語学院X院長によれば、「2年＋2年」式の下で、学生は「基礎教育課程」で教員養成に関心を深め、より多くの学生が英語教育専攻に入るという意外な効果をもたらした。例えば、2004年は入学者300名のうち、教員養成系専攻進学者

は150名だったが、2009年は320名のうち、教員養成系専攻進学者は216名となった。

このほか、非教員養成系専攻の学生にも教員になる機会を提供している。非教員養成系専攻の学生は4年間で学位を取得後、1年間をかけて教職専門教養を受けることができる。その後、教員養成教育の専門的な卒業論文を作成し、基準に合格した者には教育学士号が授与される。しかし、教職専門教養の基準に合わせ、このような学生たちに特別な教員養成教育のカリキュラムを作らなければならない。学生は非教員養成系専攻に在籍する期間に基本的な教員養成系専攻の科目を履修し、教職基本技能に関する教育を受け、教員になる意識を高める。そして、B大学は本科レベルの教員養成モデルを多様化している以外に、「4年＋2年」の大学院レベルの教員養成も模索してきた。

3　教員養成教育における新課程システムの構成

新たな教員養成理念のもとで、多様な教員養成モデルが採用され、一般教養、教職専門教養と教科専門教養により構成された教員養成課程の総合的な見直しが行われた。B大学はY市の小・中・高等学校における教員の資質能力に関する基礎調査を行い、新教員養成課程を再構築した。それは大学における学習・研究と教育実践を有機的に接続・体系化し、養成の成果が学校現場における実践性に直結するような新課程システムであり、基礎教育、学科教育及び教員養成教育の3領域に分けられる。そして、3領域にはさらに、次のような9つの科目を含む。

基礎教育領域には一般教養科目、学科基礎科目、総合資質科目の3部分がある。

①　一般教養科目はすべて必修科目で、主に思想政治理論(マルクス主義基本原理、毛沢東思想、鄧小平理論と重要思想概論、思想道徳修養と法律基礎、中国近現代史綱要)、大学外国語(英語、日本語、フランス語、ドイツ語、ロシア語)、計算機基礎(計算機文化基礎とプログラム開発基礎、データベース応用技術とインターネ

ット応用技術)、大学体育、軍事訓練、社会公益活動などの課程によって構成される。

② 学科基礎科目は全部必修科目で、専門分野が近い学生が統一的に学習できる学科の基礎知識である。入学後、幅広い範囲で学科基礎知識を学び、学科知識の学習を経て興味の所在を明確化して専攻を選択し、専門的知識を学ぶ。

③ 総合資質科目は全学生に向け、全学統一的に開設された選択履修科目である。それは自然科学類[34]と人文社会科学類[35]に分けられる。原則として理系の学生は人文社会科学類の科目を履修し、文系の学生は自然科学類の科目を履修する。

学科教育領域には学科主要科目、学科専攻科目、学科実践科目の3部分がある。

① 学科主要科目はすべて必修科目で、学科の発展状況と特色及び基礎教育課程教育の必要に応じて設置される。科目内容は主に教員養成系専攻の学生が将来教員になり、教科教育をする時の教科基礎知識である。

② 学科専攻科目は限定選択履修科目で、学生が自分の興味によって限定分野の関連科目を選択して履修できる。その内容は主に学科の基礎知識をさらに深める知識で、学科・専攻の最新知識と新技術及び学科・専攻に関する文献資料などである。

③ 学科実践科目は学生の学科専攻知識を活用する力を強化するために設置された科目である。それは授業設計、実験教育、専攻実習、卒業生実習と学科卒業論文などを含む。

教員養成教育領域は「教員の専門的力量」の土台の育成を強化するために設置され、教育専門科目、教育技能科目、教育実践科目の3部分がある。

① 教育専門科目には必修科目と選択履修科目の2種類がある。学生は教育専門科目の履修を通して教員養成教育の基本理論と基本知識を学習し、基礎教育の特徴と改革動向を把握できる。

② 教育技能科目は大学4年間にわたって実施され、学生の授業実施力を強

化する。既述したように、2006年以後多様な教員養成モデルが実施され、学生は入学当初に専攻を選択しない。だが、今後教員養成系専攻に入りたい学生は入学直後の基礎教養教育段階で必ず教育技能授業を受けなければならない。なぜなら、それは基礎教養教育段階で教育技能授業を履修し、6単位を取得した学生のみ、専攻選択の際に教員養成系専攻に入れる仕組みだからである。

③　教育実践科目は教師教育技能総合訓練（Microteaching含む）、教育見学、教育実習と教員養成教育論文によって構成される。大学は実践教育の標準と目標を設定したうえで、上述の科目を全学統一的に手配する。また、実習生は教育実習をしながら、現場での教育経験を反省し教育論文を作成する。

4　教職専門教養科目の増加

従来、必修教職専門教養科目は教員養成系専攻学生対象の必修の教職専門教養科目であった。教育科学院が授業計画を作成し、全学で統一的に共通科目と教科別科目を実施していた。表5-8のように心理学、教育学等の6科目（●印）の18単位で、その他、自由選択履修科目が数科目あるにすぎなかった。必修教職専門教養科目は大学によって統一的に設置され、教員養成系専攻の学生は大学1年次と2年次に履修する。教職に関する自由選択履修科目は各学院が授業科目設置状況に応じて自由に設置する。

だが、学院間には教職科目の位置づけが異なり、教職専門教養を重視する学院があれば教科専門教養を重視する学院もあるために、学院ごとに設置した教職科目数は異なる。表5-9に示したように、中国言語教育専攻と英語教育専攻における教職選択履修科目数はそれぞれ9科目と3科目で、その差は明らかである。

さらに、教職選択履修科目が必ず学生たちに履修されることは確保されていない。教育科学院W副院長は「自由選択履修の教職専門教養科目が設置されても、履修する学生が少なかった。学生がその科目の重要性を認識していなかった」と述べた。文学院のL副院長によれば、大学が必要だと考えて開講し

表 5-8　B 大学教員養成系専攻必修・選択必修教職科目設置基準（2009 年度）

科目類型	科目区分	授業科目	単位 講義	単位 実践	単位 合計	担当部門
必修（20単位）	理論（6単位）	●心理学	2		2	教育科学院
		●教育学	2		2	教育科学院
		●XX学科教学論	2		2	各学院
	実技（4単位）	標準語と教師口語表現		1	1	教務処
		○漢字と書写芸術		1	1	教務処
		●現代教育技術			2	現代教育技術部
	実習・実験（10単位）	●教師教育技能総合訓練（Microteaching 含む）		2	2	各学院
		●教育見学・実習		8	8	各学院
選択必修（6単位）	理論（2単位）	○教育心理学	2		2	教育科学院
		○教育社会学	2		2	教育科学院
		○学校心理健康教育	2		2	教育科学院
		基礎教育動態	2		2	教育科学院
	実技（2単位）	XX学科模範課見学	2		2	各学院
		教育研究法	2		2	教育科学院
		○学級担任工作芸術	2		2	教育科学院
		XX学科実験教学	1	1	2	理系各学院
	実習・実験*2（2単位）	教師職業行為規範*1		1	1	教務処
		小・中・高等学校教材模擬設計		1	1	教務処
		課程開発と設計		1	1	教務処
		小・中・高等学校教育案例分析		1	1	教務処
		学科教育専門研究		0.5	0.5	教務処
		地方基礎教育現状		0.5	0.5	教務処
		基礎教育課題交流*3		0.5	0.5	教務処
合計：単位数 24 (26)、そのうち必修 20、任意必修 4 (6)						

注：*1-教師職業行為規範は教育法解読と教師職業道徳規範の両部分を含む。*2-実習・実験選択科目は自由選択科目履修表に入れ、教員養成系専攻の学生はそれを選択必修する。*3-基礎教育課題交流は学術サロンの組織形式で行われ、教員、学生と教職訓練を受ける者が参加できる。
出典：B大学教育科学院（2009）「B大学教師教育教学計画」に基づき筆者作成

表5-9　Y校教員養成系専攻選択履修教職科目設置状況(2001年度)

中国言語教育専攻			英語教育専攻		
選択履修科目名	単位数	授業時間数	選択履修科目名	単位数	授業時間数
中 国 語 教 育 史	2	34	授 業 英 語	2	36
中国語教育名家研究	2	34	Microteaching	1	20
作 文 教 育 研 究	2	34	英 語 言 語 試 験	2	36
中国語教育心理学	2	34			
中外言語教育比較研究	2	34			
教 師 口 語	2	34			
学 級 担 任 工 作	2	34			
教 師 職 業 道 徳 修 養	2	34			
中 国 語 試 験 研 究	2	34			
計	18	306	計	5	92

出典:Y校教務処(2001)「Y校専攻教育計画」pp.23-45、pp.75-89に基づき筆者作成

ても、ほとんどの教職専門教養科目は自由選択履修科目なので、学生が選択しない限り、強制的に履修させることはできなかったという。

　2006年以降、教職専門教養科目の開設基準は教育科学院が作成した。教務処と各学院の協力のもとで、全学で統一的に実施し、必修と自由選択以外に、選択必修[36]を加えた。それは、制限された科目から学生が選択して履修する。新教職専門教養科目は理論と実践の関係、学科知識と専攻知識の関係、教育学基礎知識と教育現場の最新動向の関係を重視する[37]。

　表5-8のように2009年度の教職専門教養の必修科目と選択必修科目(○印:2009年度の新科目)は23科目(24(26)単位)に増えている。そのうち、「標準語と教師口語表現」は学生の基本的言語表現力とコミュニケーション能力を強化したうえで、教員としての言葉使いのスキル、表現手法、授業用言語使い及び子どもとの会話力を身に付けさせようとした。「漢字と書写芸術」は主に学生に正しい漢字の書き方(チョーク、万年筆と毛筆)、正確な用語を以て綺麗な板書を構成する方法を把握させ、文字表現力と審美眼を高めるための科目である。さらに、学生たちが時代とともに変化する教育問題と子どもの発達段階に応じ

た理解について学ぶために、「教育社会学」「教育心理学」「学校心理健康教育」などの科目を新たに設置した。

5　教育実習方式の改革

　以前の教育実習は8週間で、学生が自主的に実習希望先の学校に依頼していた。ところが、W副院長によれば、実際には学生が授業をする機会は十分保障されず、規定(8時限の授業)通りに教壇に立てなかったという。2006年度からは大学と地方教育委員会が連携し、教員養成系専攻の学生を計画的に学校に配分して実習させる一方で、小・中・高等学校の教員は大学で現職研修を受けるような「頂崗実習、置換研修」制度をとった。以下、この制度について説明する。

　まず、B大学はY市教育機関と連携して同市の小・中・高等学校における教員養成教育拠点校を作った。B大学は「教師教育の専門化」と「教師教育の一体化」に対応するために、図5-2に示した「B大学・Y市の教師教育一体化の教員養成モデル」をY市教育行政機関に提案し、合意に達した。

　同年、B大学はY市教育局の協力のもと、Y市基礎教育機関の教師の専門的発達の現状と需要について質問紙調査を実施した。調査の結果に基づき、各教科教学論の担当教員は小・中・高等学校を訪問し、授業参観及び現職教員に対するインタビュー調査を実施した。各教科の特徴と教育現場から小・中・高等学校教員が実際に抱えている課題を明らかにし、教員養成の専門化に向け、より具体的な実践的教員養成システムのイメージを得た。その後、B大学は調査結果を「Y市基礎教育教師専業発展報告書」にまとめ、Y市教育局及び同市の小・中・高等学校と「教師教育一体化教員養成創新実験区」(以下、「実験区」と略す)提携をした。「実験区」においては新たな教員養成系専攻学生の学校実習と現職教員の大学研修の一体的改革が行われた。

　2009年現在、B大学とY市の連携による教員養成教育拠点は135カ所に拡大し、教員養成系専攻の学生はそれらの学校で実習を行い、実習生は担当科目

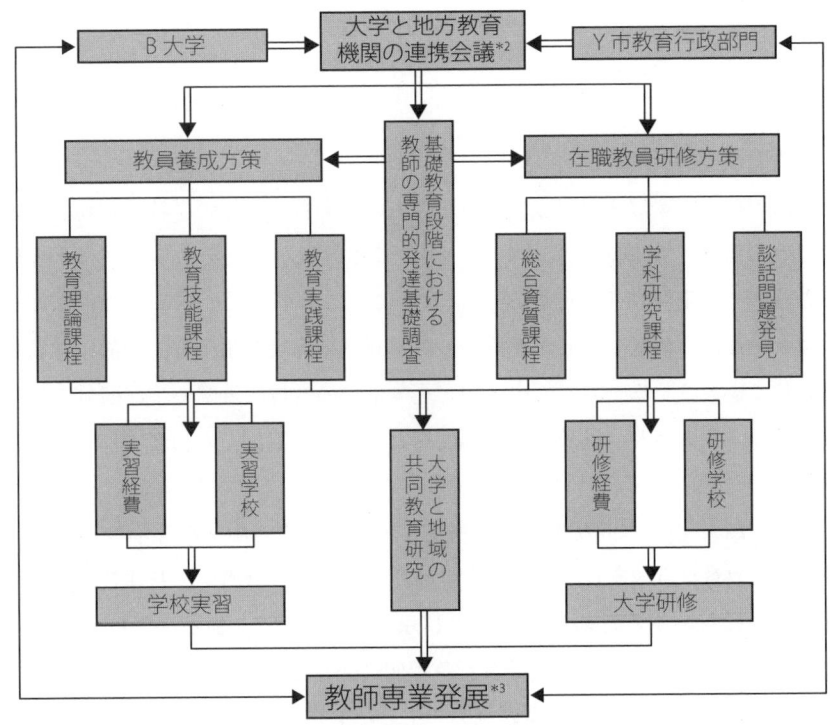

図5-2 B大学・Y市の教師教育一体化[*1]**の教員養成モデル（2009年）**

注：*1-教員養成・研修統合型の教職支援システムを指す。*2-B大学とY市教育行政部門との定例会と臨時会議を指す。学期の始まりと終わりの時、2回の会議を開く。学期始まりの定例会は教員養成教育の実施方策を検討し、「頂崗実習、置換研修」に関する意見を交換する。学期終わりの定例会は学期中の経験と問題点について検討する。臨時会議は主に「頂崗実習、置換研修」制度の順調実施を確保するために、学期の間に随時に開く会議である。
*3-B教師の専門的発達を指す。

出典：B大学（2009）「職前職後一体化教師教育モデル創新実験区申請書」（国家教育プロジェクト）p.4に基づき筆者作成

の授業を行うとともに、学級担任の業務を経験するようになっている。それは責任感を育て、教授・学習能力を含む総合資質を高める狙いからである。一方で、市内の現職教員はB大学で研修を受けることができるため、大学と地方教育部門の双方に利益をもたらすことになる。経費に関しては、B大学は教員養成特別予算を出し、実習生の現場実習を支援する。Y市教育行政部門は教員

研修専用基金を作り、研修経費を保障した。
　見学・実習期間は計3カ月で、以下の3つの段階に分けられる。
　第一段階は3週間で、実習準備期間である。実習前に、大学は教員養成教育拠点から優秀な中学校教員を招き、教員養成系専攻の教員と一緒に学生指導を行う。そこには、模擬授業、授業作りや児童・生徒指導などの現場体験が含まれている。
　第二段階は8週間で、大学で実習前指導を十分に受けた学生が、実習校で完全実習を行う。この間に、大学、市教育局と実習校はそれぞれの責任をもって、教育実習の実施を保障する。大学は、各学院の実習方策を審査したうえで、市教育局及び各実習校と連絡を取り、全学統一的な教育実習計画を作る。実習中、教員養成教育を担当する教員は実習地域を訪問し、実習校との交流を含め、共同実習指導、教員養成教育の共同研究または実習生に対する監督を行う。
　市教育局は大学と協力して各実習校の現職教員の研修需要に合わせ、大学の実習計画について意見を出す。また、実習計画を着実に実施させるために、各実習校の実習生受入れ状況を監督・管理する。
　実習校は大学の教員育成方策に基づき、実習生の指導と監督に協力する。授業の面では、優秀な現職教員を選定して生徒指導、授業準備、教科内容と授業技術・方法などを含む教員としての基本的な指導力に関する内容について、専門的な指導を行う。学級経営の面では、2〜3人の学生が1グループとなり、指定教員の指導を受けながら1学級を担当する。また、実習生の実習状況などについて大学に報告し、最後に実習生に対して評価を提出する。
　第三段階は1週間で、実習生は大学へ戻り、実習報告模擬授業をし、実習反省報告書を作成し、大学の実習指導教員から意見をもらう。
　2009年までに計3,000人の実習生が、このような実習を行った。B大学が独自に実施した評価調査では、実践的指導力が高くなったという採用校の評価結果が得られた[38]。また、その間に計562人の現職教員が大学で研修を受けた。同実習制度を通して、B大学は学校現場との交流を深め、地域の基礎教育

の発展状況について把握できた。そして、大学と地域基礎教育機関の共同研究が推進され、「Y市教育発展戦略研究」「Y市資質教育専門研究」「典型教育案例分析」などの共同研究成果を収めた[39]。

第4節
総合大学移行後における特色ある教員養成教育の実施

　師範学院から総合大学への移行に伴い、B大学における学校組織、人材育成の目標と方策が変わりつつある。とりわけ、教員養成の実施理念、教員養成教育のモデルとカリキュラムの構成は大きく変化している。大学の管理職は、どのような意図をもって教員養成教育の改革を推進してきたのか、授業あるいはカリキュラムに何を求めているのか。また、授業担当者は、移行に伴う教員養成教育の改革に対してどのように認識したのか、カリキュラムの変化を受けて具体的にどう対応しているか。本節はインタビュー調査を通じ、その回答に基づいて教員養成教育内容の実態を次の5点に整理する。

1　教育理念の変化

　移行に伴う人材育成目標の変更は教員養成系専攻に影響を与えた。教務処教学科長S教授によれば「総合大学への移行において…学校の発展計画と教育理念の変化は非常に重要である。総合大学への移行準備期から毎年、大学は教育思想に関する改革討論会を開き…異なるテーマについて議論した。その後、各学院ではさらに分科討論会を開き、教員たちに参加させ、教育思想を変えさせた。この考え方の変化は授業に反映される」という。

　こうした改革方針に従い、全学の教員養成計画を担当する教育科学院及び他の学院の管理職は教育理念の改革を推進してきた。教育科学院副院長W教授によれば、「教員養成教育計画を作ったときには、応用型人材の育成目標を意識し、以前の教員養成教育計画と比べて教職技能教育を強化した」という。また、W教授は地域の人材需要に応じて教員養成系専攻を増設し、新たな教員

養成教育を実施する意図について、以下のように説明した。

「Y地域では3～4年前から小学校教員の採用要件に本科またはそれ以上の学歴と設定した。それに応じて教育科学院は小学校教員養成を始めた。小学校教員を養成することは中等教育段階の学校教員を養成することと区別しなければならない。学院としては教育理念を変え、それを教員に伝え、彼らにも積極的に受け入れられるようにした。こうして、教員はより柔軟に学生に対応し、学生に教えた知識を使えるように努力した…現在、全国においても我が学院のように小学校教育専攻を設置する大学はまだ少ない。」

外国語学院長X教授によれば、「従来、大学の人材育成目標は高度専門人材だった…現在は、応用型人材を育成している。英語教育専攻の人材育成目標からいうと、基礎教育の発展状況と卒業生たちの就職状況に合わせて行っている人材育成だ。以前は高等学校の英語教員のみ養成してきたが、現在では小・中学校の英語教員も養成する。まず、如何に学生の就職幅を広げるかを念頭に置いて専攻設置を考えている…以前は理論知識を重視したが、現在はより知識を活用できる能力の育成を重視している。したがって、授業全体は『知識重視型』から『能力重視型』へと変わりつつある」という。

さらに、外国語学院の教育理念の「5つの変化」として、「Ⅰ　受動的な学習方式を主体的な勉学方式に変える。Ⅱ　言語知識を言語応用能力に変える。Ⅲ　教授中心から学生中心に変える。Ⅳ　試験対応能力の育成から全面的な総合能力の育成に変える。Ⅴ　教員の授業準備の内容と方法を変え、知識を準備することから学生に対応することに変える」を挙げている。そして、「3つのしない原則」を以下のように紹介してきた。「ひとつ目は、学生が話せることを教員は話さない。2つ目は、学生ができることを教員はしない。3つ目は、授業外でできることを授業内でしない」である。

文学院副院長L教授は「文学院は、まず自分の特色をみつけた。例えば、中国言語学は我が学院の伝統的な専攻である。伝統的な理論知識をほかの学問と結合した新たな領域の学問として、中国言語応用学を発展させる。従来の言

語学を情報処理学と結合させ、言語資源として活用する。さらに、この資源を教育現場で使う。教員養成の授業科目として設置している中国語言語試験論の開発など…これは私たちの理念である」と語った。

こうした教育理念の変化に対して、一般教職員のなかには異なる認識をもっている者がいる。教育科学院Y副教授は「直感からいえば、大学は教員養成教育を強化している。課程設置の変化から授業内容の充実まで、さらに管理も以前より厳しくなった」と語った。英語教育専攻のF教授によれば、「教育理念がよく変わるので、今年は応用型人材の育成を打ち出した…大学はそのようなスローガンを出さなくても、私たち教員はしっかりやっている。スローガンだけを出しても意味がない、授業内容、授業方法、教育管理などのさまざまな方面から具体策を出さないと、良い人材を育成できない」という。

また、B大学の教員養成の将来に懸念をもつ管理職もいる。文学院副院長L教授は「総合大学へと移行した後、教員養成の優勢を保たなければならない…今後は教員養成を削減するかもしれない…学生の就職幅を広げるのが目的だ。応用型人材や実践力の高い教員の育成はスローガンばかりだ…大学は知名度を上げたいから、国家プロジェクトの参与とか省からの表彰とかに力を入れている。だから、大学教員も研究に没頭し、論文を書いて高く評価されたら、早く教授になる…これは中国の地方大学の現状あるいは現在の社会問題だ…そうしないと、生き残れない」と言った。

2　授業内容の変化
(1)　一般教養について

従来のカリキュラムでは、教科専門知識が重視されていたが、移行後は一般教養の強化が図られた。教育科学院副院長W教授は「今、応用型人材を育成するために、まず学生に共通する一般教養を学ばせる。それは1年間半か2年間で、各学院は自主的に制定する権利をもっている…一般教養中の総合資質科目の増加によって、幅広い一般教養の強化を目指した」と言った。つまり、大

学は一般教養を強化する意図を各学院に伝え、各学院に自主性をもたせながら、一般教養の強化を推進させてきた。

　実際に、各学院はどのように一般教養を実施しているのだろうか。文学院副院長 L 教授によれば、「文学院は基礎知識を重視し、学生の思想道徳を含む総合的な資質を大事にしている。だから、学生の学習意欲が高く、全学生に対して良い影響を与えている」という。外国語学院長 X 教授は「英語教育専攻の場合、一般教養教育は以前より重要視されるようになった。例えば、一般教養必修科目は 22 科目から 31 科目に増えた」と話した。

　また、教育科学院 Y 副教授は「以前の授業は古くて簡単すぎたが、今はそれでは教員の資質能力に相応しくない…学生は高い点数を取れる一方で、知識を活用できなかった。現在では、総合的な資質の育成に力を入れ、授業内容を構成する」と語った。

　要するに、B 大学においては管理職と一般教員ともに一般教養の重要性を認識しているといえよう。そして、大学側と各学院は一般教養を強化する方針に基づき、教員養成教育における一般教養の位置づけを模索していることが明らかである。

(2) 教職専門教養について

　移行前には「学術性」を高めることに関心が注がれた。それに対して現在は、小学校教員養成を念頭に置き、実践的指導力の育成を目指して教科専門知識の習得とともに、それをどのように教えるかを重視すべきと考えるようになった。

　教務処教学科長 S 教授によれば、「優秀な教員に必要とされる基礎知識と技能訓練を両立させる。それには授業、学校見学と教育実習などが含まれる。総合大学になった後、教職専門教養の授業内容を豊かにした…現在では、専攻も科目も多く、教員養成系専攻にとっては刺激になった」という。

　各学院の管理職は教職専門教養の重要性についても強い意識をもっている。例えば、外国語学院長 X 教授は「学んだ知識と活用できる知識は違う。学ん

だ知識は基礎で、それをどのように使うか、または使えるかどうかは別問題だ…学んだ知識を有効に使うのは総合的な資質が必要とされる。したがって、我々の授業内容もこのような総合的な資質を育成するようにしなければならない」と言った。

　また、教員養成教育を担当する一般教員も教職専門教養の重要性を認識し、教職理論知識をどのように実践に適用するかについて考えていることが明らかである。中国言語教育専攻のC教授によれば、「理論と技能の結合を、より注意するようになった。そして、教員養成系専攻の授業内容も学生の将来に結び付けて考えなければならない…現在、中学校における中国言語教育の授業問題や、小・中学校の教員はどのような問題に直面し、どのように解決するかを把握し、それを大学での授業で学生に教える…より学生の課題解決能力を重視し、育てる」という。

　その認識に基づき、教職専門教養を強化する授業が実施されるようになった。外国語学院長X教授によれば、「現在、基礎教育の需要に応じて教職技能に関する授業を開設し、教職実技授業を設け、小・中・高等学校の教材分析などを行っている。教授法の授業も実践を中心にし、理論知識半分と実践半分だ」ということである。また、教育科学院Y副教授は「現在では…教職技能を意識し、実践性の強い授業をする」と語った。

　だが、なぜ教職専門教養が重要視されるようになったのか。また、教職専門教養を実施する際に、どのような課題が存在しているのか。どのようにそれを克服しているのか。教育科学院副院長W教授に対するインタビューから考えてみよう。

　W教授によれば、「移行前と比べて、教職専門教養教育が強化された。大学がそれを重視することもあるが、もうひとつのことにも関わる。現在、採用校は教員を募集するときには、まず筆記試験を行い、それに合格した学生に面接試験をする。筆記試験の内容は教育学、心理学などの基本理論だ。また、面接試験も教職技能をみている。だから、教職専門教養教育を強化しないといけな

い」という。

　だが一方、「大学教員はほとんど小・中学校で授業をした経験をもっていないために、実際には理論的知識に重点が置かれる。しかし、私たちの学生は卒業後小・中学校の教員になる。これは非常に矛盾している」このような問題を解決するために、各教科の教授・学習の特徴を見直すために「模範課」を開設し、優秀な現職教員を招いて学生に小学校の実践場面を体験させている。

　これは、教職専門教養の一環として非常に重要である一方で、大学教員にとっても大きな意義を有する。中国言語教育専攻のC教授は「我々は教職専門教養を研究しなければならない。大学教員は理論を踏まえて『模範課』を受け、現場の中国語教育を自分なりのものにする」と語った。

　しかしながら、なぜ大学教員は「模範課」に興味をもち、教職専門教養について研究するのか。「現在の授業内容は大学教員自身に対する要求が高くなっている。大学教員は自分の仕事を他人にさせてはいけない…彼ら（小・中・高等学校の教員）は1～2回大学に来て『模範課』を担当する。大学教員はその『模範課』から示唆を受け、学生に対する指導を強化し、授業内容を改善する。『模範課』の開設は大学教員にも大きな刺激を与えている。刺激を受け、学校現場ではなぜそのような課題があるか、どのようにしてその問題を解決できるかを考えはじめた」とC教授は答えた。

　つまり、「模範課」は現職教員に頼るのみならず、大学教員も積極的に担う必要があるとされている。こうした背景から、大学教員は自ら小・中・高等学校の授業方法を研究し、現職教員の「模範課」を見学して教職専門教養も積極的に吸収しようとしている。

（3）　教科専門教養について

　一般教養と教職専門教養が重要視される一方で、大学の教員たちは教科専門教養の教授レベルを維持しようと努力している。文学院副院長L教授によれば、「一般教養の比率が高くなり、学科専門知識が相対的に減るという難問を解決

するために、学科専門知識を重要度別に分けるなどして、教科専門教養の質を確保している」という。また、英語教育専攻D副教授によれば、「英語教育専攻の基礎英語と高級英語を教えているが、非教員養成系専攻と比べて、教員養成系専攻の授業はより充実している。教員養成系専攻の歴史は長く、大学教員の教職歴も長い、授業の内容と質を保証できるのが特徴だ」という。

教科専門教養に関する研究を授業に活用する大学教員もいる。英語教育専攻F教授は自分の研究を授業に反映し、授業改善と教員養成教育の問題点を発見する経験を述べた。

「現在、自分の研究内容を授業に反映できる。以前、私もほかの教員と同じく教科教育授業をするときには教科に関する理論的知識だけを学生に教えた。現在、私は教科教育論を研究し、教育方法の知識と教科知識を融合しながら授業をしている…2009年、私は英語教育専攻の10人の卒業生について調査研究を行った…研究を通して、私は学習者のレベルに合わせて教科教育を実施することが非常に重要だと認識した。」

ここからは、教職専門教養と教科専門教養を結合した授業が模索されていることを読み取ることができよう。こうして、B大学の教員養成系専攻の卒業生は採用側に評価され、優秀な成績をもって就職できた。だが一方、教員養成教育においては「教職教養と教科知識を融合する授業」のさらなる改善が求められ、とりわけ、子どもたちを理解し、子どもたちの学習過程を理解することが必要とされている。

3 授業方式と学生に対する評価方法の変化

新しい教育理念のもとで、基礎教育の変化に対応できる教員を育成することが強く認識されるようになった。こうして、授業方式は理論中心の講義から実践重視の講義・演習結合方式へと転換し、教員中心から学生中心へと変えざるを得なくなった。教育科学院副院長W教授は教育科学院の授業方式に関する改革状況及び自分自身の授業改善の意識と実践について、次のように述べている。

「教育理念と授業内容が変わったので、教員の授業方法も変わらなければならない。大学教員の責任感と意識は高い。従来の理論的知識だけは足りないなら、工夫して授業手段を変え、学生に自分で学習させる…今は学生にテーマを与え、調べさせて報告をさせる。教員はその報告内容について意見やコメントを出す…改革する前には古いやり方に慣れ、変えようとは思わなかった…今は、理論的知識を教えた後に、学んだ知識を使った短時間の模擬授業を学生にさせる。教室で10分間の授業をし、他の学生に質問させる。こうすれば、授業も面白くなるし、学生も学んだ知識の重要性を理解できる。大学教員も自分が教える教科教授法の面白みをどんどん引き出し、やる気もでる。」

以上を踏まえると、総合大学移行を皮切りに教員は授業方式の改善の重要性を意識し、授業に関する発想を転換し、授業改善に取り組んでいるのだといえよう。

また、外国語学院長X教授によれば、「教育現場においては、授業ができないのはだめだ…理論的知識を教えた後に、学生に自分で整理・観察させる。私たちは学生に質問するときには、それを意識する。まず、学生を悩ませた問題点を見つける力をもつ。次に、その問題が生じる原因を見つける力をもつ。最後に、その問題を解決する方法を見つける力をもつ。それから、学生を導き、問題を解決させる。そして、学生を指導するときには、やるだけではなく、どのように解決したいかを考えさせることは大事である」という。

上述のような教育意識をもつ教員がいるからこそ、授業方式は大きく変化しつつあると考えられる。

中国言語教育専攻C教授は「現在、学生を中心とした授業形式だから、学生からよく質問されるようになった…現在は知識内容の広さと深さが求められる。自分の知識量を補充し、学生からの質問に対応できるように工夫している。ある意味で、研究型の授業だ」と言った。また、「現在は、ひとつの教授法を講義した後、それを利用して指導案を学生に作成させ、グループ内で検討し、問題点等を発表させたうえで、教員が指導する」外国語学院の教学計画担当者

Z氏は語った。

　このような教授過程において、教員は学生の発言や態度に基づいて学生を評価できる。外国語学院長X教授によると、「現在は、試験の結果が学生の資質を反映しにくいことが理解された…過程評価を通して学生の応用能力は確実に高まった」という。教員自身も知識を教え込むだけでなく、学生の反応や疑問にどう答えるかを考え、新たな授業方式を模索しはじめたのである。

　教員が授業方式と学生に対する評価方法の改革に取り組むことによって、学生の学習意欲・姿勢は変化しつつある。教育科学院Y副教授は「現在、授業方法を変え…学生に実際演習させる。こうして、学生は真面目にその授業に対応しなければならない」と語った。さらに、英語教育専攻D副教授は「総合大学となってから、多様な学生が入学してきた。現在の学生は基礎知識が弱いが、発想力をもっている。学生を中心とした授業形式だから、授業するときにはみんな活発に発言することが以前との大きな違いだ」と話した。

　ただし、D副教授は、「そうした改革に取り組むのは授業方法の改革に興味がある教員だ」と語った。そうだとすると、授業方式の改革に興味がない教員はどうなっているのだろうか。B大学における授業方式の改革はどのような困難を抱えているのか。

　文学院副院長L教授は「授業方式の変化について、教員がやり方を変えるかどうかは重要だ。大学の政策、評価だけではなく、教員が学生や仕事に対する責任感によって、やり方に大きな違いがある…教育の質を保証する制度が無ければ、責任感や使命感の強い教員以外に、熱心に教育する教員が少なくなるだろう…厳しい課題だ」と話した。

　また、英語教育専攻F教授も同様な視点から以下のように述べた。「大学は授業方式の改革については基準やルールを作っていないし、具体的な措置もとっていないが、教員各自は責任感をもち、改革している…総合大学になってから、大学は重点学科の建設や非教員養成系専攻の増設だけに力を入れている。教員養成は忘れられがちになった。総合大学への移行は良いことだと思うが、

伝統を忘れることは恐ろしい。特に、この大学の伝統は教員養成だ。長年教員養成をした大学だから、教員も教員養成に情熱をもっているし、自分でもいろいろな授業方法を試してみたい。」

さらに、L教授はもうひとつの問題を指摘した。「教員資源が乏しい。例えば、私はひとつの授業科目で8つのクラスを担当しているので、宿題をチェックして学生一人ひとりと議論する時間なんかない。これでは、授業方法を変えたくても無理だ。」

以上のことから、授業方式の改革は少なくとも2つの点で困難を抱えている。第一は、授業方式の改革を確保する制度が不十分である。第二は、教員養成教育に携わる大学教員の数が足りないという点である。総合大学へと移行した後、教員養成教育の重要性が強調された一方で、実際には教員養成に関する制度や人員確保の面で不備が生じていると考えられる。

4 実習前及び実習中の指導

教育理念の変化において検討したように、B大学における教員養成は「応用型人材」を育成する目標を意識し、資質教育に適応できる「専門的力量」を有する教員を育成しようとしている。そのためには、教員が授業内容や授業方式の改革に取り組む必要がある。さらに、一部の教員のなかでは実践の重要性に対する意識が高まっている。

教務処教学科長S教授によれば、「授業計画を作ったときには、知識応用を意識して実践に関わる科目の増加、実践時間の延長などさまざまな工夫をした」という。教育科学院副院長W教授は「以前、授業内容は大学院の入学試験を意識していた…現在は、学生に対して柔軟に授業内容を設計している…それ以外の学生に対しては実践性の強い知識を教える」と語った。また、外国語学院長X教授によると、「英語教育の技能が強化されて理論をどう実践化するかを学生に考えさせている」という。

このように実践を強く意識するなかで、新たな実習制度が打ち出された。そ

して、新実習制度において、大学教員は実習前と実習中の指導にかつてないほど真剣に取り組むようになった。実習前に、授業見学と教員養成教育技能総合訓練を先ず実施し、マイクロティーチングを繰り返す。大学教員の指導の下で、学生は指導案を作って模擬授業をする。指導案は何度も書き直させ、模擬授業はビデオ撮影して学生に検討させる。

教育科学院副院長W教授は「学生は実習に行く前には必ず模擬授業をしなければならない。模擬授業をして、問題点をみつけ、すべて解決したら、実習指導教員に認可されて実習校へ行く」と話した。また、中国言語教育専攻Y副教授によれば、「学生が実習へ行く前の、学校見学に対する管理と要求が厳しくなった…現在、見学拠点校を作り、学生を学校見学に行かせる。そして、見学の主題を学生に与え、学級管理についてあるいは授業内容の構成と授業管理について、見学後の報告書を提出させる」という。

なぜそのように実習指導に重点を置くのかについて、W教授は次のように説明した。

「大学できちんと訓練を受けないまま実習校で授業をしたら、実習校の教員から評価と指導を受けられない。学生に大学でしっかり指導を受けさせ、心の準備をして実習校へ行かせる。そうすると、実習校の教員も指導しやすいし、実習生も自分はどこが問題であるか、または何が足りないかを理解し、現場の先生から早く指導を受けられる。」

計画的な実習を実施するために、教員の責任感は強くなり、学生への要求が高まる。結果として実習生の力が実習現場で確かめられるという。また、各学院は実習指導教員を実習校に派遣し、学校と協力して学生指導を行う。実習指導教員は実習生と同様に報告書を大学に提出し、実習の問題点を大学に伝えることとなっている。こうした実習を通して、学生の実践的指導力が鍛えられるようになり、さまざまな効果を見出すことができよう。

中国言語教育専攻Y副教授によれば、「実習前の見学は大学で受けた授業を後の実習とうまく結合させる基礎である。学生は何回かの学校見学を通して、

大学で学んだ理論的知識をより深く理解できるようになる」という。W教授によれば、「3人が1チームとして1学級を担当すると、実習生の責任感が強くなり、授業力を含む総合的な力は高められた…現在、2カ月あるいは1学期間は実習校に泊まり、教科担任以外に学級のすべてのことも経験している。必要とされる知識量も多いし、見つかる問題点も多くなる」ということである。そして、L教授は「学生を実習に行かせ、彼らに社会知識をより多く身につけさせられるし、非常に重要だ」と語った。

　しかしながら、この実習には問題点も存在している。L教授によれば、「現在、大学で統一的に実習先を手配するため、3年次の第2学期に実習に行かせることもある。その時期は、大学院の入試試験の準備と重なるため、実習に行きたくない学生が多い。また、英語教育専攻の学生が行けば、実習校に歓迎されるかもしれないが、中国言語教育専攻の学生はあまり人気がないので、実習校へ行っても十分な指導を受けられないこともある。なぜならば、現在の学校現場では英語教員は足りないが、中国言語教育はベテラン教員が多く、実習生に教えさせたくないからだ」という。

　また、W教授によれば、「農村地域で実習した学生は、あまり十分な指導を受けられなかった。学校教員の資質がそもそも高くないため、実習生に対する指導は不十分だ…辺鄙な農村地域では、実習生の食事と宿泊問題も十分に解決できていない。これから、実習校を選別して実習生を送る必要がある」という。教育科学院Y副教授は「一部の実習校の雰囲気は悪く、校長によるトップダウンの管理方式だ。それは実習生が大学で学んだ自由、民主、権利などの理想的な部分と大きな違いがあるため、大学生はすごくショックを受けた場合もある」という。

　以上のことから、B大学においては大学と地域学校の連携により、全校における統一的で計画的な実習が実施されることと実習に関わる指導が重要視されていることがうかがえる。このような実習を通して、学生たちの実践的指導力の基礎が築かれるようになった。だが一方、同大学においては実習の実施方法・

時期と実習校の選定に関して、より実習生の実情に沿って柔軟に対応する必要あると考える。

5　モチベーションの高揚

　上述のように、移行に伴って教育理念、授業内容、授業方式と実習方式などさまざまな面で変化が生じている。それに対して、教員はどのように考えているのか。とりわけ、仕事に対する自分自身の考え方をどのようにもっているのか。

　W教授によれば、「教育理念、授業内容や授業方法の改革は教員に対する影響が大きかった。プラス面の影響が多いが、マイナスの影響もある。例えば、教員の負担増につながる…新たな授業方法に変更したら、学生により多くの知識を提供しないといけないし、提出してくれたレポートも読まなければならない。そうしたら、仕事量は以前より何倍も増えた…責任感の強い先生は積極的に新たな授業方式を試みる」という。

　教育科学院Y副教授によると、「改革のなかで教員にはやる気が高まり、負担というより動機づけ要因というほうが相応しい。学生と大学と教員は三位一体だ。学生に良い将来があれば、大学は発展でき、教員は安心して教育と研究ができる。逆だとしたら、教員も職を失う。こうして、教員は積極的に学校現場の状況を把握に行き、小・中・高等学校の教員とも連携をとり、資質の高い学生を育てる」という。

　また、中国言語教育専攻C教授は「授業内容と方法の改革によって学生の資質能力が高まる。こうして、学生は就職でき、大学の知名度も高くなる。Y校の経験を活かし、優秀な教員を養成することについて、ほとんどの大学教員は同意している。何故ならば、大学の存廃問題に繋がる危機感があるからである…質の低い学生ばかりを社会に送り出して就職もできないと、大学が潰れるだろう。そうしたら、我々大学教員はどこへ行くか。時代が変われば、社会のニーズも変わる。そのニーズに対応しないといけない。それは大学人の使命であ

る。積極的かどうかは別として、今みんなそのように頑張っている」といった。

　また、英語教育専攻D副教授は「以前、私たちの学生は資質が高く、良い評価を受けて就職しやすかったが、現在も学生の資質能力を保証すれば、就職問題を解決できる。教員たちもそのように努力している」と話した。同専攻F教授によれば、「教員のやる気は大学の移行とは直結しない。Y校にしてもB大学にしても、教員には同じような危機感がある。ただし、総合大学になって、教員の待遇などは改善されるようになったので、より教育と研究に集中できるようなったかもしれない」という。

　つまり、教員はこのような劇的な変化の下で圧力を感じながらも、モチベーションを高めているといえよう。

　また、既述のように、教員養成系専攻の自由選択科目は多様化し、選択科目が増大したため、学生に人気のない授業は開講できなくなることもある。全学生向けのオンライン教員評価システムも設けられ、学生は授業内容を評価することができる。大学は開講科目数と学生の評価内容を合わせて教員の総合評価を行い、不合格者に警告し、3回以上の不合格があればさらに厳重な処分を行う可能性がある。このような教員評価システムは教員に対してどのような影響を及ぼすのか。

　X教授によれば、「選択履修科目の開講科目数は大学教員のボーナスに関わる。選択履修科目を多く開講する教員はボーナスが多くもらえる。学生評価は直接に教員に対する総合評価の一部分になるが、学生評価の低い選択履修科目はだんだん人気度が低くなり、開講できなくなる可能性もある…そうすると、直接に教員の収入に悪影響を与える。だから、教員たちは危機感をもち、より一層努力しないといけない」という。

　だが、学生評価は教員のモチベーションを高めるのみではない。文学院副院長L教授は自由選択履修科目の多様化によって生じた問題について、次のように述べた。

　「今、大学は選択履修科目を200科目ほど開講しているが、学生にどのよう

に科目を選択するかの指導をしっかりしていない…学生たちは面白そうな授業をたくさん選択履修する一方で、内容の難しい授業を履修しないこともある。これは学生の成長には良くない…学生が教員を評価することについて、賛同できない。ある教員は良い評価をもらうために学生に高い点数を付ける。逆に、学生に対して厳しく指導する教員は悪い評価を受ける…教員は真面目に対応できなくなる。」

　多くの教員は大学改革の必要性を認め、大学の危機が目下に迫ることを知り、それが自分自身の危機だと共感している。そのため、教員は改革による負担増に不満をもっても、圧力を感じても、改革に対応する姿勢を取っていることが見出された。しかし、現在大学が推進している政策すべてが教育の質を高めているとは必ずしもいえない。

第5節　小括——B大学における教員養成教育の変化

　以上の事例分析を通して教員養成の質的変化について次の3点から考察してみたい。

　第一は、総合大学における小学校教員養成の実現についてである。従来の高等師範系学校は主に中・高等学校教員を養成し、小学校教員の養成は行っていなかった。これに対して、B大学は移行を契機に、小学校教員養成を目標に加え、「小学教育」専攻を増設した。つまり、かつて中等師範学校で行われていた小学校教員の養成は総合大学で行われるようになった。先進諸国の小学校教員養成の歴史展開を踏まえると、これは小学校教員の学歴水準を引き上げたという点で画期的変化といえる。新たな人材育成目標のもとで、「模範課」など、新たな授業が開設されている。また、大学教員は小学校教員養成を意識し、小学校現場のニーズに合わせて授業方法と学生に対する評価方法を探り、優秀な小学校教員を養成できるように努めている。

　第二は、実践的指導力の基礎の育成を目指すカリキュラムと授業の改革につ

いてである。従来のY校は学術水準の高度化を意識して、各教科の理論のみに力を入れる傾向が強かった。移行後、B大学は学校現場の教育実践を意識してカリキュラムを改め、児童・生徒の実際の学習に即した教員養成カリキュラムを指向することになったのである[40]。また、移行後には理論のみの教え込みから、その実践化・教授技能の強化が強く意識されるようになった。大学教員は授業のあり方において学生の主体性と能力を強調するとともに、自分の研究内容を授業に活用し、学生のニーズに適応しようとしている。

とりわけ、B大学における教育実習方式の改革は実践的指導力の基礎の育成にとっては重要な意義をもっていると考える。Zeichner, K. (2010)は将来教員となる者により総合的な教育実践をさせるべきだと論じ、アメリカにおける大学と地域の連携によって行われる教育実践が「教員の専門的力量」の土台の育成に大きな効果があると実証した[41]。

本研究においては、大学と地域の連携によって実現した「B大学・Y市の教師教育一体化の教員養成モデル」が「教員の専門的力量」の土台の育成に対する重要性を解明した。それは、まず、大学キャンパスと学校現場を最大限に連結させている。この実習モデルの実現によって、教科専門の学問的知識が教育実習に活用されると同時に、大学教員と小・中・高等学校教員の交流が深められ、長い間学校現場から離れていた教員養成教育は基礎教育と融合できるようになっている。次に、実習の確かな実施を確保するとともに、大学教員の実習に対する指導意識と方法を変えさせている。B大学は実習方式の改革を通して、基礎教育が抱えている教育課題を踏まえたうえで、教員養成教育段階における実践的指導力の基礎とその育成方法を把握した。それに基づき、教員は指導方法などを改革した。

第三は、一般教養、教科専門教養の水準を確保しつつ教職専門教養科目を多数取り込むという「教員の専門的力量」の土台の育成である。1980年代後半以降、日本の高等師範系学校・学部の改革再編の過程においても、高等師範系学校・学部の内なるアカデミズム志向を克服するカリキュラム改革が最優先の

課題だといわれてきた[42]。中国でも、高等師範系学校の学術水準が常に問われ、教科専門教養の強化を追求する一方で、教職専門教養を軽視する状況があった。X教授によれば、従来養成した教員は教科専門の知識水準が非常に高い一方、教職専門の高度な技能は十分ではなかった。

　しかし、B大学は移行を契機として、基礎教育の変化に対応するために、教員養成の実施理念と教員養成教育における課程を全面的に見直した。一般教養の強化、教職専門教養科目の増設及び教職専門教養と教科専門教養を融合できる授業の実施が大きな変化だと考える。こうして、B大学は以前よりも、一般教養、教科専門教養、教職専門教養科目、この三者の新たな組み合わせを追求し、「教員の専門的力量」の土台の育成を重視するようになった。

　上記の3点を総合すると、B大学において、総合大学への移行は教員養成の質的向上をもたらしつつあると考えられる。小学校教員養成は教育水準の高度化とともに、実践的指導力の育成を重視しつつ学術水準を確保するという方向で行われている。中・高等学校教員養成は、一般教養の土台を確保したうえで、教科専門教養の学術水準を維持すると同時に、学校のニーズに基づく実践的指導力の育成にも力を入れている。要するに、従来の教科専門教養の偏重を見直し、教職専門教養と教科専門教養を統合する方向で改革を進め、教職専門教育の実施を試みているのである。このようにB大学では、小・中・高等学校の教員養成において、「教員の専門的力量」を高める改革に取り組みつつある。

　それでは、総合大学への移行とは矛盾するようにみえる以上の変化はなぜ起きたのだろうか。

　その要因の第一は、教員養成というB大学の特色を維持して基礎教育の変化に適応できる優秀な教員を育成することを強く意識していることである。移行後、B大学は「教員養成教育の優勢を保ちながら、全学科が共同発展する」と「教員養成教育を特色とした多学科・専攻システム」の目標を設定した。つまり、移行した後も、新設した非教員養成系専攻と比べて伝統のある教員養成系専攻は同大学の強みだと考えた。こうして、B大学は積極的に地域行政と連

携し、教員養成系専攻の学生の教育実習の問題を解決すると同時に、地域に同大学の教員養成教育の特色をピーアールした。また、長年にわたって教員養成教育に携わる教員はY校の経験を活かし、優秀な学校教員を養成することを強く意識しているし、教員養成教育に関わる授業の内容と質を保障できる力をもっている。こうした教員の存在は、B大学の教員養成の質を保つために不可欠だと考える。

　第二に、地域における大学間の激しい競争に対応し、卒業生の就職ルートを広げたことである。第1節で述べたように、現在Y市には総合大学3校と文理科大学2校がある。教員資格制度の施行に伴い、いずれの大学においても教員養成ができるようになった。移行により厳しい競争環境に置かれたB大学にとっては、卒業生の就職難は学生募集に悪影響を及ぼす。同大学の教員養成系専攻の学生が他大学の学生と競争できる力を身につけることは、大学にとっての死活問題となった。だからこそ、「地方の教育事業をより充実させ、高い素質の教員を養成する」というスローガンが必要とされ、教職専門教育を充実させ、実践能力が高い教員養成を強く求めるようになったのだと考える。

　第三に、教員養成教育を計画・実施する組織を特設したことである。改革時に「教員養成の実施」を前提条件として総合大学への移行を実現した。その後、教員養成の実施に責任をもつ教育科学院を設置した。その組織を中核に大学共通の教職専門教養科目設置基準が作られ、教職専門教養の教育に熱心な教員を集め、教職専門教養の重要性についての共通認識が形成され、教職専門教養を重視したカリキュラムが作られている。総合大学においてはそのような教職専門教養を系統的に担う組織の存在が教員養成に携わる大学教員の意識を高め、さらに質の高い教員養成の実現にもつながるだろう。

　しかし、次の3つの点については、今後の動向を注意深く検討する必要がある。

　ひとつ目は、市場原理に基づく大学教員に対する評価の問題である。既述の厳しい教員評価制度の下では、大学教員は生き残るために学生の関心に合わせて授業することは、大学教員の負担増につながる。また、一部の大学教員は学

生から高い評価を受けるために、学生の好ましくない行動を大目にみて、授業の質を低下させる可能性が高い。さらに、こうした評価システムは一部の真面目に授業をしようとする大学教員の意欲を阻害しかねない。要するに、学生の教員に対する評価システムは常に教員養成の質を高める方向性をもっているとは言い切れないために、より慎重に検討する必要があると考える。

　2つ目は、教員養成教育の授業内容と授業方法の改革を保障できるシステムがないことである。B大学においては授業評価システムにせよ専攻評価システムにせよ、何れも全専攻向けの大学教育の質を保つためのシステムである。一方で、教員養成教育の質を保障する明確な基準あるいはシステムがない。こうしたなかで、授業内容や授業方法の改善は大学教員各自に委ねられる。責任感の強い教員は積極的に改革を模索する一方で、そうではない大学教員もいる。だから、同じ大学にしても学院、専攻あるいは大学教員の違いによって、教員養成教育の質的な差が生じやすいと考える。

　3つ目は、教員の量的確保の問題である。現在、B大学の各専攻は「閉鎖制」を撤廃し、より多くの学生を教員養成系専攻に吸収できるようになった。しかし、教員養成専攻に進む学生の数は専攻によって大きく異なり、就職しやすい英語教育専攻の進学者が増大した一方で、中国言語教育専攻への進学者は減少している[43]。また、B大学は限られる資源を効率的に活用するために、専攻評価制度を実施し、教員養成系専攻を廃止した。市場競争に基づいた教員養成は、従来の計画的な教員養成の場合とは違い、教員の量的確保の点で問題が生じる可能性がある。

注
1) 中国大陸の行政区画の単位で「県」と同じ区分にある市である。中国においては1980年代以来、工業化の発展と都市化に伴い、多数の「市」が県を廃して置かれた。
2) Y市政府が2011年2月6日に公布した「2010年Y市国民経済社会発展統計公報」による。

3) Y市教育局・B大学 (2009)「関于建立Y市教師教育改革実践区的論証報告」
4) B大学 (2007)『本科教育工作水準自己評価報告書』pp.91-92
5) 前掲 B大学『本科教育工作水準自己評価報告書』p.81
6) 前掲 B大学『本科教育工作水準自己評価報告書』p.2
7) 教職専門大学院生に相当する。教育・教学の実践と研究の能力が強く、資質の高い小・中学校教員を養成するために、設置された大学院レベルの教育課程である。この教育課程を設置するために、申請する大学は全国学位評定委員会の審査を受け、設置許可をもらう。2009年までに、山東省における教育修士専業学位研究生を育成できる大学は、B大学を含め5大学ある。
8) B大学のホームページ「学校紹介」2011年版による。
9) 英語言語文学専攻、載運工具運用工学専攻、言語学と応用言語学専攻、自然地理学専攻、高等教育学専攻、オペレーションズ・リサーチ＆サイバネティックス専攻、地域経済学専攻の7専攻である。
10) B大学のホームページ「学校紹介」2011年版による。
11) 学生がB大学に入学して最初の2年間は、B大学で行われる基礎教育を受け、残りの2年間は海外の協定大学で勉強をする教育モデルである。各専攻によって、B大学と海外の協定大学で勉強する時間が異なるので、「3年＋1年」あるいは「3年＋2年」の教育モデルもある。
12) B大学課題組 (2008)「地方高師院校総合化過程中的問題与対策研究課題研究報告」中国高等教育教育学会十一五高等教育科学研究課題配布資料、pp.13-15
13) 山東省人民政府 (2004)「Y校名称変更経緯報告書」
14) 前掲 B大学『本科教学工作水平評価報告書』pp.21-23
15) 校史編集委員会 (2010)『B大学史』pp.108-111
16) 中国言語教育専攻、教育学専攻、数学教育専攻、物理教育専攻、化学教育専攻の5専攻である。
17) Y校教務処 (2000)「Y校関于専攻構造調整意見」
18) B大学校長室 (2006)「B大学十一五学科専攻建設企画」
19) B大学教務処 (2006)「B大学各専攻教学計画 (2006年版)」
20) Y校B大学教務処「Y校各専攻教学計画 (2000年版、2001年版、2004年版、2006年版、2008年版)」2000年、2001年、2004年、2006年、2008年9月の学生数統計に基づき、算出する。
21) 中国においては大学の教育組織は専攻、系と学院によって構成される。大学の規模によって、2つの教育組織がある。普通、小規模の大学 (在籍学生数1万人以下) の場合は、系―専攻という組織で、大規模の大学の場合は、学院―系―専攻とういう組織である。小規模の大学は大規模の大学へと拡大すると、もともとの系が再編され、学院が設置される (本文図5-1参照)。

22) 山東省人民政府（2004）「山東省教育庁関于 Y 校移行の報告」
23) 即戦力をもち、着任後、短期間の職場訓練を受けて仕事に適任する人材を指す。
24) B 大学（2007）「本科教育工作水準自己評価報告書――専攻建設と教育改革」p.35
25) B 大学教務処（2007）「B 大学本科専攻診断評価と分類管理実施方策」
26) B 大学教務処（2007）「B 大学本科専攻診断評価結果報告」
27) B 大学教務処（2007）「B 大学教師教育総合方策」
28) 育成研修モデル、課程システム、教育内容、授業方法などの改革を指す。
29) B 大学教務処（2007）「B 大学教師教育総合方策」p.2
30) B 大学（2009）「人材育成モデル創新実験区申請書」p.20
31) B 大学教務処（2000）「B 大学各専攻教学計画（2000 年版）」
32) 1.5 年間に一般教養と学科共通教育、2.5 年間に専攻教育、「実践能力と総合資質育成課程」は 4 年間実施（B 大学教務処『B 大学本科専業人材培養方策』2006 年 10 月）。
33) 前 2 年間で一般教養と学科共通教育、後 2 年間で専攻教育、「実践能力と総合資質育成課程」は 4 年間実施（B 大学教務処『B 大学本科専業人材培養方策』2006 年 10 月）。
34) 数学、理学、化学、生物学、地理学、医学、情報技術学と工学分野の科目である。
35) 文学、歴史学、哲学、法学、経営学、管理学、芸術学と体育分野の科目である。
36) 教育科学院副院長 W 教授は「従来の教職科目の不履修問題を解決するために、選択必修教職専門教養科目が設置された。選択必修教職専門教養科目が出され、教員養成系専攻の学生はそれを履修しないと卒業できない。そして、選択必修科目はかなり多様だ。例えば、学生は教職選択必修科目を 6 単位取らなければならないので、少なくとも 12 単位の教職専門教養科目が開設されている」と述べた。
37) 教育科学院副院長 W 教授によれば「教職科目設置基準を作る前は、教育科学院の関連教員が学校を訪問し、基礎教育の教材内容を研究したうえで、必須である教員養成の内容を絞り込んだ。その内容を B 大学のすべての教員養成に反映させるようにこの基準を制定した」という。
38) B 大学（2009）「立足専門発展、校地連携、職前職後一体化教師教育モデル」p.11
39) 前掲 B 大学「立足専門発展、校地連携、職前職後一体化教師教育モデル」p.14

40）岩田康之（2009）「東アジア地域における高等教育の展開と教師教育改革の動向―日本・中国（本土）を中心として―」日本教育学会第68回大会自由研究配布資料、p.4
41）Zeichner, Ken（2010）Rethinking the Connections Between Campus Courses and Field Experiences in College- and University-Based Teacher Education. *Journal of Teacher Education*, 61（1-2）, 89-99.
42）船寄俊雄（2001）「戦前教員養成思想の課題と展望」TEES研究会編『「大学における教員養成」の歴史的研究―戦後「教育学部」史研究―』学文社、pp.55-75
43）文学院副院長L教授宛Eメールの質問によれば、「以前よりも養成系専攻の学生数が少しずつ減少している。今後新たな専攻が設置され、2009年度以降は全面的に専攻の自由選択が可能になるから、減少状況が続くかもしれない」という（2010年1月12日）。

終章
総括、試論及び今後の課題

　序章で記述したように、本研究は1990年代以降の中国において、高等師範系学校がいかなる改革課題に直面し、どのような改革を実施し、そのことによって教員養成の内容がどのように変化したのかを解明することを目的とした。この目的を達成するために、次の4つの課題を設け、第1部と第2部に分けてアプローチしてきた。

　課題1　「大学における教員養成」への改革以前、すなわち、1980年代における教員養成の実態と課題状況を明らかにする。

　課題2　1990年代以降に展開された高等教育改革、基礎教育改革と教員養成改革の内容を整理し、それらを土台としながら高等師範系学校がどのような改革課題に直面したのかを明らかにする。

　課題3　山東省の高等師範系学校を事例として、「大学における教員養成」への改革がどのような経緯で進められ、それによって教員養成教育の内容はどのように変化したのかを、「教員の専門的力量」の土台を育成するあり方という観点から明らかにする。

　課題4　課題1~3を踏まえ、現代中国において「大学における教員養成」への改革が「教員の専門的力量」の保障にどのような影響をもたらしたのかを解明し、今後の教員養成改革の課題と方向性について考察する。

　ここでは、課題4に応えるために、上掲の本研究の目的及び課題1、課題2と課題3に立ち戻りながら第1部と第2部の成果を総括し、それに基づいて今後の中国における教員養成教育の改革の方向性を提示する。

第1節
各章の主要な知見

　第1章では、目的制教員養成制度のもとで、1980年代においては高等師範系学校が特に教員の量的確保の面で重要な役割を果たしたことを明らかにした。1980年代後半以降には、中学校教育の拡充に対応して教員の学歴の不足状況が顕在化し、高等師範系学校の増設が強く求められた。政府は師範系学校の量的拡充を促進する政策を相次いで打ち出し、高等師範系学校の量的拡充が進められた。しかし、教員の学歴充足は需要に対応できず、現職教員への研修をもって学歴に読み替える措置が取られた。つまり、教員の量的不足問題は解消されていなかった。また、高等師範系学校にとっては、学校運営・管理から授業内容・方法まで、一層の改革が必要であることが明らかになった。

　第2章では、1990年代以降、市場原理を導入した経済改革の進行が教育改革に重要な影響を及ぼしたことを論じた。高等師範系学校に改革を迫ったのは、高等教育制度と教員養成制度の改革であった。高等教育制度は大幅に規制緩和され、授業料が重要な収入源となった。高等師範系学校も例外ではなく、各大学は自主財源を確保するために、学生募集を拡大した。また、基礎教育における受験教育から資質教育への転換と基礎教育カリキュラムの改革が高い資質を有する教員を要請した。こうして、教員養成制度改革は基礎教育改革の観点から推進された。ただし、教員の量的不足及び学歴と力量の不足状況も無視できない問題であった。それらを解決するために、教員資格の法制化、教員養成の大学教育への引き上げという方策が相次いで推進された。ここにおいて、高等師範系学校は次の課題に直面した。①学生募集数の増大を図る、②優秀な学生を獲得するための戦略を打ち出す、③大学としての「学術性」、つまり、特定の学問分野に関する専門教育の水準を高める、④大学教育の水準に適合した養成教育を施す、⑤基礎教育の改革に適応しうる教員養成カリキュラムを構築することである。

第3章では、山東省の1980年代以降における教育動向を整理し、同省内の高等師範系学校が置かれていた状況を明らかにした。1990年代以降、9年制義務教育が急速に普及し、小・中・高等学校で資質教育が推進された。基礎教育の質的充実を図るため、教員研修も拡充され、教員の学歴充足率は全国の平均水準より高くなった。しかし、省内17市の教員の需給状況と学歴水準には地域間格差が存在していた。高等教育については1990年代後半、省政府による制度改革が積極的に推進された。また、地域経済の発展に対応するため、地方の高等教育機関の増設、省内の高等教育機関の配置構造の再編、学生募集数と学校規模の拡大が促進された。

　第4章では、師範高等専科学校から大学へ昇格したA大学の事例について、改革の背景・経緯、大学組織と教員養成カリキュラムの内容変化及び管理職と一般教職員の認識に基づく実態を明らかにした。

　教員養成の変化は次のようにまとめることができる。①大学教育の基礎を成す一般教養教育を強化する、②教科専門教養の学問水準を高める志向性を強化する、③教職専門教養における実践活動を拡充することである。教員養成カリキュラムの変化を総合的にみると、一般教養と教科専門教養が拡充・強化され、実践活動である教育実習の時間数が増大した一方で、教職専門教養の理論知識と教職意識を重視した教授は大きく縮小された。学校段階として大学への昇格を果たしたA大学では、教養の幅広さと教科専門教養の学習を強化するカリキュラムの変化が認められるものの、教職専門教養については教職理論・意識との関連づけを十分に考慮しない実践への重点化が進められた。

　しかし、インタビューの内容によれば、養成教育に関心をもつ大学教員は学校現場が求める「教員の専門的力量」の土台の育成を意識している。養成教育に携わる教員全員、教員養成系専攻に在籍する学生の教職意識を強化しようとしていることが明らかである。A大学においては、教員養成教育を実施する際に「教書育人」という伝統的な教育思想が継承されている。このような教育思想は、養成教育のカリキュラムに反映されにくい一方で、「教員の専門的力量」

を支える非常に重要な一要素になると考えられる。

　このようなA大学の教員養成の実態は次のような背景のもとで形成されていた。高等教育改革と高等教育進学率の上昇を背景に、本科大学の創設が強く求められた。そのため、X市の強い後押しを受けてA大学は誕生した。再編されたA大学はX市で唯一の本科大学であり、地域住民と行政から多様な地域人材の育成という期待を寄せられた。このように、A大学の「昇格」は必ずしも教員養成の質的向上を追求した結果とはいえない。A大学は教職専門教育というよりも学術研究の向上と教養の幅広さに高い関心を注ぐ指向性が強かった。この事例によれば、昇格を通して実現された「大学における教員養成」においては「教員の専門的力量」の土台を育成しようという大学内在的な要因は働きにくく、外在的な要因が大きく作用する実態が明らかとなった。

　第5章では、単科大学である師範学院から総合大学へ移行したB大学の事例分析を行った。教員養成の変化については次のことを明らかにした。①総合大学における小学校教員養成を実現する、②実践的指導力の基礎の育成を目指すカリキュラムと授業を改革する、③一般教養、教科専門教養の水準を確保しつつ教職専門教養科目を多数盛り込み、地方教育行政と連携して教育実習を徹底することによる「教員の専門的力量」の土台の育成への志向性である。これらを総合すると、B大学の教員養成系専攻では小・中・高等学校の教員養成において「教員の専門的力量」の土台の育成を意識して改革に取り組みつつあると考えられる。しかし、大学運営全体としては教員養成に重点が置かれているわけではない。特に、次の3つの点については、今後の動向を注意深く検討する必要がある。①市場原理に基づく高等教育改革の文脈からの大学教員に対する評価の問題、②教員養成教育の授業内容と授業方法の改革を保障できるシステムがないこと、③教員の量的確保という点での問題である。従来の計画的な教員養成の場合とは違い、専攻によっては教員の量的供給が極めて困難になる可能性がある。

　このような変化の背景には次の要因があったと考えられる。第一に、地域に

おける大学間の激しい競争に対応し、卒業生の就職ルートを広げる必要がある。第二に、教員養成教育を計画・実施する組織が存在する。第三に、教員養成系専攻の教員は教員養成の特色を維持して基礎教育の変化に適応できる優秀な教員を育成することを強く意識している。上述の状況のもとで、B大学の教員養成系専攻は積極的に地方行政機関と連携し、教職専門教養を充実させ、実践能力の高い教員の養成を強く求めるようになったと考えられる。

第2節
総括──現代中国における教員養成の改革と実態

各章で得た知見及び山東省の事例分析に基づいて、本節では現代中国の「大学における教員養成」への改革とそれに伴う教員養成の変化の実態について考察を行う。

1　教員養成における学力水準の確保と課題

第1部の政策研究では1990年代以降進められた教育制度の改革が高等師範系学校にもたらした5つの課題を明らかにするとともに、その課題に迫られ、存廃の危機にさらされた高等師範系学校による改革動向について検討した。それを踏まえ、第2部では山東省における昇格型のA大学と移行型のB大学を取り上げ、事例研究を行った。近年、山東省における高等師範系学校の改革においては、A大学と同じ昇格型に類する改革は計9件で、B大学と同様の総合大学移行型の改革は計2件存在している。改革により、大学において小・中・高等学校教員を養成する道は大きく拡充され、「大学における教員養成」が普及してきた。それは、単なる教員養成の学歴水準を引き上げるということだけではなく、大学教育を基盤として教員となる者の幅広い教養を含めた学力水準を保障しようという指向性をもつことが事例研究から明らかになった。

第4章で述べたように、X校から昇格したA大学では、教員養成系専攻における一般教養科目数の増加と教科専門教養の強化を通して学生の学力水準を

高めようとした。大学教員も学生の視野と知識を広め、学力を高めることに力を入れた。多様な校内活動と社会実践の展開を通して、教員は「教職知識及び教科専門理論のみならず、学生の学習意欲と創造力を大事にし、学生にさまざまな活動を通して自発的に問題を発見させる」ことを意識した。

　第5章で検討したように、Y校から総合大学へ移行したB大学では、総合資質科目の新設によって一般教養と専門の学問的知識に関する教育を強化し、学生の学力水準を確保しようとした。同時に、多様な授業方式が導入され、教員中心から学生中心の授業方式へと変わった。講義をした後、その理論を利用して学生に具体的な案を作成させたうえで、教員がさらに指導をする。このような双方向の授業過程で、学生の学習能力を育てようとした。

　以上のように、各大学では教員養成教育において学生の幅広い学力水準の保障に努めていることが明らかになった。この変化の背景にはどのような要因があるのだろうか。

　山東省には2000年以降においてここで分析した事例校と同じような改革を実施した高等師範系学校が計11校あった。中国全体の動向と同様に、山東省でも高等教育改革の急激な進行によって、大学が急増し、大学間の競争はますます激しくなっている。その競争に勝ち抜くために、大学はまず何よりも「大学教育」としての質の保障を求められる。とりわけ、短大レベルの師範高等専科学校から本科大学へ昇格した大学にとっては、如何に大学としての教育水準を確保するかが大学の存廃につながる。それを表す重要な指標は特定の職業に関わる専門教育ではなく学問一般に関わる学力水準である。そのため、両大学は教員養成系専攻か非教員養成系専攻かを問わず、大学全体としての学生の学力水準の強化を目指したカリキュラムの改革に力を入れてきたと考えられる。

　また、2つの事例大学の大学教員に対するインタビュー内容を分析すると、教員養成系専攻の教員は長年にわたって実施してきた養成教育の質を高めようとする高い意欲をもっていることが明らかである。そして、彼らは基礎教育の改革に適応できる優秀な学校教員にとって幅広い知識教養が不可欠であると考

えている。このような教員の存在は学生の学力水準の強化を目指したカリキュラムの改革を促していると考えられる。

　一方で、昇格・移行後の両大学はともに安定した授業料収入を確保するために、学生入学定員の急速な拡大を図っている。しかし、急増した学生のすべてが必ずしも質の高い学生ばかりとはいえず、同じ専攻に在籍している学生の間にも、学力面で大きな差が存在している。特に、入学志願者数がもともと少ない一部の教員養成系専攻には学力の低い学生が進学してくる。大学にとっては、そのような学生の学力水準をどのように高めて「教員の専門的力量」の向上につなげていくかが深刻な課題となっているのである。

2　事例大学から見た「大学における教員養成」の変化の実態
　　——質的分化

　「大学における教員養成」に関する諸外国の論議に基づけば、それは養成教育が高等教育段階において行われることだけを意味するのではない。そこには、各大学が自主的で主体的に教員養成を行うという意味が込められている。

　第2章で詳しく検討したように、1990年代後半以降、中国においては教員資格制度の全国的普及が進められた。その後、総合大学なども積極的に教員養成に参加することが唱えられ、開放的な教員養成に向けた改革が進められた。しかしながら、改革実施のなかで、従来の教員養成教育で是とされた教育内容は何であるのか、非とされるべき教育内容や方法をどのように改めるべきかについて十分な議論がされたとはいえない。教員として必要とされる専門的力量の内容と指標は具体的に示されていないし、そのような専門的力量をどのように養成段階において育成するかについても明確に提示されていない。こうしたなかで実施された開放的な教員養成制度は、大学の自由裁量のもとで多様な教員養成の実態を現出させた。

　序章で筆者は「教員の専門的力量」について定義をし、その土台を保障するための養成段階における教職専門教育を論じた。ここで、この観点に基づいて

事例大学における教員養成の内容について検討してみたい。

　まず、A大学における教職専門教育についてである。A大学はカリキュラムのなかで一般教養の割合を増大すると同時に、教科専門教養の学問水準の強化を図った。また、教職専門教養においては実践活動を拡充した。大学教員は自身の学問的専門分野への関心が高く、それは学生にとっては教科専門教養に該当する分野での学習意欲と水準の向上に力を入れることになった。一方で、教職専門教養における理論的内容を扱う科目の授業時間数は削減され、もともと必修であった科目も選択履修科目に変更された。こうして、教職専門教養における理論的内容は従来よりも十分な履修ができなくなった。

　このようなカリキュラム変更は、教職専門教養における理論と実践のバランスを崩し、なおかつ、理論と実践の統合的関係への考慮を不十分なものとする。また、教科専門教養の強化と教職専門教養の縮小が同時に進むことは、両者の乖離を招くことにもなる。そのため、A大学では十分な教職専門教育の実施が困難となり、養成段階において「教員の専門的力量」の土台の育成が後退している実態が見出された。

　次に、B大学の教員養成系専攻における教職専門教育についてである。B大学はもともと大学としての一般教養を施していたので、教科専門教養でもその学力水準を維持しつつ教職専門教養の科目を多数設けて教員養成に取り組んでいる。教員養成系専攻の大学教員は教科専門教養と教職専門教養の理論の統合とその実践化に努めている。それは授業のあり方において学生の主体性と能力を強調するとともに、学生のニーズに適応しようとする改善の試みに現われていた。また、学校現場の教育実践を意識してカリキュラムを改め、多様な教職専門教養の科目を学生に履修させ、教科専門教養の知識を如何に子どもの成長発達に合わせて学習させるかということについて学生に体験的に学習させようとしていた。そこからさらに学生に反省させ、問題点の追究及び改善を求めた。こうした取り組みには、一般教養、教科専門教養と教職専門教養の新たな組み合わせを追究し、養成段階における「教員の専門的力量」の土台の保障を重要

視しようとする指向性が見出された。

　以上のように、2つの事例校は同じ大学レベルにおける教員養成ではあっても、その実態を質的に分析すると、異なる内容をもつ教育が実施されていることを見出すことができた。それでは、なぜこのような違いが生じたのだろうか。

3　「大学における教員養成」の質的分化の背景要因
(1)　「昇格」と「移行」がもたらす問題

　既述したように、A大学は短期大学レベルの師範高等専科学校から本科大学へ昇格した大学である。このような大学は、少なくとも2つの課題に直面しなければならない。1つ目は、修学年限を2〜3年から4年へと延長し、本科大学としての学力を学生に修得させることである。2つ目は、教員養成の目的学校から非教員養成系専攻を含む一般大学への変化を求めるとともに、大学の規模拡大のために、学生募集数を増大することである。

　ただし、同大学のL教授が語ったように「大学として認められることへの圧力は大きい、特に本科大学としての水準維持は難しい」とされる。第4章の分析からも、高等教育改革の急速な進展に従い、短期間で昇格を果たしたA大学には教育水準を高める必要性と困難性が窺える。そのような課題を克服するため、大学全体としては学術性という点での高度化を強く指向し、教員も危機感をもって学問研究に情熱を注ぎ、自らの研究能力を磨いている。また、2つ目の課題に対しては、A大学は限られた人的・物的・財政的資源を多様な専攻の増設へ優先的に投入し、学生募集数の増加を図っていることが明らかである。

　こうしたなかで、A大学における教員養成は、基本的に図6-1に示したように「大学―開放」の枠のなかで行われている。大学は本科大学の教育水準の保障と学問分野の多様性の拡大に力を注ぎ、教員養成の充実を後回しにせざるを得なくなる。そのようなかたちで進行する「大学における教員養成」は「教員の専門的力量」の土台の保障にそのまま結びつくとはいえない。大学規模の

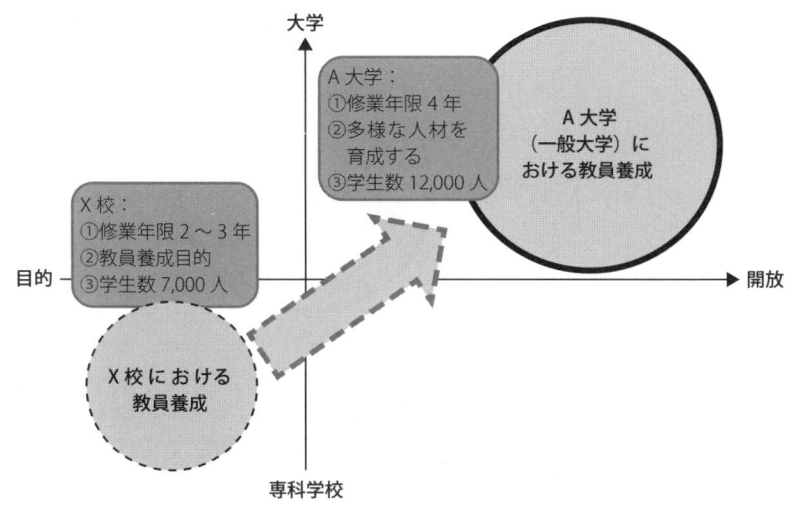

図6-1　A大学における教員養成の形成

拡大と非教員養成系専攻の増設とともに、教員養成の質はむしろ低下するという可能性が高いと考える。

　B大学の場合は、教員養成を主な目的とした本科大学から総合大学への移行を果たしたケースである。総合大学への移行に当たり、大学としての教育理念が変化し、もともと教員養成とは無関係だった学部を含めて大学組織が大幅に改革された。こうした大学にとっては、激化する大学間競争のなかで、財政拡充を図るために、どのように多様な専攻を増設し、学生の募集規模を拡大するかが第一の切迫した課題である。つまり、大学、とりわけ経営層や非教員養成系専攻は総合大学としてのあり方を強く指向している。

　こうしたなかで、B大学では教員養成の実施組織が新設された。教育科学院が教員養成の実施に責任をもち、それを中核に大学共通の教職専門科目設置基準が作られ、教職専門教育の重要性についての共通認識が形成され、「教員の専門的力量」の土台の育成を重視したカリキュラムが作られている。こうして、開放制のもとでの総合大学という環境においても専門的な養成教育が実施され

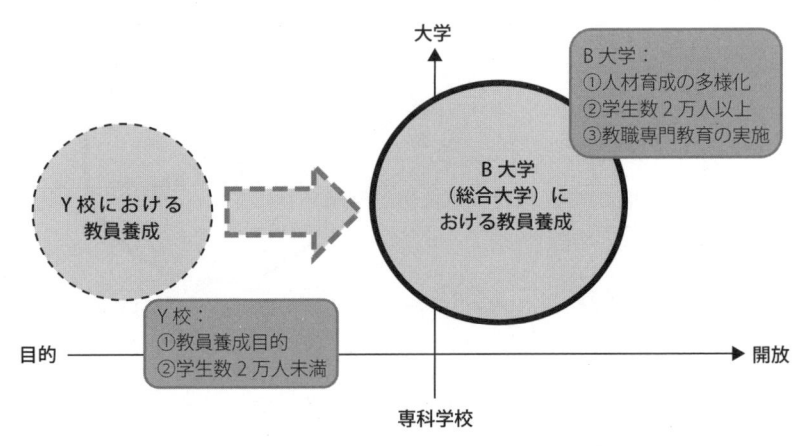

図6-2　B大学における教員養成の形成

るようになった。図6-2に示したように、Y校は総合大学へと移行したことは「大学―開放」の改革だといえるが、学部組織として教育科学院が設けられ、教職専門教育自体が大学の専門教育として位置づけられた。B大学における教員養成は基本的に、「目的―開放」に基づき、大学教育の水準を維持しながら教職専門教育を実施し、「教員の専門的力量」の保障が目指されていると考えられる。

　ただし、B大学で導入されている大学教員評価システムは「教員の専門的力量」の土台の育成にとっては問題となる。大学教育の水準を維持するために、行われている厳しい教員評価制度のもとで、教員は自身の身分を守るために学生の関心に合わせて授業をしなければならない。しかしながら、学生の指向が常に「教員の専門的力量」の土台の育成に有効だとは言い切れない。

(2)　大学内在的な教育理念がもたらす問題

　インタビュー調査によれば、A大学においては基礎教育の発展状況に基づき、実践力のある教員を養成するという意識を有する大学教員が数多くいる。彼らは教員養成教育に関心をもち、学校現場が求める「教員の専門的力量」の土台

の育成を意識している。しかし、他の多くの教員の間では、「X市の経済発展に貢献し、地方産業の需要人材を育成する」という考え方が広く浸透している。

　こうしたなかで、大学全体としては「社会経済の発展に相応しい実践力をもつ質の高い新型人材を育てる」という教育理念を掲げ、大学の教授組織も教育の質を評価する仕組みも非教員養成教育に傾き、教員養成教育は次第に縮小されつつある。X校からA大学への昇格は、教育理念の変更を伴った。そこでは、教員養成教育の位置づけは不明瞭になった。A大学の事例から、一部の教員養成の担当教員が孤軍奮闘しても、それが全学的な取り組みになっていないならば、教員養成教育の質的向上にとっては重大な課題となることが明らかである。

　一方で、移行後のB大学は「教員養成教育の優勢を保ちながら、全学科が共同発展する」という教育理念を掲げ、伝統のある教員養成系専攻が同大学の強みであること認識している。こうして、長年にわたって養成教育に携わる教員はY校の経験を活かし、優秀な学校教員を養成することを強く意識しているし、教員養成教育に関わる授業の内容と質を保障できる力をもっている。大学全体では教員養成教育が明確に位置づけられていることとその事業に情熱をもつ教員が存在することは、B大学の教員養成の質を保つために有効で、養成教育の新たな改革につながると考える。

　ただし、そのようなB大学においても教職専門教育の充実に積極的に取り組む教員は一部に限定されている。もともと総合大学での教員養成は大学全体に教職専門教育に対する共通認識を形成することは難しい。そのなかで、すべての学部の教員養成系専攻に同じように「教員の専門的力量」の土台を育成しうる教職専門教育を実施することは困難である。教員養成に責任をもつ教育科学院を独立して作ることによって、開放的な大学教育のなかでの専門教育の実施を可能にした。つまり、大学全体の教員養成は教育科学院という専門的組織に依存して行われているといってもよい。既述したようにB大学は総合大学としてのあり方を強く指向するため、教育科学院を設置していたとしても不安定な要素が残されている。今後、B大学は「教員の専門的力量」の土台の育成

を長期的に保障する制度を作り、教員科学院の専門性を高める工夫が必要だと考える。

(3) 大学を取り巻く地域特性がもたらす問題

山東省は沿海部と内陸部で、経済や教育の発展状況が大きく異なる。本研究で対象としたA大学は内陸部に、B大学は沿海部に所在する。それは、両大学での教員養成への取り組み方に対して大きな影響を与えている。

A大学は、国家レベルの教育制度改革と省レベルの高等教育機関の配置の再構築という動向のもとで、本科大学の創設を強く求めるX市の意向を受けて誕生した大学である。地域住民と行政は市内唯一の大学になるA大学の創設に多様な期待を寄せ、それはA大学の運営に強く浸透した。そのため、A大学にとっての教員養成は必ずしも「教員の専門的力量」の土台の育成に対する取り組みの結果とはいえない。

一方で、B大学が置かれた環境はA大学と異なる。Y市はもともと9校の本科大学を有し、そのうち総合大学が3校ある。厳しい競争環境に置かれたB大学にとっては、卒業生の就職難が学生募集に悪影響を及ぼす。それゆえ、B大学は長年積み重ねてきた教員養成の実践と経験を生かし、それを大学の特色にすることによって、教員養成系専攻の学生が他大学の学生と競争できる力を身につけさせようとした。つまり、他大学との競争に生き残ろうとするB大学にとって、教員養成の面で強い競争力をもつ学生の育成は大学の死活問題でもある。だからこそ、B大学は「教員の専門的力量」の土台の育成に強い関心を向けているのである。

第3章で詳しく検討したように、山東省においてはA大学と同様の昇格型の改革は計9校存在する。それらはすべて内陸部の市にあり、地域の経済発展に対応して多様な人材の育成という要請に応じなければならない。そのような状況に置かれた「大学における教員養成」は「教員の専門的力量」の土台の育成に十分な関心を向けることが困難であろう。受験教育から資質教育への転換

に当たって、「教員の専門的力量」の保障が必須とされる現在、養成段階における「教員の専門的力量」の土台の育成は厳しい実態が明らかである。

4　現代中国の教員養成改革の全体像
(1)　「大学における教員養成」の形成——日米中比較の視点

　1990年代以降、中国においては経済改革と社会改革が行われ、その後、国際化と知識基盤社会の確立が急速に進展した。このなかで、社会環境と人材需要が変化し、基礎教育改革が行われた。その改革は、基礎教育の拡充と資質教育への移行をもたらしたとともに、教員養成制度の改革を求め、教員養成の開放化と高度化を促した。それと並行して、市場原理を導入した高等教育制度改革が行われた。これらの制度改革は高等師範系学校が置かれた外部環境を変化させた。こうして、高等師範系学校は大学へと昇格あるいは移行し、「大学における教員養成」が促進された。

　第2章で検討したように、師範高等専科学校から一般大学へ昇格したケースは全体の6割以上を占め、移行型の改革は全体の4割弱であった。本研究ではその「大学における教員養成」の内実について、一見同じ大学水準での養成教育であるものの、質の異なる教育が実施され、それぞれ異なる課題を抱えていることを明らかにした。昇格型の「大学における教員養成」では教職専門教育の質的向上を見据えた改革は十分でなく、「教員の専門的力量」の土台の育成が重要視されていない。移行型の大学は、各専門の学問分野の発展に重点を置くと同時に教員養成にも力を入れるため、上級学年で教職を志望する学生を集めて目的的な教育を行うための組織を特設した。

　このような「大学における教員養成」の違いは、大学が生まれた背景と経緯の違いと連動している。

　まず、昇格型の「大学における教員養成」についてである。

　1980年代、厳しい教員不足問題に対応し、全国においては市ごとに1校の師範高等専科学校が創設され、その地方の教員養成を担った。1990年代後半

以降、教員の量的問題が徐々に緩和されてきた。一方で、基礎教育の発展により、大学進学を希望する高校生が急増すると同時に、地方経済の発展に伴い、さまざまな高度人材が必要とされた。こうしたなかで、大学が設置されていなかった地域は大学の設置を強く望んでいた。また、第2章で述べたように、1990年代以降実施した高等教育制度改革と教員養成制度改革は師範高等専科学校に改革を迫るものであった。こうして、各地の師範高等専科学校は地方政府の支持を受け、一気に一般大学へと昇格した。

制度的には師範高等専科学校の昇格は、「大学における教員養成」を広く普及させた。だが、それらの大学は何よりもまず大学教育としての水準と質の確保を追求しなければならなかった。同時に、地域の人材需要を満たすために多様な専門を設け、学生募集数を拡大した。つまり、大学全体は「大学—開放」を軸に運営し、教員養成はそのような枠組みのなかで十分に顧みられず、理念的にも実態的にも「教員の専門的力量」の土台の育成と大きく乖離している。

このような構図は日本とアメリカにおける教員養成の改革過程にも見られる。船寄俊雄(2001)は戦後日本の「大学における教員養成」の形成過程においては師範学校を母体として成立した大学(学部)における「大学教育としての水準と質に過度に依存した」養成教育を「教員養成におけるアカデミズムの陥穽[1]」と述べた。また、浜田博文(1996)は1930年代アメリカのノーマル・スクールがカレッジに昇格した当時のカリキュラムを分析して、カレッジレベルの教員養成教育について「カレッジレベルの学問的教養が強化される傾向[2]」を指摘した。

諸先進国の教員養成の歴史を振り返ると、学校段階の昇格に伴った「大学における教員養成」の実現過程においては、教員の専門的養成よりも大学教育としての水準確保が重視される傾向にあった。それは、新たに誕生した大学が一般教養と教科専門教養の強化を通して実現しようとするアカデミズムの偏狭[3]である。

中国の場合も、師範高等専科学校から昇格した大学においては教員養成を実

施する際に、同じく一般教養と教科専門教養を強化している。ただし、それは単なる大学内在的なアカデミズム志向とはいいきれない。日米の場合とは異なり、中国の「大学における養成教育」の形成は高等教育の市場化を重要な背景とする。それは、大学内在的なアカデミズム志向だけでなく、他大学との競争という外在的な圧力を強く受ける。すなわち、大学の競争志向である。大学経営者は常に市場競争を意識し、それを大学組織メンバーに認識させている。こうして、形成された教員養成教育は学問的ニーズの追究よりもむしろ、市場ニーズへの対応を強く意識して振り回されている。

次に、移行型の「大学における教員養成」についてである。

1990年代後半以降、高等教育制度改革と教員養成制度改革のもとで、師範大学・学院は他の大学と同様に激しい大学競争に参入し、大学の運営を維持するために、学生募集数を増加しなければならなかった。師範大学・学院はもともと経済発展に恵まれた都市に設けられていた。したがって、経済改革以降、その地域の人材需要はますます拡大し、大学の数も急増した。そのなかで、師範大学・学院はより多くの学生を獲得するために、魅力のある多様な専攻を作る必要に迫られた。

こうして、師範大学・学院は総合大学へと移行した。このような大学では、まず、総合大学としての優秀さを世に示し、社会的な認知度を上げることが重視された。その際、すでに優れた実績をもつ教員養成教育を大学の特色として打ち出し、競争力の高い卒業生を輩出し、その卒業生の就職先を確保することも重視された。そのため、大学は非教員養成系専攻を充実させると同時に、その大学教育の一部である教員養成教育を専門的な職業教育として位置づけようとした。こうして、移行型の大学は「目的―開放」を軸に改革を進めると同時に、大学全体においては教員養成を専門「領域」的な存在に位置づけ、教員養成系専攻による統一的実施が図られた。

単科大学から総合大学への移行による「大学における教員養成」について、戦後の日本においても議論されている。当時、「大学の学部組織として教員養

成=職業教育が位置づけられる」ことが新たな大学観として唱えられた。ただし、そこで行われる教員養成においては教育学がいかなる質の教育を担うのか、どのように位置づけるべきかが問題[4]として認識されている。中国の場合では、移行型の「大学における教員養成」は「目的―開放」という形で教員養成が実施されている。だが、そのなかにはもうひとつの要素、つまり、市場競争が機能している。総合大学としての競争力を高めるうえで、教員養成のための専門教育の充実が意図されたのである。

(2) 開放的な教員養成における市場競争の導入と「教員の専門的力量」の土台の保障

　全体的にみると、現代中国においては、昇格型の「大学における教員養成」にせよ移行型の「大学における教員養成」にせよ、教員養成を実施する大学は大学間の激しい市場競争と地域の需要に対応しながら、教員養成を目的としない専攻分野を拡大しつつ、高度な研究と教育を任務とする大学の本質を守ろうとしている。教員養成教育は、高等教育における市場原理の導入と養成教育の高度化及び開放化という制度改革の影響を受けながら変化している。そのような「大学における教員養成」は「教員の専門的力量」の土台の育成を十分に行っているか否かが大学の改革経緯と連動している。

　諸概念を構造化して改革の全体像を示したのは図6-3である。経済のグローバル化と知識基盤社会の確立のなかで、社会改革が行われた。それに基づき、高等教育制度改革と教員養成制度改革が行われた。このような教育制度の改革、市場競争と地域の人材需要は「大学における教員養成」の内実を形成する背景要因となった。こうしたなかで、高等師範系学校の約60％を占める師範高等専科学校は大学に昇格し、「大学―開放」の枠で教員養成を実施している。高等師範系学校の約40％にあたる師範大学・学院は総合大学に移行し、「目的―開放」を軸にして教員養成を行っている。こうしてみると、「大学における教員養成」への改革は広がっているものの、「教員の専門的力量」の土台の育

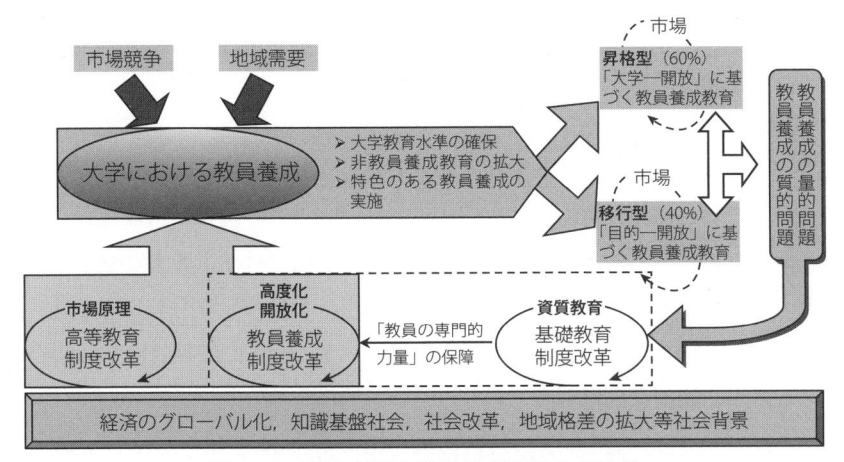

図6-3 現代中国の教員養成改革の全体像

成が保障されているとは言い難い。教員養成の質は大学によって異なり、そこで養成される教員の数も十分とはいえない。このような教員養成の現実のもとで、基礎教育における資質教育の推進は未だ不十分な状況にあると考えられる。

5 現代中国の教員養成改革における課題
(1) 教員養成における質的問題

1990年代後半以降、教員の量的拡充と学歴水準の確保に関する問題は残されたまま、政府は資質教育の実施に対応できる教員を育成するために、教員養成制度の改革を進めてきた。資質教育の実施に対応する教員には、幅広い知識教養を基盤としながら、各教科の専門的な知識を備え、子どもの発達段階や年齢段階に応じて多様な教授・指導方法を活用して児童・生徒が自主的に学ぶことを促す力量、すなわち「教員の専門的力量」が必要とされる。養成段階での「教員の専門的力量」の土台の育成が非常に重要である。

しかし、現時点の中国において「大学における教員養成」への改革は、「教員の専門的力量」の土台の育成を保障できているとはいえない。開放的な教員

養成制度のもとで、従来計画的に実施された教員養成は完全に各大学に任されることになった。このなかで、大学間の厳しい競争に勝ち抜くために、教員養成を重視しなくなった大学は決して少数派ではない。そのような大学での教員養成は量的確保がむしろ難しくなり、質的にも十分なものとはならない可能性が高い。また、高等教育の急速な拡大により、大学生の就職は困難になっている。そのため、一部の大学は教師資格証明書を学生に付与することを学生の将来のオプションを豊かにするための方法、また、大学の競争力を高める道具として利用している。「大学における教員養成」は、一部には質的向上の傾向がみられるが、深刻な課題も多く残されている。

　こうした実態は中国全土の教員養成を取り巻く厳しさを反映している。1990年代後半以降、中国においては経済のグローバル化と知識基盤社会への移行が進められた。経済のグローバル化は世界標準の教育改革の実行を誘発し、知識基盤社会への移行は質の高い国民の育成、つまり、教育の高度化を求めている。それが教員養成に反映され、養成教育の高度化と専門化が求められたといえる。養成教育の国際的動向と中国の基礎教育の需要への対応に迫られた政府は「教員の専門的力量」の重要性を唱え、開放的な教員養成制度を推進してきた。しかし、こうした社会変化があまりに急激であったために、「教員の専門的力量」の内実については、政府レベルも大学においても十分な議論は展開されていない。

　一方で、市場原理による高等教育改革が教員制度改革と同時進行してきた。第2章で検討したように、市場競争の経営原理が高等教育に導入され、従来公共サービスとして行われてきた教育が商品化され、大学間の競争を誘発した。その後、教育改革における分権化と規制緩和は市場開放・競争を高等教育の隅々にまで浸透した。教育制度改革における市場原理や分権化、規制緩和などは、一見、教育領域に自由と希望を与えるように見えるが、現実には多くの危機を引き起こしている。こうしたなかで、高等師範系学校は、市場原理に基づく高等教育改革の流れに乗る以外になかった。結果として、「大学における教

員養成」は広がることになった。

　現在、中国の「大学における教員養成」は、利益追求を目的にし、競合的で不安定な状態に置かれているために、公共的利益を重視して安定性と自律性を求める「教員の専門的力量」を十分に保障できていない。政府は形式的には「教員の専門的力量」の保障を提唱してきたが、その実情を見ると、市場原理のもとで、教員養成改革は学歴水準の高度化と開放化の方向のみで推進されてきた。さらに、地域間の深刻な格差が加わり、現代中国における「教員の専門的力量」の土台の育成は極めて困難である。今後、中国の「大学における教員養成」は、「教員の専門的力量」の土台の育成について掘り下げた議論に取り組むという重大な課題が残されている。

(2)　教員養成における量的問題

　過度に市場競争に従った教員養成は養成教育の質の低下を招き、教員の量的確保を難しくさせ、各地域における教員供給の格差をさらに拡大させる危険性がある。第1部で述べたように、中国は長期にわたり教員の量的不足問題を抱えてきたが、1996年に政府はそれがほぼ解決されたと宣言した。それ以降、国の教員政策は量的拡大から質的向上とそのための制度構造の改革、効果の向上を目指す段階へと移行した。しかしながら、教員の総数は全国平均では充足されているものの、教員需給の実態には省や地域の違いによって大きな格差が存在していた。

　本研究で取り上げた山東省の場合を見ると、沿海部または省庁所在地の経済発達都市における教員は充足しているが、内陸部の市では教員不足が依然として続いている。市による教員需給状況の格差は市の経済発展状況に関連すると同時に、教員養成を行う機関の有無にも関係する。とりわけ、経済発展途上地域である内陸部の市の教員供給は基本的には、その地域にある養成教育を行う機関に依存するしかない。

　だが、事例研究を通して「大学における教員養成」の実態を見ると、教員の

量的確保という点の問題を指摘せざるを得ない。第4章と第5章での分析によれば、両事例大学は教員養成の規模を縮小する傾向をもっている。A大学の場合は、X市唯一の一般大学として同市の多様な人材需要に対応すべく計画的に教員養成機能を縮小し、それによって教員以外の人材育成機能を拡充した。Y市に所在しているB大学の場合では、志願者数の多い専攻の数を拡大し、入学希望者数が少ない専攻を縮小または廃止した。教員養成系専攻のなかでも就職に有利な専攻は進学者が多いため、専攻の規模が拡大される一方で、就職に有利ではない専攻は進学者の減少によって廃止されるようになった。

中国全体を見れば、沿海部にある市は経済発達の条件が良好で、他の地域と比べると教職の社会経済的地位が高く保障されている。そのような市において、教職は若者にとって魅力的な職業のひとつであり、教員の量的確保も容易である。同時に、経済発達地域には高等教育機関の数が多く、教員養成を行う大学の数も比較的多い。その結果、地域の教員需要は充足されている。一方で、内陸部の市における教員需要はほぼ地元の大学に依存しているため、地元の大学での教員養成の規模の縮小はその市の教員不足問題を招く可能性が高いと考えられる。

近年、内陸部においては師範高等専科学校から一般大学への昇格が急増している。地域住民や行政からの期待を背負いながら誕生した大学は、教員養成より地域の経済発展に対応して多様な人材の育成を優先することを余儀なくされる。こうして、内陸部の市における教員不足問題は危機に陥りやすくなる。また、教員人材の流動性は低いため、地域間の教員供給の格差もさらなる拡大が予測される。開放的な教員養成制度のもとで、地域は教員養成より高等教育の発展や多様な人材育成を優先してきた。結果として、政府が教員の需要を踏まえた供給管理をしなくなったことで、教員の量的確保の問題は引き続き解消できないおそれがある。

第3節
試論——将来の中国における教員養成改革の展望

　以上の議論を踏まえつつ、中国より「大学における教員養成」への改革という点で40年ほど先行してきた日本の教員養成の経緯を参照し、将来の中国における教員養成改革について、国家、地方及び教員養成を実施する大学のそれぞれを軸にして展望したい。

1　全国レベル——「教員の専門的力量」の内実の明示と保障

　中央政府は「教員の専門的力量」の保障を唱え、教員の資質向上を目的とした教員養成改革を進めたが、「教員の専門的力量」とはいったい何であるかを明示しなかったし、それの保障について十分な議論がなされていなかった。その間に「大学における教員養成」は実現しつつある。とするならば、教員養成の安定的な発展を確保し、教員の資質・能力向上を促すために、「教員の専門的力量」の内実についてより明確に示す必要がある。

　この点については、日本の戦後改革期においても深く議論されていた。以降、現在に至るまで、「教員の専門的力量」をめぐる議論は常に続けられてきた。近年の日本においては高等教育に市場原理が導入され、短中期的にコストパフォーマンスの低い部分は軽視されることになっている。それは教員養成における長期的な全体バランスを崩し、その弊害が多いと指摘されている[5]。

　したがって、先ず「教員の専門的力量」の内実を捉え直すべきである。その際、国家あるいは将来的に教員養成を実施する大学によって形成される大学連盟は、諸外国における議論やモデルを参照し、教員養成教育の実態と基礎教育が求めている教員の現状を踏まえたうえで、中国の独自の枠組みを構築する必要があるだろう。

　次に、筆者は市場原理や大学競争が浸透しつつある「大学における教員養成」に如何に市場競争と教員養成の資質保障のバランスを保たせるかが重要な課題

と認識する。例えば、中国では高等教育の質を保証するための大学教育水準及び大学が養成すべき人材の到達水準については明確な指標を提示している。だが、教員養成については明確な基準が設定されていない。これに対しては、教員養成における水準管理と国家が果たすべき役割を見直すべきである。国家は「教員の専門的力量」の内容を教員養成の実施側に明示し、教員養成系専攻の設置基準と教員養成課程についての審査規定を設ける必要がある。

それと連動して、国家は教員養成に対して支援措置を取る必要がある。教員養成における地域格差が拡大しつつあるなかで、政府は如何にこの格差を縮小させるかを考えるべきである。同時に、教員養成教育においては市場を有効に活用しながら、大学の主体性を発揮できる教員養成の仕組みの設置が必要である。例えば、国家は経済力の弱い地域に対しては教員養成の質の向上を促進する予算配分を実施し、その地域にある大学に地元の文化と関連する特色のある教員養成を実施させる余裕を与える。経済力の強い地域の大学に対しては市場競争を活かし、優れた教員養成教育に補助的な予算を付けることによって、大学の教員養成に対する積極性を引き出す。また、教員養成系専攻に進学する優秀な学生に対する奨学金制度を設けるなどである。

2　地方レベル——各省における評価管理システム

省によって教員需給の実態には格差が存在している。各省は同省の教員需給状況を踏まえ、国家統一的な設置基準に基づき、省内の教員養成の実施大学に対して大学一般の評価とは異なる評価管理を行うべきである。省政府は教員養成に積極的に取り組んで基準を満たした大学に対して、その優れた教員養成理念や内容と方法などを全省に推進する。同時に、その大学での取り組みを国家プロジェクトに推薦し、国家予算の獲得に協力し、その大学により充実した教員養成を形成させるよう工夫する。

一方で、教員養成基準を満たさない大学に対しては、省政府は地域の教員需給状況に対応しながら2つの措置をとる。①省政府は大学と協力関係を作り、

他大学での教員養成の成功例を紹介し、地域の教員に対するニーズを掘り起こし、より優れた教員養成を実施する意欲をもたせ、教員養成についての全面的な改善を行う。②教員養成を積極的に行わず改善する意欲もない大学に対しては、期限付きの養成教育の停止を実施する。ただし、省政府が評価をするときには、必ず教員養成の多様性を配慮したうえで、その大学が教員養成を実施する意欲を確かめ、教員養成に対する全体的な評価をする。

3 教員養成を実施する大学
(1) 自律的な教師教育組織

教員養成において、その大学における自律的な教員養成組織の形成が非常に重要であることが明らかになった。以下、本研究での事例大学の実践を踏まえ、現代中国の「大学における教員養成」に必要とされ、自律的に教員養成を行う組織部門（以下、教師教育組織と略す）の構築条件を提示する。

第一は、大学教育のなかに分散された教員養成教育の資源を統合し、他の学部と同様に自律性をもつ組織部門として設置することである。学内の教員養成資源を最大限に集約し、教員養成の重要性を示しながら、教員養成に関心をもつ教員を集めることによって、組織力と意欲の高い教員養成組織を作り上げる。

第二は、教員養成の構想や計画に責任をもち、教員養成に関わる教育資源を活用する権限または機能を有することである。そして、教師教育組織は教職の専門職基準に基づき、各学部における教員養成に対して評価する権限を有することも必要である。

第三は、地域の他の多様な教育機関と連携し、現職教員に対する研修を実施することである。それは、大学での教員養成と地域における現職教員研修の役割を同時に果たす必要があるからである。2つの機能を結合することにより、学校現場の教員の資質状況を把握でき、それを教員養成に活用し、学校現場が必要とする教員を養成できる。

第四は、教育に関する学術的研究を推進し、その研究成果を積極的に発信す

ることである。そのことにより、養成教育を実施する教員の意欲が高まり、使命感・責任感が強くなる。同時に、教師教育組織の積極的な発信によって、教員養成と教育研究の重要性が大学の他の部署に認識され、大学全体に養成教育についての共通認識が形成される。

(2) 教職専門教育のための教員養成カリキュラムの改革

序章において、「教員の専門的力量」の土台を育成するために、「大学における教員養成」は、教職専門教育を実施しなければならないと述べた。教職専門教育は教員としての教養・技能の基礎の育成にとって不可欠であるし、大学であるからこそ主体的に創造し、その教育内容を充実できる。だが、現代中国の教員養成カリキュラムの内実をみると、一般教養、教科専門教養と教職専門教養の3領域での構成が一般的である。事例研究によれば、実際に4年間の大学教育における教職専門教育の充実は難航し、とりわけ、教科専門教養と教職専門教養のバランス調整は実現できていない。

また、近年は実践的指導力が重要視され、従来教職専門教養の一部として実施されていた教育実習は科目として独立化される傾向が強い。そうしたなかで、教員養成における実習時間の延長は、教職専門教養や教科専門教養の深い理解を伴わないままに実施され、形骸化する可能性が高い。この動向は教科専門教養と教職専門教養の分岐をさらに強めていくだろう。そもそも、両者を対立項とみるのではなく、有効に組み合わせることが重要だと考える。

諸先行研究と本研究の事例調査を踏まえ、筆者は小・中・高等学校段階に対応する「教職専門教育」カリキュラム改革プランを提案したい。従来4領域に区分された教育内容を「教養教育」と「専門教育」（初級の専門教育＋高度の専門教育）の2領域で再構成する。以下、その内容について説明する。

教養教育は大学教育を受けるレベルの人間性の修養を目的とし、教職を目指すすべての学生に向けて開講する。その内容は一般教養に教科専門教養と教職専門教養の理論的知識を加える。実際の教育内容に対応しながら開講年数を調

整し、教養教育1年コース、1.5年コースと2年コースなどのプランを設定できる。

教養教育の所定の単位を取得した後、学生は教職に対する理解に基づき、専門教育を選択できる。初級の専門教育は教職希望者に堅実な高度の学科専門知識を身につけさせながら、基本的な教職技能を修得させる。学習を終えた学生は、教科専門教養と教職専門教養を統合する高度の専門教育を受ける。それは小・中・高等学校段階の子どもの発達状況に適応する教科専門教養と教職専門教養を学生に学習させ、実践的指導力を育成するための基礎資質を高めさせる。その一環は実習であり、学生に理論知識の学習と学校現場での学習を同時進行させる。教員と学生は、子どもや教職の実際に触れた体験を積み重ねつつ、その体験と結びついた教学を反省しながら進めていく。実習生、実習校及び教員が共同参加する体験―省察の往還を確保する共同化した実習が「教員の専門的力量」の土台の育成を促し、「反省的実践家[6]」の教員を養成するためである。

上述のような教員養成カリキュラムはひとつの案として提示するものである。大学は教員養成を実施する際には、養成教育の目標と計画に対する積極性と創意工夫が必要である。教員養成を実施する各大学がそれぞれの特色と学術研究力を生かし、主体的に魅力のある教員養成カリキュラムをアレンジしなければならない。

第4節 本研究の成果と今後の研究課題

1 本研究の成果

本研究の成果は次のとおりである。

第一は、現代中国において基礎教育改革と大学教育改革のもとで進行した「大学における教員養成」への改革と、そこで行われた養成教育の変化の内実を、質的調査を用いて明らかにしたことである。

本研究は事例校の第1次資料を収集して教員養成カリキュラムを分析し、そ

の大学での教員養成の全体像を捉えた。その資料の分析に基づいて、教育理念や養成教育の概況を把握した。また、中国における養成教育の実態をどのように示し、そこに存在する課題をどのような観点で考察するかは現代において重要な研究課題である。それを意識し、本研究は先進国で行われた諸研究を参考にし、大学の管理職と養成教育を担当する教員にインタビュー調査を実施し、大学の教育理念やカリキュラムに対する意識と対応方法を明らかにした。このように、大学の内部から見た認識に即してそれぞれの視点から教員養成教育の変化を掘り出し、教員養成教育の実態と課題について考察した。管見の限り、このように複合的な観点から中国の教員養成の実態を捉えた研究はまだ存在しない。

　第二は、「大学における教員養成」への改革過程において、全体の4割程度である移行型では養成教育の質的向上を重要視しているものの、6割を占める昇格型ではそれが十分とはいえない実態について社会的、地域的文脈を視野に入れて解明したことである。

　1990年代後半以降、教育制度の改革に伴い教員養成が大きく変わったと指摘されたものの、実際に地域の「大学における教員養成」がどのように変化しているか十分に解明されていなかった。「大学における教員養成」の進行があまりにも急激だったためである。現在、国家あるいは大都市圏の重点師範大学における改革が重要視されている一方で、地域の高等師範系学校で行われた教員養成を対象とした研究は少ない。だが、国家重点師範大学における改革は、必ずしも地方の高等師範系学校に適応できるとは思わない。

　地方大学は中国全土の教員養成教育の主体であり、基礎教育段階の「教員の専門的力量」の土台を保障する責任をもっている。そこでの教員養成教育の実態と課題を解明しなければ、中国全体の動向は把握できない。本研究は先行研究が十分に触れなかった地方大学を対象に、地域的文脈を考慮したうえで、大学改革の経緯と、そこで行われた教員養成の質的分化を解明した。

　第三に、「教員の専門的力量」の土台の保障という観点から教員養成教育の

実態を分析し、市場原理が「大学における教員養成」の形成を促進した一方で、必ずしも「教員の専門的力量」の土台を保障できるとはいえない実態があることを見出したことである。

現在、中国においては「教員の専門的力量」の観点から地域の教員養成教育の実態を分析する研究は未だ存在しない。本研究は、長い間諸先進国の教育界で議論され、蓄積された理論知識を用いて、「大学における教員養成」と「教員の専門的力量」の関係に着目し、現代中国の「大学における教員養成」の改革実態と教員養成教育の課題を明らかにした。

そのため、本研究は諸先進国の教員養成論を参照しながらも、「大学における教員養成」が教員養成の学歴水準を高度化させることを認めながら、大学教育と教員養成教育の関係軸を見出した。そして、市場原理に依拠した「大学における教員養成」と「教員の専門的力量」の土台の育成との総合関係を明らかにした。「大学における教員養成」への改革は大学レベルの養成教育を量的には拡大しているが、全体として教員養成の量的確保と教職専門教育の質的向上にまで至っているとはいえない。

しかし、これは中国だけに留まらない問題である。教員養成の学歴の高度化は国際的な課題である。一方で、高等教育の市場化はいろいろな国々において進んでいる。中国の場合では、両者が同時に急進しているために、全体の教員養成の状況にしても大学内の教員養成教育にしても混迷している。これから、経済が急速に発展している東南アジアやアフリカなどの諸国においても高等教育の市場化と質の高い教員に対する需要量の拡大には矛盾が生じかねない。そのような国々は中国と同様な課題に直面する可能性がある。

本研究は市場原理のもとで、「教員の専門的力量」を保障すること及び地域の格差が存在しているなかで格差の縮小を図る方法を考察した。市場に対しての新たな認識に基づき、異なるタイプの大学に市場原理のそれぞれの特性を活用することによって、教員養成教育の質を保障する仕組みを提案した。これは他の新興国にとっても、これからの経済発展を目指す国々にとっても大きな示

唆を与えるだろう。

2 今後の研究課題

最後に、今後の研究課題について述べる。

第一の課題は、本研究は教員養成を実施する側について調査を行ったものの、その教育を受けた学生の反応及び卒業生を受け入れる学校現場からの意見を直接には聞き取れなかった。学生の反応と学校現場の教員養成に対する意見を念頭に入れ、資料収集及びインタビュー調査を行ったが、何れの資料も間接的なものになった。教員養成の変化に対して事例校の教員養成系専攻の学生、卒業生及びその卒業生を受け入れた学校現場からの意見も収集できれば、その大学での教員養成の変化をより総合的に検証できることになる。

第二の課題は、複数の省を対象に事例研究を行い、各地方の教員養成をめぐる実態と課題を解明することである。本研究の対象は、山東省にあるＡ大学とＢ大学に限定されており、さらに他の省を対象にする実証研究との比較が必要と考える。ただし、全国範囲で地方大学を調査することは決して少数の研究者の力により実施できるものではない。国レベルの重要な研究課題として位置づけ、多数の専門家による共同研究プログラムの早期設立や全国の教員養成実態調査の早期実施が重要な課題である。

第三の課題は、本研究は日本の先行諸研究を参照したうえで、研究の枠組みを構築し、1990年代以降の中国における教員養成変化の実態を明らかにしたものの、日本に対する示唆まで言及できなかった。なぜなら、本研究の一貫性とわかりやすさを考慮したうえで、中国における教員養成の実態を解明するという主題をより鮮明に出したかったからである。本研究成果を踏まえ、今後は日本を含む他の国の研究結果との比較研究を視野に入れる必要性がある。

注
1) 船寄俊雄（2001）「戦前教員養成思想の課題と展望」TEES研究会編『「大学に

おける教員養成」の歴史的研究―戦後「教育学部」史研究―』学文社、pp.58-67

2) 浜田博文（1996）「アメリカの初等教員養成プログラムにおける教職専門教育について-1930年前後を中心に―」『東京学芸大学紀要』第1部門教育科学、第47集、pp.225

3) 木岡一明（2001）「戦後教員養成論の基本構図」TEES研究会編『「大学における教員養成」の歴史的研究―戦後「教育学部」史研究―』学文社、pp.24-26

4) 前掲 木岡一明「戦後教員養成論の基本構図」、pp.27-30

5) 岩田康之（2008）「教育改革の動向と教師の『専門性』に関する諸問題」久冨善之編『教師の専門性とアイデンティティ』勁草書房、p.35

6) 山﨑準二（2006）「教員養成カリキュラム改革の課題」『日本教師教育学会年報』第15号、学事出版、p.33

あとがき

　10月のつくば市は金木犀の甘い香りに包まれ、秋学期の新入生の顔には将来への憧れが映されている。毎年4月と10月に、筑波大学はそれぞれ春学期と秋学期の入学式を開き、新入生を迎えている。新入生たちは何らかの夢や自分の将来に対する思いを抱き、この大学に入るだろう。私は大学のキャンパスを歩きながら、去年の今頃、博士学位論文の本審査に備えるために、人の顔を見る暇すらなかった自分の姿をふと思い出した。

　1980年代、中国の山東省で生まれた私は、3歳で区の「実験幼稚園」に入り、まだ勉強とは何かもわからないうちに、算数や国語を教わった。その後、実験小学校、区の重点中・高等学校を経て、17歳で大学に入学した。大学に入る前の14年間を振り返って鮮明に覚えているのは、小学生のころ、深夜12時が過ぎても泣きながら宿題をやっていたこと、中学校を卒業する前に、重点高等学校に入れるかどうか不安でたまらなかったこと、大学入学国家統一試験に備えるために、朝6時に起き翌日の午前2時まで政治・歴史・地理科目の教科書の内容を暗記したことなどである。それは、自分には馴染みの応試教育である。

　私は、自分が決して頭の良い子ではないと思いつつ、苦しくても疲れても勉強を続けてきた。一方で、長い間応試教育を受け、先生の言葉に従って歩いてきた自分が本当に創造性の足りない人間だと思っている。素質教育と無縁である私は、大学卒業後、日本への留学を選択し、自分の意志で学びたい知識と追究したい真理を追いかけてきた。当初、私は高等教育に深い関心をもち、市場原理の導入によって高等教育はどのように変化し、さらに知識基盤社会への移行とグローバル社会の急速な進展のなかで、高等教育の質はどのように保障されるかについて研究したいと考えていた。それをきっかけに、教員養成系大学から総合大学への再編によって生じた大学教育の質の保証に着眼し、日中比較

の視点から事例研究に取り組み、高等教育改革の最新動向を検討した。

　博士後期課程進学後、私はさらに中国の総合大学における教員養成に焦点を当て、現代中国の教員養成改革と「大学における教員養成」の形成について研究を進めてきた。その当時、私自身もこの研究にいったいどれほどの価値があるのか、社会にどのように役立つのかわからなかった。しかしながら、研究を進めれば進めるほど、教員養成が次世代の育成を図ることと同じだと感じるようになった。急激な変化を遂げてきている中国の教員養成を、今後どのように方向づけるべきであるかを考えることは、喫緊の課題である。そのなかで、総合大学における教員養成がその内容と質をどのように変え、教員の資質にどう影響するのかを冷静に考察することは、非常に重要な意義をもつと考えるようになった。だが、中国の社会体制の特殊性によって、中国国内の学界は政府主導の改革について議論する余地が少ない。また、海外の研究者はその最新動向について容易に把握できない。したがって、中国での「大学における教員養成」が教員養成の高度化にみられる一方で、その内実はまだ解明されていない。

　本研究は日米の先行研究を参照して研究の枠組みを構築し、マクロの視点から学校教育の現状と課題に対応した教育制度改革と高等師範系学校の改革動向を総合的に分析したうえで、ミクロの視点から「大学における教員養成」の改革の実態を解明し、現代中国における教員養成教育の課題を明らかにした。また、教員養成の量的確保と質的向上、知識基盤社会が求める「教員の専門的力量」、教職課程の構成と「教員の専門的力量」の確立についての検討は、日本にも援用可能な知見を提供した。それは日本における喫緊の課題に、また、今後の日本の教育改革と学界における理論構築に還元できれば幸いである。

　さらに、本研究は市場原理のもとで、「教員の専門的力量」を保障すること及び地域の格差が存在しているなかで格差の縮小を図る方法を考察し、教員養成教育の質を保障する仕組みを提案した。中国の教員養成改革の最新動向を国際社会に示し、経済発展を目指す国々にとっての示唆を提示し、国際的な学術交流に貢献することを心から願っている。

本書は、学位論文「現代中国の「大学における教員養成」への改革と教員養成教育の変化に関する研究―山東省の2つの大学についての事例分析―」(博士(教育学)学位取得、筑波大学、2013年12月31日) に若干の修正を加えて、日本学術振興会平成26年度科学研究費補助金(研究成果公開促進費)の助成を受けて刊行したものである。本書が刊行されるまでには、多くの方々のご指導とご支援をいただいた。

　本書の出版に際し、恩師清原正義先生(兵庫県立大学学長)と浜田博文先生(筑波大学教授)にまず感謝の気持ちを捧げたい。2006年、私ははじめて来日し、その後兵庫県立大学環境人間学研究科に入学した。博士前期課程に在籍していたとき、当時学部長であった清原先生は、公務多忙にもかかわらず、修士学位論文「中国高等教育の拡大過程における教育系大学の総合化―日中比較の視点から―」について熱心にご指導くださり、筑波大学大学院への進学をご助言くださった。先生との出会いがなかったら、筑波大学大学院での研究も、本書の出版もなかったであろうと考えると、感謝の念に堪えない。

　2009年、私が筑波大学大学院人間総合科学研究科博士後期課程に進学して以来、浜田先生は土日祝日を問わず私の研究をご指導くださった。博士後期課程1年目の時、私ははじめて学術誌の投稿に挑んだ。投稿に向け、浜田先生から十数回のご指導をいただいた。そして、投稿論文の最終稿を提出する際に、1ヵ所の記述内容をめぐって、幾度もご助言くださり、なぜそのような課題が生じたのかという研究の厳密さを教えてくださった。研究のことに限らず、浜田先生はさまざまな相談に乗ってくださり、貴重な時間を使い、私の話に真剣に耳を傾けてくださった。2011年の東日本大震災の後に、一時帰国した私は日本へ戻って研究を続けたかったが、両親は猛反対であった。どうすれば良いのかを悩んだ私は浜田先生に連絡し、相談に乗っていただいた。その際、先生は研究の後押しとなる助言と励ましの言葉をたくさんくださった。悩みと不安が多い大学院生時代において、常に熱心に学問を探究し、親切に学生に接する

浜田先生のお姿に励まされた。研究者、そして教育者としての根本を教えてくださった浜田先生には心より感謝と御礼を申し上げたい。

　博士学位論文の副査をしていただいた窪田眞二先生（筑波大学教授）、飯田浩之先生（同准教授）、佐藤博志先生（同准教授）から貴重なご意見とご指導を賜った。窪田先生には博士後期課程1年生の時から授業などでご指導いただき、とりわけ大学のガバナンスという視点から大学教育の改革をみることを教えていただいた。教育社会学の専門家である飯田先生は、特に教育の機会均等、地域需要と高等教育の展開、中国における教員養成改革の全体図などについて的確なご指摘をたくさんくださった。佐藤先生には、いろいろな研究会で懇切丁寧に指導いただいており、本研究の日本及び世界の高等教育と教師教育にとっての意義を高くご評価いただいた。この場を借りて、先生方に厚くお礼申し上げ、今後もご期待に沿えるよう研究を続けていきたいと思う。

　なお、大学・大学院時代ではほかにもたくさんの先生方にご指導とご支援をいただいた。この場を借りて、張紅雲先生（魯東大学准教授）、工惠萍先生（同教授）、髙田一宏先生（大阪大学准教授）、尾崎公子先生（兵庫県立大学教授）、鄧秀先生（同教授）、水本徳明先生（同志社女子大学教授）、手打明敏先生（筑波大学教授）に感謝の意を表したい。また、日本教師教育学会で大変お世話になった船寄俊雄先生（神戸大学教授）、三石初雄先生（帝京大学教授）、岩田康之先生（東京学芸大学教授）と日本教育経営学会、日本教育行政学会、大塚学校経営研究会でご指導をいただいた小島弘道先生（龍谷大学教授）、北神正行先生（国士舘大学教授）、平井貴美代先生（山梨大学教授）、武井敦史先生（静岡大学教授）など多くの方に御礼を申し上げたい。そして、本研究の調査にご協力くださったA大学とB大学の多くの方々にも、お名前を挙げられないが、感謝の気持ちを表したい。

　来日以来の生活を思い起こすと、数え切れないほどの方々にさまざまな援助をいただいてきた。2008〜2009年度ロータリー米山記念奨学生になったとき、姫路南ロータリークラブの会員の方々に大変お世話になり、とりわけ、当時会

長であった岡田兼明氏にいろいろなことを丁寧に教わった。また長きにわたり、日本語ボランティアである村上淳子氏は私の日常生活をご支援くださった。また、7年間の院生生活を通じて出会った多くの先輩、同輩、後輩にも感謝したい。毎回の研究会でお互いに切磋琢磨して研究を進めるという文化が充実している環境に身を置いた自分は本当に幸運であった。その他、この機会にご芳名を挙げて感謝したい方々は多いが、紙幅の都合により失礼させていただきたい。

　さらに、日本の留学生援助制度に対して深く御礼を申し上げたい。日本に留学してから7年間、私は兵庫県私費外国人留学生奨学金、公益財団法人ロータリー米山記念奨学会ロータリー米山記念奨学金、文部科学省外国人留学生学習奨励費をいただき、大いに助けられた。そのような奨学金をいただいたからこそ、私は研究に専念でき、博士学位論文を完成できた。

　学術書の出版事情が厳しい中にあって、本書の刊行を快諾してくださった学文社代表取締役の田中千津子氏、そして編集実務の労を取られ、情熱を傾けて本書出版を陰で支えてくださった同社の落合絵理氏に、厚く感謝と御礼を申し上げたい。

　最後に、私事で恐縮だが、本書の完成に至るまで常に見守ってくれた家族に感謝したい。両親には、これまでたくさんの心配をかけた。それでも、いつも励ましてくれて、私の決めたことを理解し、私の日本留学を支えてくれた父張廣忠と母楊建華に感謝したい。本書の最後の最後に再び両親に謝謝！

2014年10月

張　揚

付記　本書は日本学術振興会平成26年度科学研究費補助金「研究成果公開促進費」の助成を受けて刊行された。

主要引用・参考文献一覧

（日本語文献　五十音順）

石橋一紀（2007）「中国の国家新戦略と高等教育改革」『法制理論』第39巻、第4号、新潟大学、pp.373-412

岩田康之（1999）「東アジア地域における高等教育の展開と教師教育改革の動向―日本・中国（本土）を中心として―」日本教育学会第68回大会自由研究配布資料

岩田康之（2011）「教員養成機関の動きに関する構造的研究―東アジア（中国）を主な素材として―」日本教育学会第70回大会テーマ型研究発表配布資料

岩田康之（2011）「『東アジア』的教師像と教師教育政策・実践に関する研究（Ⅰ）―課題設定と政策分析の視覚―」日本教師教育学会第21回大会研究発表配布資料

岩田康之・三石初雄（2011）『現代の教育改革と教師―これからの教師教育研究のために―』東京学芸大学出版会

臼井嘉一（2010）『開放制目的教員養成論の探求』学文社

江幡裕（1987）「教育学部論の課題―目的大学論的な教育学部論からの離脱を求めて―」『教育学研究』第54巻、第3号、pp.33-42

江原武一（2006）「高等教育におけるグローバル化と市場化―アメリカを中心として―」『比較教育学研究』第32号、東信堂、pp.111-135

閔維方（2007）「中国における高等教育発展の新たなトレンド」『大学財務経営研究』第4号、国立大学財務・経営センター、pp.231-240

遠藤孝夫・福島裕敏編著（2007）『教員養成学の誕生―弘前大学教育学部の挑戦―』東信堂

王傑（2008）『中国高等教育の拡大と教育機会の変容』東信堂

王建平（2002）山崎博敏・姜星海訳「20世紀中国師範教育改革の回顧と展望」『広島大学大学院教育学研究科紀要』第3部、第51号、pp.19-26

王智新（2004）『現代中国の教育』明石書店

大塚豊（1981）「文革後中国の高等教育機関をめぐる政策」『大学論集』第10集、広島大学　大学教育研究センター、pp.147-170

大塚豊（1988）「中国近代高等師範教育の萌芽と服部宇之吉」国立教育研究所編『国立教育研究所紀要』第115巻、国立教育研究所・財団法人学会誌刊行センター、pp.45-64

大塚豊（1989）「中国における教師の質的向上のための施策」『国立教育研究所研究集録』第18集、pp.25-42

大塚豊（1991）「50年代初期中国における大学の再編成」『大学論集』第20集、広島大学　大学教育研究センター、pp.121-145

小島麗逸・鄭新培編著（2001）『中国教育の発展と矛盾』御茶の水書房
海後宗臣編（1971）『教員養成』東京大学出版会
郭仁天（2003）「中国における社会変化と高等教育政策に関する研究―高等教育財政の改革を中心として―」『広島大学大学院教育学研究科紀要』第3部、第52号、pp.63-68
岳剛徳（2007）「中国における教師教育カリキュラム改革の歴史と問題の再検討」『教員養成プログラムにおける教育実践関連科目に関する実証的比較研究―日中韓の事例を中心に―』（2006年度重点研究経費報告）東京学芸大学教員養成カリキュラム開発研究センター、pp.5-14
楠山研（2005）「中国における大学入試改革の動向―地方・大学への権限委譲に関する一考察―」『京都大学大学院教育学研究科紀要』第51巻、京都大学大学院教育学研究科、pp.128-141
久冨善之編著（2008）『教師の専門性とアイデンティティ』勁草書房
現職研修プログラム研究開発部門（2006）「日本と中国における教師教育に関する比較研究」（2005年度重点研究経費報告）東京学芸大学教員養成カリキュラム開発研究センター
黒沢惟昭・張梅（2000）『現代中国と教師教育―日中比較教育研究序説―』明石書店
高益民（2006）「中国における高等教育市場化の模索」『比較教育学研究』第32号、東信堂、pp.137-148
黄福涛（2003）「中国の高等教育システム構築―政策の視点から―」『COE研究シリーズ』広島大学高等教育研究開発センター出版、pp.83-90
黄福涛編（2005）『1990年代以降の中国高等教育の改革と課題』広島大学高等教育研究開発センター出版
コルトハーヘン, F.編著（2010）武田信子監訳『教師教育学―理論と実践をつなぐリアリスティック・アプローチ―』学文社
佐藤学（1997）『教師というアポリア―反省的実践へ―』世織書房
佐藤学（2002）「教育学部・大学院の将来像」『教育学年報9―大学改革―』世織書房、pp.227-259
佐藤学（2011）「教師教育の国際動向―専門職化と高度化をめぐって―」『日本教師教育学会年報』第20号、学事出版、pp.47-54
荘明水（2001）「師範教育の改革」小島麗逸・鄭新培編著『中国教育の発展と矛盾』御茶の水書房
高倉翔・西山薫・浜田博文・小島弘道・北神正行・陳永明・桑原敏明（1987）「諸外国における教員の資質向上のための行政施策（Ⅲ共同研究）」『日本教育行政学会年報』教育開発研究所、第13号、pp.91-158
戴林（2010）「中国における教師養成政策の展開と課題」『人文社会科学研究』第21

号、千葉大学大学院人文社会科学研究科、pp.285-286
張揚(2010)「現代中国における地方所管師範大学・学院の改革と教員養成の変容に関する研究―教員養成系大学から総合大学への変化に着目して―」『日本教師教育学会年報』第19号、学事出版、pp.79-89
張揚(2012)「1990年代以降の中国における公立教員養成系大学の課題に関する一考察―高等教育制度改革と教員養成制度改革の分析を通して―」『教育学論集』第8集、筑波大学大学院人間総合科学研究科教育基礎学専攻、pp.43-66
張揚(2012)「中国の師範高等専科学校から総合大学への昇格における教員養成の変化に関する研究―A学院についての調査分析を通して―」『日本教師教育学会年報』第21号、学事出版、pp.105-115
陳永明(1989)「中国と日本の教師教育制度に関する比較史的研究(V研究報告)」『日本教育行政学会年報』第15号、教育開発研究所、pp.234-253
陳永明(1994)『中国と日本の教師教育制度に関する比較研究』ぎょうせい
TEES研究会編(2001)『「大学における教員養成」の歴史的研究―戦後「教育学部」史研究―』学文社
東京学芸大学教員養成カリキュラム開発研究センター編(2006)『教師教育改革のゆくえ―現状・課題・提言―』創風社
東京学芸大学教員養成カリキュラム開発研究センター編(2008)『東アジアの教師はどう育つか―韓国・中国・台湾と日本の教育実習と教員研修―』東京学芸大学出版会
東京学芸大学教員養成カリキュラム開発研究センター編(2008)『アジア各国における教育実習改革(資料集)』東京学芸大学教員養成カリキュラム開発研究センター
東京学芸大学教員養成カリキュラム開発研究センター現職研修プログラム研究開発部門編(2006)『日本と中国における教師教育に関する比較研究』(2005年度重点研究経費報告)東京学芸大学教員養成カリキュラム開発研究センター
董秀華(2004)黄梅英訳「中国高等教育の経費多元化政策と実践―高等教育大衆化を背景とした分析―」『大学財務経営研究』第1号、pp.265-285
南部広孝(2009)「現代中国における教師教育改革の現状と課題―高等教育制度改革との関連から―」日本教師教育学会第19回研究会課題研究配布資料
日本教師教育学会編(2008)『日本の教師教育改革』学事出版
浜田博文(1995)「戦後改革期『学芸大学』構想の背景に関する一考察―小学校教員養成論としての問題点―」『東京学芸大学紀要第1部門教育科学』第46集、pp.1-12
浜田博文(1996)「アメリカの初等教員養成プログラムにおける教職専門教育について―1930年前後を中心に―」『東京学芸大学紀要第1部門教育科学』第47集、pp.215-227

船寄俊雄（2006）「開放制教員養成システムについて考える」『日本教師教育学会年報』第15号、学事出版、pp.18-25
鮑威（2006）「高等教育の大衆化への道：中日比較の視点から」『"創新与合作——中日大学的新使命"—中日大学校長論壇首届学術討論会論文集—』復旦大学日本研究センター、pp.199-210
鮑良（2004）「中国の大学改革と教員養成」『日本教師教育学会年報』第13号、学事出版、pp.169-171
馬雲鵬（2009）「中国におけるカリキュラムの改革と研究課題」カリキュラム研究・公開国際ミニシンポジウム配布資料
マグワイア，メグ（2002）大田直子訳「教育か訓練か？—教師になる準備とそれに関連する大学の役割について—」『教育学年報9—大学改革—』世織書房、pp.261-283
水本徳明（2010）「教育システムの作動としての教師教育と教師教育改革」『日本教師教育学会年報』第19号、学事出版、pp.18-26
三石初雄（2009）「中国の学校教育改革と教師教育—『東アジア』の学校教育改革を視野に入れながら—」日本教師教育学会第19回研究会課題研究配布資料
向山浩子（1987）『教職の専門性—教員養成改革論の再検討—』明治図書
山﨑準二（2006）「教員養成カリキュラム改革の課題」『日本教師教育学会年報』第15号、学事出版、pp.33-43
横須賀薫（2002）「大学における教員養成を考える」『教育学年報9—大学改革—』世織書房、pp.203-225
横須賀薫編（2006）『教員養成これまでこれから』ジアース教育新社
李敏（2011）『中国高等教育の拡大と大卒者就職難問題—背景の社会学的検討—』広島大学出版会
劉志業・何暁毅（2008）「中国における高等教育の現状と課題」『大学教育』第5号、山口大学・大学教育機構、pp.1-8
劉占富（2004）「現代中国における教員評価制度に関する研究—現行制度の問題と改革課題—」『東京大学大学院教育学研究科紀要』第44巻、pp.429-440
劉文君（2007）「中国における高等教育システムの分化と資金配分構造の転換」『大学財務経営研究』第4号、国立大学財務・経営センター、pp.151-167
呂煒編著・成瀬龍夫監訳（2007）『大学財政—世界の経験と中国の選択—』東信堂
饒従満（2007）「中国における教師教育の改革動向と課題」『東京学芸大学教員養成カリキュラム開発研究センター研究年報』第6巻、東京学芸大学教員養成カリキュラム開発研究センター、pp.39-50

（中国語文献　アルファベット順）

巴登尼瑪・盧徳生（2008）「現在師範大学発展中的挑戦与対策」『大学研究評価』第3号、pp.18-23

白思勝・景天時（2009）「寧夏師範学院辦学定位問題的探討」『全国新建本科院校聯席会議第9次工作研討会論文集（上冊）』pp.158-163

陳鶴琴（1985）『陳鶴琴教育文集』北京出版社

諶啓標（2008）『教師教育大学化的国際比較研究』福建教育出版社

陳学飛編（1989）『中国高等教育研究50年』教育科学出版社

陳永明（2012）『教師教育学』北京大学出版社

崔允漷（2012）「職前教師教育課程目標枠架」『教育発展研究』第10期、pp.12-17

鄧小平（1984）「関於科学教育工作的幾点意見」『中国教育年鑑（1949～1981年）』中国大百科全書出版社、pp.46-53

鄧小平（1984）「在全国科学大会開幕式上的講話」『中国教育年鑑（1949～1981年）』中国大百科全書出版社、pp.53-60

鄧小平（1984）「在全国教育工作会議上的講話」『中国教育年鑑（1949～1981年）』中国大百科全書出版社、pp.60-63

鄧岳敏（2005）「論大衆化進程中精英教育的危机——高等教育規模拡張的視覚」『高教探索』第5期、pp.19-21

第二次全国高等師範教育会議（1986）「第二次全国高等師範教育会議情況簡要報告」『当代中国高等師範教育資料選（上）』華東師範大学出版社、pp.127-163

範柏乃・来雄翔（2005）「中国教育投資対経済増長貢献率研究」『浙江大学学報：人文社科版』第4期、pp.52-59

範莉莉（2005）「中国高等教育収費制度改革五十年」『当代教育論壇』第1期、pp.83-85

苟人民（2006）「従城郷入学機会看高等教育公平」『教育発展研究』第9期、pp.29-31

古杰一・周玉輝（1998）「中国師範教育体系独立設置的必然性とその発展形勢」『信陽師範学院学報（哲学社会科学版）』第1期、第18巻、pp.25-30

顧明遠（2000）「師範院校出路何在」『高等師範教育研究』第6期、第12巻、pp.3-5

顧明遠（2003）「師範教育的伝統与変遷」『高等師範教育研究』第3期、第15巻、pp.1-6

郭扶庚「吸引最优秀的学生 師范教育為何重帰免費時代？」光明日報、2007年4月

国家教育発展研究センター（1994）「教育体制改革研究」課題組「中央業務部門辦学と管理体制改革研究報告」『教育研究』第11期、http://www.cnki.com.cn/Article/CJFDTOTAL-JYYJ199411004.htm（最終閲覧日：2012年10月17日）

郭錫健・朱広東（2009）「江蘇省沿海開発対地方高等教育的機遇与挑戦——以塩城師範学院為例」『全国新建本科院校聯席会議第9次工作研討会論文集（下冊）』pp.646-654

韓延明(2011)「総合化進程中地方高師院校教師教育模式改革探議」『教師教育研究』第1期、第23巻、pp.1-7

郝文武(2011)「教師教育的変革看教育学的専業改造」『教師教育研究』第1期、第23巻、pp.12-16

何莉娜(2009)「師範性、総合性整合与高等師範発展対策」『現代教育管理』第4期、pp.42-46

何莉娜・馬飆(2009)「我国高等師範院校非師範専攻発展についての再思考」『内モンゴル師範大学学報(教育科学版)』第9期、第22巻、pp.78-80

胡慶芳(2011)「小中学教師訓練課程建設研究」『教育発展研究』第Z2期、pp.89-94

胡艶(2009)「我国教師教育体系当前形成路径与変動因」『北京師範大学学報(社会科学版)』第2期、pp.20-28

華東師範大学課題組(2001)「師範教育発展戦略研究：目標、対策と措置」『高等師範教育研究』第2期、第13巻、pp.6-15

黄崴(2001)「従師範教育到教師教育的転型」『高等師範教育研究』第6期、第13巻、pp.7-16

黄依林・何凡(2008)「教師教育転換期我国地方師範大学発展策略」『成都大学学報(教育科学版)』第8期、第22巻、pp.33-35

靳希斌(2009)『教師教育模式研究』北京師範大学出版社

金子元久(2006)「高等教育発展的中国模式：来自日本的観察」『教育発展研究』第5A期、pp.24-28

金忠明(2008)『教師教育的歴史、理論与実践』上海教育出版社

李経天・馬志恵(2010)「地方総合性大学教師教育改革発展傾向分析」『江漢大学学報(社会科学版)』第1期、第27巻、pp.100-103

李其龍・陳永明(2002)『教師教育課程的国際比較』教育科学出版社

李同明(1998)「論市場経済条件下我国高等教育機制的創新」『教育与経済』第1期、http://www.cnki.com.cn/Article/CJFDTotal-JYJI199801009.htm(最終閲覧日：2013年9月17日)

李文利(2006)「高等教育財政政策対入学機会和資源分配公平的促進」『北京大学教育評論』第2期、pp.34-46

李学農(2005)「師範大学総合化与教師教育専業化」『江蘇高教』第2期、pp.76-78

李喆(2008)『地方高等師範院校転型と発展』中国社会科学出版社

林奇青(2003)「我国高等教育大衆化与教師教育改革」『高等師範教育研究』第4期、第15巻、pp.14-21

林永柏・曽蜀曇・姜平平(2009)「総合性大学的涵意及特徴」『現代教育科学(高教研究)』第1期、pp.91-94

劉精明(2006)「高等教育拡展与入学機会差異：1978〜2003年」『社会』第3期、

pp.158-179
劉克鷹(2004)「師範院校転型思考」『滄州師範専科学校研究紀要』第4期、第20巻、pp.74-76
楼世洲(2001)「試論師範教育結構調整与制度創新」『高等師範教育研究』第3期、第13巻、pp.20-25
廬正芝・洪松舟(2007)「我国教師能力研究三十年歴程之述評」『教育発展研究』第2期、pp.70-75
羅明東・陳瑶・牛亜凡等(2008)『現代教師教育模式新探索―民族辺彊地区総合型教師培養模式改革的理論与実践―』科学出版社
駱勤(2004)「我国教育支出的財政分析和対策選択」『財経論从』第5期、http://www.cnki.com.cn/Article/CJFDTotal-CJLC200405006.htm(最終閲覧日:2012年3月17日)
馬建華・道周(2009)「新建民族師範本科院校人材培養模式与課程体系改革的探索―以甘粛民族師範学院為例―」『全国新建本科院校聯席会議第9次工作研討会論文集(上冊)』pp.295-300
馬立紅・常旭(2007)「教師教育転型与地方師範大学発展定位」『瀋陽師範大学学報』第31期、pp.121-124
馬暁雄(2003)「関于師範教育向教師教育転型的思考」『高等師範教育研究』第4期、第15巻、pp.8-13
馬叙倫(1986)「在第一次全国初等教育及師範教育会議上的開幕詞」『当代中国高等師範教育資料選(上)』華東師範大学出版社、pp.8-11
梅新林編(2008)『聚焦中国教師教育』中国社会科学出版社
梅新林編(2008)『中国教師教育30年』中国社会科学出版社
乔锦忠・洪煜(2009)「我国高等教育拡展模式的実証研究」『北京師範大学学報(社会科学版)』第2期、pp.106-114
山東省教育庁十二五教師教育総合改革方案研究チーム(2010)「省外教師教育改革調査報告」
山東省教育庁十二五教師教育総合改革方案研究チーム(2010)「山東省教師建設教師教育改革調査報告」
上海市教育科学研究院知力開発研究所編(2006)『新時期中国教育発展研究(1983～2005年)』上海社会科学院出版社
石鷗(2003)「時代正在結束―試論独立師範院校の終結―」『高等師範教育研究』第15巻、第5期、pp.19-24
潘玉順(2011)「促進小中学校教師高水準快速専業発展:策略与途経」『教育発展研究』第Z2期、pp.59-65
孫培青編(2000)『中国教育史』華東師範大学出版社

孫元涛（2010）「省域推進素質教育的政策分析与理論思考——基于山東省区域推進素質教育的経験」『教育発展研究』第 Z2 期、pp.76-80

談松華（2003）「農村教育：現状、困難与対策」『北京大学教育評論』第 1 期、pp.99-103

陶志琼（2006）『教師的境界与教育』北京師範大学出版社

王長楽（2003）「関于合併後総合性大学中師範教育模型思考」『高等師範教育研究』第 3 期、第 15 巻、pp.12-18

王昌善（2007）「転形期我国教師教育直面的現実困境与対策」『教育発展研究』第 5 期、pp.23-26

王蓉（2004）「教育水準的差異与公共教育資源分配的不平等」『北大教育経済研究（電子季刊）』北京大学教育経済研究所、第 2 巻、第 3 期、pp.2-26

王善邁・袁連生・劉澤雲（2003）「我国公共教育財政体制改革的進展、問題及対策」『北京師範大学学報（社会科学版）』第 6 期、pp.5-15

王守軍（2006）「我国高等学校収費問題的成因与対策探討」『清華大学教育研究』第 1 期、pp.57-76

鄔大光（2004）「高等教育大衆化的理論内涵和概念解析」『教育研究』第 9 期、pp.20-25

武毅英・呉連海（2006）「高校収費対教育机会均等的負面影響及反思」『復旦教育論壇』第 2 期、pp.60-66

肖少北・頼秀龍（2012）「構建現代教師教育課程体系全面提高教師培養質量——『教育部関于大力推進教師教育課程改革的意見』之解読」『教育発展研究』第 10 期、pp.7-12

謝安邦（2004）「教師教育転型時期的体制創新和制度建設」『教育研究』第 9 期、pp.7-10

謝安邦（2006）「我国近年来高等教育研究的回顧与展望」『復旦教育論壇』第 2 期、pp.11-19

徐秀芳（2004）「地方師範院校転型的必然性与漸進性」『安慶師範学院研究紀要（社会科学）』第 6 期、第 23 巻、pp.118-119

楊徳広（2004）「教師教育要向高層次専業化方向発展」『教育研究』第 9 期、pp.13-15

楊啓亮（2009）「教師学科専業的幾個層次」『教育発展研究』第 Z2 期、pp.45-49

楊燁（2007）「非師範的師範化：地方高師院校専攻的問題与応対」『淮北煤炭師範学院学報（哲学社会科学版）』第 6 期、第 28 巻、pp.158-160

幺加利・王静（2007）「論高等師範院校的改革路向」『教師教育研究』第 4 期、第 19 巻、pp.23-27

張元龍（2011）「対教師教育有関概念的認識」『教師教育研究』第 1 期、第 23 巻、pp.7-12

趙応生・洪煜・鐘秉林 (2010)「我国高等教育大衆化進程中地方高校経費保障問題及対策」『教育研究』第 7 期、pp.73-82

鄭開玲・伍尚海 (2011)「論地方師範大学転型過程中的発展戦略選択」『教育与職業』第 35 期、pp.32-33

鄭師渠 (2004)「論高師院校的転型」『教師教育研究』第 1 期、第 16 巻、pp.3-7

鄭師渠・方増泉 (2006)「師範大学的特色発展和高師改革遷向」『教師教育研究』第 6 期、第 18 巻、pp.7-10

鐘秉林 (2003)「観念与制度創新：大学的革新競争力与師範院校転型」『北京師範大学学報 (社会科学版)』第 5 期、pp.5-11

鐘秉林 (2003)「教師教育的発展与師範院校的転型」『教育研究』第 6 期 (総第 281 期)、pp.22-27

鐘秉林 (2009)『教師教育転型研究』北京師範大学出版社

鐘秉林 (2010)「論師範大学的発展与教師教育的改革—北京師範大学的改革探索—」『北京師範大学学報 (社会科学版)』第 1 期、pp.5-12

「中共研究」雑誌社編 (1984)『中共年報 (1983～1984 年)』中共研究雑誌社、pp.2-108

鐘洪・朱学紅 (2005)「中国公立大学予算軟約束的解釈及対策建議」『清華大学教育研究』第 5 期、pp.87-91

周文葉 (2012)「職前教師教育課程結構与学分設置」『教育発展研究』第 10 期、pp.17-20

周険峰・鐘毅平 (2005)「論地方師範院校転型中的策略選択」『湖南師範大学教育科学学報』第 1 期、第 4 巻、pp.44-46

祝怀新 (2007)『封閉与開放——教師教育政策研究』浙江教育出版社

(英語文献　アルファベット順)

American Association of Universities (1999) *Resolution on teacher education*. Washington, DC: Author.

Anderson, L.W. (2004) *Increasing Teacher Effectiveness*, 2nd ed. The United Nation, Paris.

Avalos, Beatrice (2011) Teacher professional in Teaching and Teacher Education over ten years. *Teaching and Teacher Education*, 27, 10-20.

Ball, D., & Forzani, F. (2009) The Work of Teaching and the Challenge for Teacher Education. *Journal of Teacher Education*, 60 (5), 497-511.

Brock, A. (2009) Moving mountains stone by stone: Reforming rural education in China. *International Journal of Educational Development*, 29 (5), 454-462.

Crossley, M. & Vulliamy, G. (1997) *Qualitative Educational Research in Developing Countries: Current Perspectives*. Garland, New York.

Dello-Iacovo, Belinda (2009) Curriculum reform and 'Quality Education' in China: An overview. *International Journal of Educational Development*, 29, 241–249.

Floden, R. (2005, Nov) Teacher preparation accreditation and program approval. Paper presented at the advanced training program in teacher education design in colleges and universities, Beijing Normal University, China.

Gao, Xuesong (2008) Teachers' professional vulnerability and cultural tradition: A Chinese paradox. *Teaching and Teacher Education*, 24, 154–165.

Goodlad, J. (1990) *Teachers for our nation's school*. San Franciso: Jossey Bass.

Halpin, D. (2010) National Curriculum Reform in China and England: Origins, Character and Comparison. *Frontier of Education in China*, 5 (2), 258–269.

Hawkins, J.N. (2000) Centralization, decentralization, recentralization: Educational reform in China. *Journal of Educational Administration*, 38 (5), 442–455.

Johnson, S.M. (2012) Having It Both Ways: Building the Capacity of Individual Teachers and Their Schools. *Harvard Educational Review*, 82 (1), 107–122.

Lee, Thomas H.C. (2000) *Education in traditional China: A history*. Leiden: Brill

Levine, Arthur (2006) *Educating School Teachers*. Washington DC The Education School Project.

Li, F., Morgan, J. & Ding, X. (2008) The expansion of higher education, employment and over-education in China. *International Journal of Educational Development*, 28 (6), 687–697.

Mok, K.H. (1996) Marketization and Decentralization: Development of Education and Paradigm Shift in Social Policy. *Hong Kong Public Administration*, 5 (1), 35–56.

Mok, K.H. (1997) Privatization or Marketization: Educational Development in Post-Mao China. *International Review of Education*, 43 (5–6), 547–567.

MOK, Ka-Ho & WAT, King-Yee (1998) Merging of the public and private boundary: Education and the market place in China. *International Journal Educational Development*, 18 (3), 255–267.

OECD (1997) *Education at a Glance: OECD Indicators*, Paris.

Paine, Lynn W. & Fang, Yanping (2006) Reform as hybrid model of teaching and teacher development in China. *International Journal of Educational Research*, 45, 279–289.

Paine, L. & Fang, Y. (2007) Dilemmas in reforming China's teachers: Assuring 'quality' in professional development. In M. T. Tatto (Ed.), *Reforming teaching globally*. Oxford: symposium books.

Peng, Wen J. & McNess, Elizabeth et al. (2014) Emerging perceptions of teacher quality and teacher development in China. *International Journal of Educational Development*, 34, 77–89.

Randi, J. & Zeichner, K. (2004) New visions of teacher professional development. In M.

Smylie & D. Miretszky (Eds.), *Developing the teacher workforce*. 180-227, Chicago: University of Chicago press.

Sachs, J (2001) Teacher professional identity: Competing discourses. *Journal of Education Policy*, 16 (2), 149-161.

Sirotnik, K. (2001) *Renewing schools and teacher education: An odyssey in educational change*. Washington, DC: American Association of Colleges for Teacher Education.

Wang, Dan & Gao, Manman (2013) Educational equality or social mobility: The value conflict between preservice teachers and the Free Teacher Education Program in China. *Teaching and Teacher Education*, 32, 66-74.

Wang, Weiping (2007) Evaluation of 2+2 alternative teacher performance appraisal program in Shanxi, People's Republic of China. *Teaching and Teacher Education*, 23, 1012-1023.

Wing-Wah Law (2002) Legislation, education reform and social transformation: the People's Republic of China's experience. *International Journal of Educational Development*, 22, 579-602.

Yan, Chunmei (2008) Mutual adaptation: Enhancing longer-term sustainability of cross-cultural in-service teacher training initiative in China. *System*, 36, 586-606.

Yao Amber Li, et al. (2011) The Higher Educational Transformation of China and Its Global Implications. *The Word Economy*, 10, 543-544.

Yin, Hong-biao & Lee, John Chi-kin (2012) Be passionate, but be rational as well: Emotional rules for Chinese teachers' work. *Teaching and Teacher Education*, 28, 56-65.

Zeichner, Ken (2006) Reflections of a University-Based Teacher Educator on the Future of College-and University-Based Teacher Education, *Journal of Teacher Education*, 57 (3), 326-340.

Zeichner, Ken (2006) Different Conceptions of Teacher Expertise and Teacher Education in the USA. *Education Research and Perspectives*, Vol.33, No.2, 60-79.

Zeichner, Ken (2010) Rethinking the Connections Between Campus Courses and Field Experiences in College- and University-Based Teacher Education. *Journal of Teacher Education*, 61 (1-2), 89-99.

Zeichner, Ken (2012) The Turn Once Again Toward Practice-Based Teacher Education. *Journal of Teacher Education*, 63, 376-382.

事項索引

あ行
アイデンティティ　18
アカデミズム志向　217, 239
育人為本　117
移行型　228, 237, 239, 240
委託養成学生募集制度　47
一般教育　17
一般教養　9, 18, 21, 137, 139, 148, 164, 204, 218, 230
一般教養科目　194
一般教養教育　226
一般大学　2, 4, 9-11, 17, 22, 73-75, 77, 78, 80-82, 116, 118, 124, 126, 128, 134, 166, 232, 238, 244
応用型人材　152, 203, 204, 211
オンライン教員評価システム　215

か行
改革開放　47, 53
開放制（教員養成）　76, 78, 233
開放制養成制度（体制）　74, 77
開放的な教員養成制度　10
科学・教育興国　52
科学的発展観　53
科教興魯　110
学術性　18, 48, 78, 79, 205, 225, 232
学生募集（・就職）制度　11, 24
学力水準の向上　11
学歴充足率　5-7, 34-36, 66, 69, 93, 94, 105, 106, 117
学歴主義　63
学歴水準の向上　5-7, 12
学科基礎科目　194, 195
学校推薦募集制度　46
カリキュラム　9, 18, 20, 47, 56, 64, 69, 136, 141, 144, 165-166, 178, 202, 204, 216, 217, 227, 229, 238, 250
カリキュラムモデル　193
規制緩和　11, 56, 57, 225, 242
基礎教育　2, 4, 6-8, 16, 17, 24, 32, 45, 47, 49, 63, 64, 69, 70, 72, 76, 78, 80, 89, 91, 94, 99, 117, 118, 122, 123, 156, 173, 194, 217, 218, 238, 241
基礎教育改革　20, 21, 24, 76, 224
基礎教育カリキュラム　64, 225
基礎教育制度　54
義務教育　3, 4, 31-33, 64, 65, 93, 94, 99
義務教育法　6
9年制義務教育　3, 4, 6, 30, 32-34, 45, 49, 75, 93, 97, 99, 100, 105, 117, 122, 172
教育ガイドライン　30
教育実習　47, 48, 98, 165, 196, 199, 219, 227, 248
教育制度改革　14, 52
教育の機会均等　3, 33
教育発展綱要　63, 69
教育評価　63
（中華人民共和国）教育法　56, 71, 72
教育理念　152, 153, 202, 235, 250
教員研修　18, 38, 39, 190
教員資格　4, 35
教員資格制度　4, 9, 10, 12, 24, 37, 70, 72, 73, 76-78
教員需給　5, 24, 34, 66, 243, 246
教員に対する評価システム　220

273

教員の過剰供給　66
教員の資質向上　7, 10
教員の社会的地位　4, 24, 39
教員の専門的力量　1, 8-13, 15, 20, 21, 76, 79, 127, 165, 166, 167, 195, 217, 218, 224, 226, 227, 230-232, 234-238, 240, 243, 245, 248, 250, 251
教員の量的拡大　33
教員の量的確保　4, 5, 10
教員の量的不足　5, 13, 49, 65, 93, 102, 225
教員養成（制度）　24, 54, 73
　——の開放化　16, 18, 73, 76, 82, 237
　——の高度化　1, 7, 17, 237
　——の資質向上　8, 227
　——の専門化　17
教員養成改革　12, 20, 21, 24, 224
教員養成カリキュラム　13, 18-23, 25, 73, 79, 136, 165, 189, 225, 226, 248, 249
教員養成教育　1, 2, 8, 9, 14, 16-20, 22, 23, 70, 97, 98, 118, 151, 152, 166, 172, 188, 194, 206, 217, 224, 229
教員養成系専攻　4, 13, 17, 19, 23, 70, 77, 81, 124, 127, 131, 132, 135, 152, 157, 159, 166, 173, 178, 179, 182, 184, 228, 236, 246
教員養成系専攻学生　78
教員養成制度　15
教員養成（教育）モデル　19, 79, 80, 191, 192, 194, 200, 217
教学研究組　34, 38
教科指導の専門性　73
教科専門教養　9, 14, 18, 21, 47, 141, 149, 157-159, 164, 207, 208, 218, 249
教科専門教養科目　48
教科担任制　34

教師教育　2, 4, 7, 14, 15
　——の開放化　15
　——の一体化　199
教師教育制度　14
教師教育組織　247, 248
教師資格試験　10
教師資格証明書　6, 10, 72-74, 242
教師資格条例　6, 72, 74
教師法　4, 9, 71, 72
教書育人　163, 166, 226
教職意識　164, 226
教職専門科目　47
教職専門教育　9, 151, 227, 228, 230, 231, 234, 235, 248, 250
教職専門教養　9, 10, 14, 18, 20, 21, 78, 144, 149, 151, 165, 194, 196, 205, 206, 218, 231, 249
教職専門教養科目　48
教職（の）専門性　9, 13, 21, 78
グローバル化　52, 54, 69, 240, 242
形骸化　248
計画経済体制　52
結構転換　52
権限委譲　11, 59
校長責任制　57, 124, 176
高等教育　24, 30, 31, 40, 54, 110
　——の財政体制　24, 57
高等教育改革　7, 13, 20, 24, 110, 224, 226, 227, 229, 232
高等教育管轄・管理体制　24, 56
高等教育規模の拡大　1, 54, 60, 112, 113, 179
高等教育制度　14, 15, 54, 56, 75, 77, 237
　——（の）改革　1, 11
（中華人民共和国）高等教育法　57-59

高等師範系学校　1, 9, 11, 13-17, 19-25, 37, 41, 43, 46-48, 70, 74-78, 80, 88, 95, 97, 98, 103, 109, 116, 118, 172, 224
　──数　44
高等職業教育専攻　132
高度化　218, 242
高度専門人材　123
校弁企業　80
公務員教員　36, 39
国際化　54, 55, 62, 176
国家教育委員会　45, 56, 59, 100
国家重点高等師範系学校　80
国家重点大学　19

さ行
3段階の養成体制　75, 106, 128
山東半島経済開放区　88
資質教育　6, 7, 24, 62-64, 69, 70, 74, 78, 100-102, 117, 156, 225, 236, 241
自主就職　112
市場化　15, 54, 55, 62, 110
市場競争　54, 220, 239, 240, 242, 243, 245, 246
市場経済体制　52
市場原理　59, 219, 227, 237, 240, 242, 243, 245, 251
実習　146, 159, 160, 161, 201, 211-213
実践　21
実践的指導力　18, 20, 190, 201, 205, 216, 218, 227, 248, 249
質的分化　232
質保障　5
師範学校　40-43, 49, 105, 106
師範教育　2, 4, 14-16, 44, 45, 65
師範系学校　40-45
師範高等専科　11

師範高等専科学校　1, 4, 6, 11, 24, 33, 40, 43, 44, 66, 81, 98, 109, 118, 126, 134, 244
師範性　18, 48, 78, 156
師範大学・学院　1, 6, 33, 34, 38, 40, 43, 44, 66, 81, 98
師範予備生募集制度　47
就学機会の不均等　53
受験教育　6, 24, 62, 63, 69, 70, 78, 100, 117, 156, 225, 236
昇格型　228, 237, 240
商品化　242
初等教育　2, 3, 30, 33, 40, 91, 99
人材育成目標　131, 153, 166, 179, 202
人材強国　52
新3段階の養成体制　75
成人高等教育　132, 134
制度改革　52
専科大学　172
専科レベル　108, 111, 113, 115
1986年義務教育法　33, 36, 40, 99
1998年教育振興行動計画　70, 74
全国師範教育会議　4, 37, 41, 44, 48, 66, 70
全国師範高等専科学校会議　45
全国高等師範系学校座談会　48
全国統一入試　44
選択履修科目　47, 48, 70, 80, 101, 139, 144, 145, 148, 157
専門化　15, 199, 242
総合資質科目　194, 195
総合資質評価　101, 102
総合大学　1, 2, 9, 13, 19, 22, 25, 61, 74, 77, 78, 80-82, 109, 116, 118, 179, 180, 182, 187, 191, 202, 218, 219, 227, 233, 234, 236, 239

総合大学移行　11
総授業時間数　147-149
組織力　247

た行

大学教育　151, 152, 158, 164, 165, 191, 238
　──の自由化　12
大学教員評価システム　234
大学財源の自主確保　11
大学昇格　11
大学における教員養成　1, 7, 9, 11-14, 16, 20-22, 76, 78, 82, 118, 127, 167, 224, 228, 230, 237-240, 243, 245, 248, 251
大学の自主権　11, 59
大学の自主権限　111
大学理念　131, 136
大衆化　15, 167
多元化改革　58
単位制　102
単科大学　11, 19, 22, 25, 116, 227, 239
地域間格差　18, 226
知育偏重　63
小さな政府　54
知識基盤社会　6, 8, 69, 240, 242
知識伝達重視型　64
　──の授業　7
地方課程　101
地方大学　19, 162, 250
地方分権　52
中央集権　52
中等教育　2, 3, 31, 40, 92
中等教育機関　92

中等師範学校　33, 42, 43, 66
TEES研究会　13
定向募集制度　46
提前募集制度　46
独立採算制　58

な行

2段階の養成体制　75, 106, 128

は行

反省的実践家　249
非教員養成系専攻　17, 79, 81, 116, 126, 132, 134, 135, 157, 174, 179, 182, 239
一人っ子政策　60, 62, 89
普通高等教育機関　90
文化大革命　4, 30, 36, 39, 91, 92
文理科大学　172, 219
閉鎖制　220
本科大学　81, 99, 111, 116, 123, 124, 151, 153, 164, 172, 227, 229, 232, 233, 236
本科レベル　108, 111, 123

ま行

民弁教員　4, 6, 34, 36, 39, 94, 102, 103, 106, 117
民弁大学　55
目的制教員養成　49, 76
目的制教員養成制度　3, 5, 11, 49, 78, 225
模範化　207, 216

や行

四つの現代化　3, 30, 31, 39

人名索引

B
巴登尼瑪　14, 15
鮑良　14, 16

D
鄧小平　36
Dello-Iacovo, B.　7

F
Fang, Y.　14, 15
船寄俊雄　238

G
Gao, M.　14, 18
Gao, X.　14
顧明遠　14

H
浜田博文　238
何東昌　39
何凡　14
何莉娜　16, 17
黄崴　14
黄依林　14

J
靳希斌　16

K
黒沢惟昭　14, 15

L
李喆　16, 19, 20
李経天　16, 19, 20
李学農　19
盧德生　14, 15

M
馬飈　16
馬曉雄　14
馬志恵　16, 19, 20
McNess, E.　14, 18
梅新林　16, 19
三石初雄　14, 16
向山浩子　1, 9

N
南部広孝　14, 16

P
Paine, L.W.　14, 15
Peng, W.J.　14, 18

R
饒従満　14, 18

S
石鷗　14

W
王長楽　16
Wang, D.　14, 18

Y
楊燁　16
岳剛徳　14, 18

Z
Zeichner, K.　9, 217
張梅　14, 15
鐘秉林　16
鐘毅平　14, 17
周険峰　14, 17
莊明水　14, 16

【著者紹介】

張　揚（张 扬　ZHANG Yang）
1983年　　中国山東省に生まれる
2009年　　兵庫県立大学大学院環境人間学研究科博士前期課程修了　修士（環境人間学）
2013年　　筑波大学大学院人間総合科学研究科博士後期課程修了　博士（教育学）
　　　　　東京学芸大学教員養成開発連携センター・専門研究員を経て
現　在　　東京学芸大学教員養成開発連携センター・特命助教
　　　　　筑波大学人間系・博士特別研究員
専攻分野　高等教育学、教師教育学、比較教育学

主要論文
「現代中国における地方所管師範大学・学院の改革と教員養成の変容に関する研究―教員養成系大学から総合大学への変化に着目して―」(『日本教師教育学会年報』第19号、2010)
「1990年代以降の中国における公立教員養成系大学の課題に関する一考察―高等教育制度改革と教員養成制度改革の分析を通して―」(『教育学論集』第8集、2012)
「中国の師範高等専科学校から総合大学への昇格における教員養成の変化に関する研究―A学院についての調査分析を通して―」(『日本教師教育学会年報』第21号、2012)
「中国におけるソーシャル・キャピタル研究の現状に関する一考察―社会構造を中心としたソーシャル・キャピタル論に着目して―」(『学校経営学論集』第1号、2013)
「中国における教育実習の改革現状に関する研究―A大学についての事例分析を通して―」(『学校経営学論集』第2号、2014)

現代中国の「大学における教員養成」への改革に関する研究

2014年11月30日　第1版第1刷発行

著者　張　揚

発行者　田中　千津子	〒153-0064　東京都目黒区下目黒3-6-1 電話　03（3715）1501（代）
発行所　株式会社　学文社	FAX　03（3715）2012 http://www.gakubunsha.com

©ZHANG Yang 2014　Printed in Japan　　　　　印刷　新灯印刷
乱丁・落丁の場合は本社でお取替えします。
定価は売上カード，カバーに表示。

ISBN 978-4-7620-2487-0